高等院校经济管理“十二五”规划教材

营销系列

Marketing Channel Management

营销渠道管理

理论、方法与实践

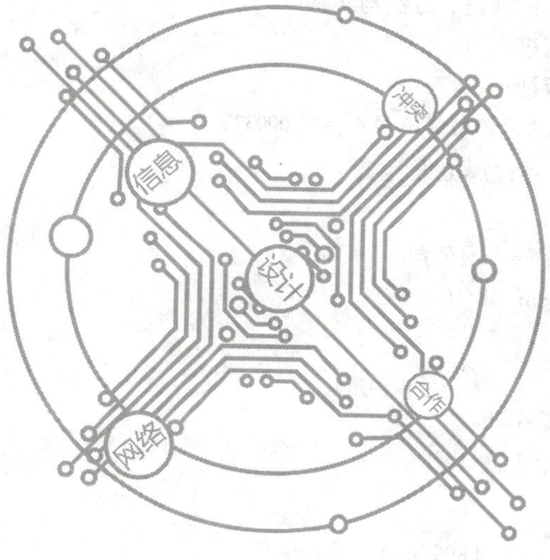

秦　勇　李东进◎主编　朴世桓　崔丽霞◎副主编

中国发展出版社
CHINA DEVELOPMENT PRESS

图书在版编目（CIP）数据

营销渠道管理：理论、方法与实践/秦勇，李东进主编．北京：中国发展出版社，2015.3

ISBN 978-7-5177-0283-2

Ⅰ.①营…　Ⅱ.①秦…　②李…　Ⅲ.①购销渠道—销售管理—高等学校—教材　Ⅳ.①F713.1

中国版本图书馆CIP数据核字（2014）第276119号

书　　名：营销渠道管理：理论、方法与实践
主　　编：秦　勇　李东进
出版发行：中国发展出版社
（北京市西城区百万庄大街16号8层　100037）
标准书号：ISBN 978-7-5177-0283-2
经 销 者：各地新华书店
印 刷 者：北京明恒达印务有限公司
开　　本：787mm×980mm　1/16
印　　张：20.25
字　　数：360千字
版　　次：2015年3月第1版
印　　次：2015年3月第1次印刷
定　　价：36.00元

联系电话：（010）68990642　68990692
购书热线：（010）68990682　68990686
网络订购：http：//zgfzcbs.tmall.com//
网购电话：（010）68990639　88333349
本社网址：http：//www.develpress.com.cn
电子邮件：fazhanreader@163.com

前　言

渠道管理是企业营销活动的重要职能。任何组织，只要从事产品或服务的营销，就必然离不开渠道。所谓的“渠道为王”“得渠道者得天下”就是对营销渠道重要性的最好诠释。鉴于渠道管理在企业经营活动中的重要地位，绝大多数高校市场营销专业均将渠道管理设为本专业的一门核心课程。

在国际互联网尚未兴起之前，为了借助中间商的力量拓展市场，绝大多数企业采取的是间接渠道策略，中间商在整个营销渠道中扮演了极为重要的角色，企业营销活动的成败很大程度上取决于中间商的配合与支持。由于中间商数目众多、层次复杂且存在利益分配上的纷争，渠道管理始终是企业营销活动关注的焦点。随着互联网的高速发展，电子商务异军突起，短渠道甚至是网络直销逐步取代传统的长渠道分销策略已经成为必然的趋势。因此，在新的商务环境下编写一本能够适应当前形势的渠道管理教材无疑具有一定的现实意义。

本书结合当前的营销新环境，系统介绍营销渠道的模式、设计、渠道成员的选择、渠道冲突与合作管理、营销渠道中的信息与物流管理、国际营销渠道等内容，从而为读者呈现一个较为完整的渠道管理知识体系。为了适应营销渠道发展的新趋势，本书将网络渠道单独列为一章，对网络营销的结构、形式、特点、网络中间商和网络分销管理进行了全面地介绍。最后，为了让读者了解不同行业渠道建设和管理的差异，又编写了不同行业产品和分销渠道建设的章节。

本书内容简洁，案例丰富，体系也较为完备。每章均有课后思考与练习、案例讨论等模块，以帮助读者巩固所学内容。全书附有课后习题答案和三套综合测试题，既便于读者自学，也有利于减轻教师授课负担。

本书应用范围较广，既可作为高校本、专科营销管理等专业的教材以及企业营销从业人员的学习和培训用书，也可作为渠道管理从业人员或自学者的阅读资料。

本书由秦勇、李东进担任主编，朴世桓、崔丽霞担任副主编，刘爽、方俊涛、博昭和梁丽军任编委。本书是学者和企业营销实践专家密切合作的成果。韩国成均馆大学经营学博士、三星杰尔鹏泰电商部总经理朴世桓为本书的编写提供了不少真知灼见，并在百忙之中抽出时间参与定稿，使得本书有别于一般学者编写的教材，更加贴近企业实战。

本书的出版离不开众多老师和朋友们的帮助。尤为感谢南开大学营销系主任、博士生导师李东进教授的精心指导与鼓励，以及中国发展出版社编辑人员的大力支持与信任。

在编写过程中，我们参考和借鉴了众多学者的研究成果，在此表示诚挚的敬意。由于作者水平有限，书中一定存在不少缺点和不足，敬请各位读者批评指正，以便今后再版时修订。

编　者

2015 年 1 月

目　　录

第 *1* 章

营销渠道与渠道管理

本章导读

营销渠道是企业实现商品交换的通道，是传递客户价值、提升经济效益、赢得竞争优势的重要工具。时下流行的“渠道为王”论断，即是对营销渠道重要性的最好诠释。本章为全书的开篇章节，主要介绍营销渠道的概念、特征、流程、参与者以及营销渠道的战略和管理等内容，是读者进一步学习后续知识的基础。

知识结构图

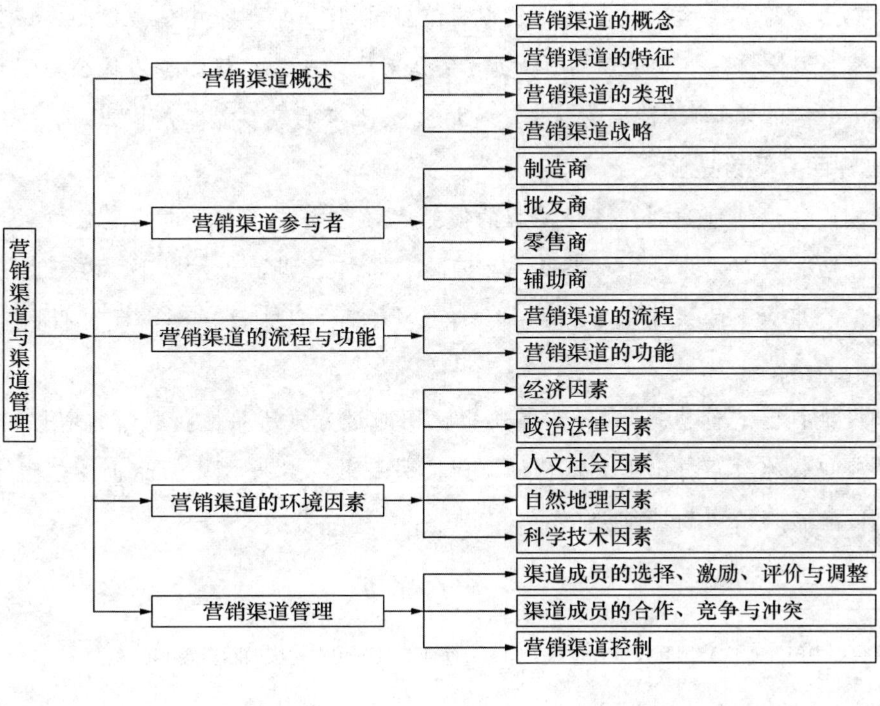

【开篇引例】 药企卖饮料，拼的是渠道

饮料行业每年超过20%以上的规模增长速度，正吸引着越来越多的企业跨界进军饮料市场。据了解，本土药企太极集团和天圣制药也宣布推出新品，“跨界”进入饮料市场。与此同时，外资饮料巨头也通过降低价格、增加品类等手段，争抢市场份额。

1. 两药企跨界卖水

“现在饮料也将是公司业务的一部分。”天圣制药集团董事长刘群对外表示。经过前期的摸索和测试，该公司研发的凉茶产品已于近期面市，正通过重庆各大商超铺货。

在天圣忙着找渠道的时候，本土另一家医药企业正瞄准“营销”卖点。在上月举行的渝洽会①上，一贯“低调谨慎”的太极集团一反常态，力推主打健康养生的“太极水”。“公司非常重视饮料业务板块，将打造成新的利润增长点。”太极集团相关负责人表示，“太极水”定位中高端饮料市场，单罐价格11.99元；同时采取会员制，一年的购买量在80件以上，则单价可低至6元/罐。据介绍，产品将首先在西南地区“试水”。一方面，借助“太极系”下近万家药房销售；另一方面，还将开通电话销售渠道，送货上门。

太极集团“跨界”卖水，在早前公布的该公司2013年年报中就曾提到，该公司计划做大凉茶等系列饮料，拓宽经营范围。据了解，对于未来的市场预期，该公司规划初期年产销量将达1亿罐（瓶），销售收入3亿~5亿元，5年后实现销售规模20亿~50亿元。

2. 饮料巨头促销提前

在解放碑、沙坪坝商圈，各个品牌的促销广告已抢占各大超市的显眼位置。在永辉超市较场口店，可口可乐麾下的芬达系列汽水，价格已调至2元以下。在日月光广场的卜蜂莲花，百事旗下的果味碳酸饮料“美年达”部分口味更低至1元，吸引不少市民购买。

除了提早打出“价格牌”，不少品牌也试图通过力推新品，获取新的增长点。例如，统一在经典口味冰红茶打出1元低价的同时，另一款海盐柠檬味新品也悄然上市，每瓶定价4元，直接切入中高端细分市场。

① 渝洽会：中国（重庆）国际投资暨全球采购会，每年5月下旬在重庆国际会展中心举办。

饮料市场的促销大战，少不了国内品牌的“身影”。比如，农夫山泉 12 瓶装，价格仅售 13.8 元，计算下来，每瓶价格由 2 元降至 1.15 元。此外，来自湖北等地的多款饮品，也相继在渝亮相。

3. 渠道或成制胜关键

药企跨界卖水，与市场“蛋糕”密不可分。据业内公开资料显示，目前，仅保健饮料，市场规模就近百亿元，并且每年以 20% ~30% 的速度递增。未来 5 年，健康饮料的增长速度，将比普通饮料增长速度高 1 倍以上。与此同时，碳酸饮料份额呈下降趋势。

这样的市场，对于药企来说，不失为一个“近水楼台先得月”的机会。与食品饮料企业相比，制药企业在研发与技术上更具优势。另一方面，药业进入门槛较高，投入资金较大，周期较长，消费面较窄，市场规模得不到大幅度的拓展，如此必然导致药企走向多元化，向利润较高的行业进军。

“药企能否在激烈的饮料市场竞争中胜出，渠道或成一个关键因素。”一些业内专家认为，保健饮料属于快速消费品行业，需要专业的营销团队，同时行业内渠道壁垒无处不在，如果药企只试图利用原有的药品渠道来推广饮料产品，市场效果不一定好。

资料来源：郭欣欣，“药企卖饮料：渠道成制胜关键销售与市场”，第一营销网。

1.1　营销渠道概述

1.1.1　营销渠道的概念

营销渠道（Marketing Channel）是营销组合中的一个重要组成部分，是实现商品从商家交换至消费者的通道。由于认识问题的角度不同，学术界对于营销渠道的定义存在着一定的差异。下面列举一些有代表性的观点，以便进一步认识营销渠道的概念。

根据美国市场营销协会（AMA）的观点，营销渠道是指“企业内部和外部的代理商和经销商的组织机构，通过他们的运作，商品才得以上市销售”。著名营销学家斯特恩和艾尔·安塞利认为，营销渠道是促使产品或服务顺利流通到消费者手中被消费或使用的一整套相互依存的组织。美国学者罗伯特·罗森布罗姆认为，营销渠道是为实现分销目标而受管理控制的外部关联组织。营销渠道的本质在于使消费者能够方便在任何时间、任何地点以任何方式购买到他们想要的产品与服务。另一位美国学者安妮·科兰则认为，营销渠道不仅以适当的地点、价格、数量和质量来提供商品和服务以满足人们的需求，而且能通过有关单位（如零售商、批发商、企业销售部、办事处）的促销活动刺激需求。因此，我们应当把营销渠道看成是一个和谐的网络系统，它通过提供时间、地点、销售形势、产品和服务为最终用户创造价值。营销学者肯迪夫和斯蒂尔认为，营销渠道是指“当产品从生产者向最后消费者或产业用户移动时，直接或间接转移所有权所经过的途径”。营销学权威菲利普·科特勒教授对营销渠道所下的定义为，营销渠道就是指某种货物或劳务从生产者（制造商）向消费者（用户）转移时取得这种货物或劳务的所有权的所有组织和个人。

综上所述，可以将营销渠道的概念理解为：营销渠道是指配合生产、分销和消费某些生产者的商品和服务的所有企业和个人，包括产品产供销过程中所有有关企业和个人，如供应商、生产商、中间商、代理商、辅助商以及最终消费者或者用户等；而分销渠道是指某种商品和服务从生产者向消费者转移过程中取得这些商品和服务的所有权或者帮助所有权转移的所有企业和个人，包括生产者、中间商、代理商、最终消费者或者用户。与营销渠道的概念不同的是，分销渠道不包括供应商和辅助商，但为了分析问题的方便，本书仍然将二者统一起来。

1.1.2 营销渠道的特征

综合以上关于营销渠道的各种定义，我们不难发现营销渠道所具备的如下特征。

首先，营销渠道是一个组织系统。这个组织由参与商品交易过程的各类机构和人员共同组成。渠道各要素、各成员之间因共同利益形成一个上下游紧密衔接、互动的交易整体和系统。见图 1－1。

其次，商品或服务只有通过这些组织成员的活动，才能脱离生产领域，最后进入消费领域。

再次，每一条营销渠道的起点是生产者（或服务提供者），终点是个人消费者或用户。

1.1.3 营销渠道的类型

1. 按照企业的营销活动是否有中间商参与，可以将营销渠道分为直接营销渠道和间接营销渠道

直接营销渠道（Direct Marketing Channel）是指制造商不通过任何中间商，直接将产

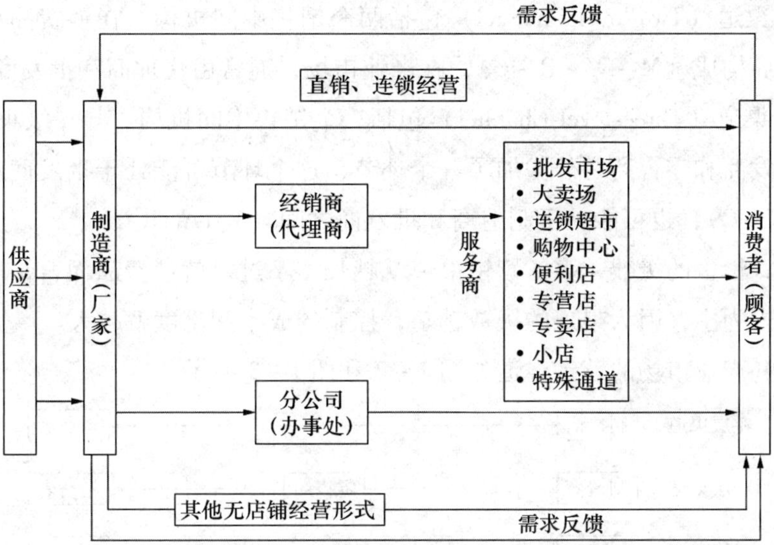

图 1－1　营销渠道运作系统

资料来源：郑锐洪编著，《营销渠道管理》，机械工业出版社 2012 年版。

品销售给消费者或者用户，即零级渠道。产业市场的产品销售主要采用直接渠道。

间接营销渠道是指产品从制造商向消费者或用户的转移过程中，需要经过一个或者一个以上的中间商。生活消费品主要采用间接渠道进行销售。

2. 按照产品流通环节或层次的多少，可以将营销渠道分为长渠道和短渠道

产品从制造商向消费者或用户的转移过程中，只通过一个中间环节的渠道，一般称之为短渠道，而通过一个以上中间环节的渠道称之为长渠道。

3. 按照包括销售中心机构的多少，可以将营销渠道分为零级渠道、一级渠道、二级渠道和三级渠道

（1）零级渠道（Zero-level Channel），就是以上提到的直接渠道，是由生产者直接销售给目标客户及消费者（M－C）。主要方式有上门推销、通过订货会或展销会与客户直接签约供货、网络直销、电视直销、制造商自设商店、自营、自动售货机等也是十分有效的方式。

（2）一级渠道（One-level Channel）包括一个销售中间机构。在消费品市场中，这个中间机构通常是零售商（M－R－C）；在产业市场，这个中间商一般是批发商、代理商或者制造商的销售机构。

（3）二级渠道（Two-level Channel）包括两个销售中间机构。在消费品市场，通常由批发商和零售商构成（M－W－R－C）；在产业市场，通常由代理商和批发商构成。

（4）三级渠道（Three-level Channel）包括三个销售中间机构。与二级渠道不同的是，三级渠道在批发商和零售商之外增加了一个环节，这个环节可能处于批发商和零售商之间（M－W－J－R－C），也可能处于制造商和批发商之间（M-J-W-R-C）。

以此类推，销售的级数越多，营销渠道就越长。不过，就消费品而言，间接渠道主要以三级渠道以内为主，因为渠道的级数越多，控制的成本和难度就越大。

消费市场和产业市场的营销渠道如图1－2和图1－3所示。

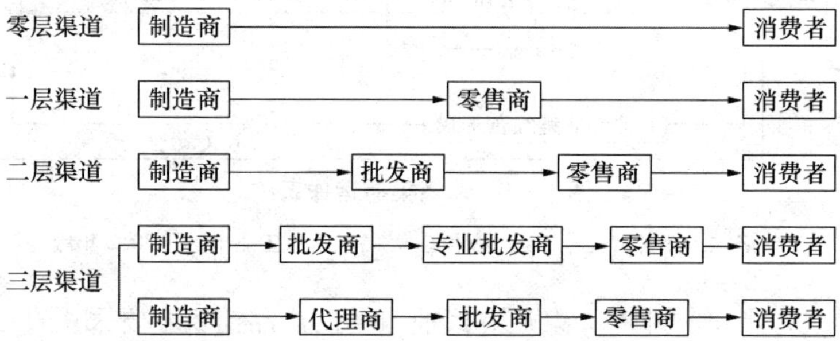

图1－2　消费品市场的营销渠道

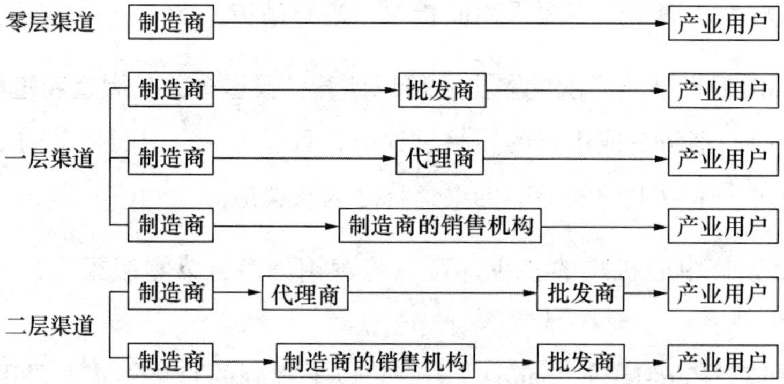

图1－3　产业市场的营销渠道

【阅读资料1－1】　　神舟笔记本公司的营销渠道

作为国产笔记本电脑的一匹黑马，神舟笔记本电脑公司（以下简称神舟）近年来获得了飞速发展，其市场也在一步一步地扩大，因此扩充渠道也在情理之中。

从某种意义上说，神舟的成功，在于一起步就建立起独特的营销渠道体系。神舟笔记本电脑，既不同于戴尔的直销，也彻底区别于旧时代的渠道模式，而是具有扁平化、层次精简、效率高的优点。

神舟以加盟连锁店的方式，而是在全国征集了1000多家代理商，分布在全国各大中城市，地理位置较好，可以将神舟的渠道延伸。神舟在重要城市建立了神舟分公司，在全国的七大销售中心里，每一个区域都有分公司进行统一调度，如北京神州、上海神舟、广州神州、成都神舟、西安神舟、武汉神舟等，这些分公司直接受神舟总部的领导，给各大区的加盟连锁店提供媒体宣传、技术支持和物流运输服务。分公司与加盟连锁店的策略，是神舟渠道的神来之笔，其成本低，便于管理，覆盖面广，可以快速扩展。分公司是区域的桥头堡，扮演本地化的角色，可以针对当地消费习惯、政策制定相应的销售策略，成为总部与专卖店沟通的纽带。统一的渠道，使神舟在价格变动、新品推广时，能够及时作出反应，迅速将信息传达到神舟各个卖场。

4. 按照渠道中每个层次的同类中间商数目的多少，可以将营销渠道分为宽渠道和窄渠道

宽渠道是指制造商同时选择两个以上的同类中间商销售其产品，窄渠道是指制造商在某一地区或某一产品分类中只选择一个中间商销售其产品。宽渠道和窄渠道各有优缺点，制造商一般根据其产品特点进行选择。一般而言，生产资料和一部分专业性较强或较贵重的消费品适合采用窄渠道进行销售。

5. 按照制造商所采用的渠道类型的多少，可以将营销渠道分为单渠道和多渠道

单渠道是指制造商采用同一类型渠道销售企业的产品，渠道较单一。多渠道是指制造商根据不同层次或地区消费者的情况，选用不同类型的营销渠道销售其产品。

1.1.4　营销渠道战略

营销渠道战略是指企业为了将产品从生产领域转移到消费者手中而制定的一整套指导方针和政策，主要内容包括渠道的拓展方向、分销网络建设和管理、区域市场的管理、营销渠道自控力和辐射力的要求等。

企业营销渠道的选择将直接影响到企业的经营决策，如一家企业采用了密集分销策略，其价格策略、促销策略也要随之调整。在企业营销实践中，需最大限度地发挥渠道策略、产品策略、价格策略和促销策略这四者的协同作用，共同创造强有力的竞争优势。

渠道战略需要根据市场环境的变化而不断变化，因而企业也需要不断调整现有的渠道战略与之相适应。

1. 制定渠道战略的流程

分销渠道是企业满足顾客需要的一种手段，在企业的市场营销活动中具有十分重要的意义。从战略的高度分析，企业的渠道战略是市场营销战略的一部分，因此必须从产品以及市场的角度出发，为企业的细分市场的目标顾客用合适的手段与方法提供价格合适的产品。因此，渠道战略必须与企业的总体战略以及市场营销战略相一致。确定二者的指导地位后，才可以进行渠道战略的制定过程。

渠道战略是一个长久的具有持续性的指导方针，渠道所处的环境是动态变化的，因此需要分析企业分销渠道的环境，将渠道战略的制定与企业内外部环境有效结合是个必不可少的过程。

制定分销渠道战略的流程如图 1－4 所示。

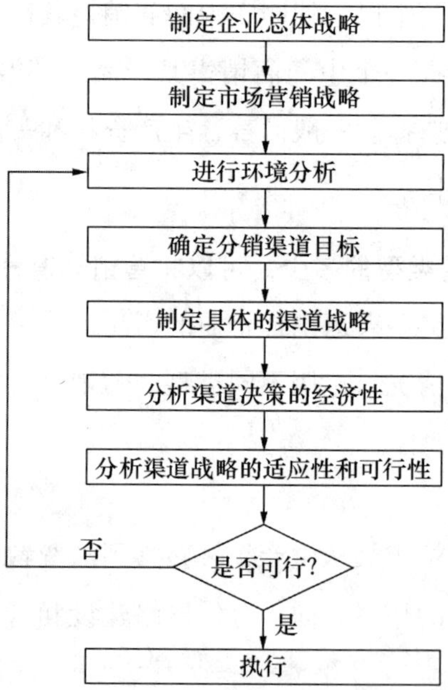

图 1－4 制定渠道战略的流程图

（1）进行环境分析。在进行环境分析时，通常采用的是 PEST 分析法和 SWOT 分析法。PEST 分析是企业根据需要对政治、经济、社会文化以及技术等外部非可控因素进行分析，有利于企业掌握不可控因素的现状，在不同的时期明确企业目标与定位。在不同的经济时期，市场结构、消费者的购买力会有所不同；不同的文化环境，消费者的家庭结构以及消费特征不同；不同的政治和法律环境，企业渠道管理的保障机制不同；不同的技术时代，企业通过不同的方式传递信息。

SWOT 分析是企业在对内部资源分析后，总结企业渠道的优劣势；对竞争环境进行分析后，总结企业竞争中的机会和威胁。所谓“知己知彼，百战不殆”，企业不仅需要了解自身发展情况，更需要熟悉竞争对手的渠道战略，包括对方使用的渠道种类、所占市场份额以及市场增长率等，并通过与企业自身数据间的比较，取长补短，根据自身特点制定获利能力强、市场覆盖率高的分销渠道战略。

【阅读资料 1－2】　雷士照明的营销渠道

2010 年 5 月 20 日上午，随着香港联交所当日唯一的一声锣鸣响彻全场，继龙湖地产、谭木匠之后，半年内第三家内地企业雷士照明登陆港股。雷士照明创始人、董事长吴长江表示：“雷士上市，主要是为继续扩张，雷士负债率才 5%，不缺钱。”10 年前，雷士照明销售额近 3000 万元，2009 年产值超过 20 亿元。根据中国照明电器协会的报告，按 2009 年收入计，雷士照明已是国内最大的照明品牌供应商。

不仅如此，雷士照明也早已成为飞利浦、GE、欧司朗在国内商场上的强劲对手。2007 年加盟雷士照明的现任副总裁殷慷——飞利浦中国的前高管说：“我以前每年定指标的时候，都要把雷士的数据作为重要参照。我经常说，为什么雷士那么快，飞利浦这么慢?”

与所有的产品一样，做企业的最终目的还是要把产品卖出去，而渠道能力是雷士照明保持快速增长的重要因素。单从产品上说，商业照明的设计大同小异，雷士与飞利浦、GE、欧司朗的竞争，主要是在质量和性价比上展开。雷士照明最早的投资人——两轮投资财务顾问、美国亚盛投资公司总裁毛区健丽女士说，2005 年接触雷士照明的时候，其产品不能说是最好的，不过，其渠道能力却非常突出。雷士打造了一个产品品牌，但实际上雷士也是一个渠道品牌，是一个综合品牌。飞利浦有成熟的技术，是一个很强的产品品牌，但在渠道管理上还有待完善。飞利浦的核心优势在高端产品技术上，但是它的本地化做得不够好，而且决策很慢，它不仅有亚太区总部，还有欧洲总部，一个申请等到批下来，机会都错失了。从全球的眼光来看中国市场，这样做的风险最小，也意味着它的管理出不了大问题，但这也限制了它的发展。在快速抓住市场的能力上，飞利浦远不如雷士。在中国市场上，雷士更懂渠道，更懂市场。

雷士选择经销商的原则是一个省一个经销商，而且经销商都是用“雷士运营中心”的名义开展业务，这样能够将雷士的品牌和资源发挥到最大。雷士对运营中心的要求是透明、公开，在理念上彼此认同。只有达成这种共识，才能进行合作，才能实现快速发展。雷士给了运营中心利润空间，而运营中心帮助雷士打开了市场，大家各取所需。

资料来源：王翌人，“雷士照明的渠道江湖”，http：//finance. ifeng. com/leadership/qyts/20100804/2478507. shtml。

(2) 确定分销渠道目标。通过对企业所处的环境进行系统分析，企业需要根据自身特点确定分销渠道目标。不同的企业，其分销渠道目标各不相同，企业必须根据自身发展以及现有实际情况确定想要达到什么样的目的，决定企业将要发展到怎样的高度，是追求更大的市场覆盖率抑或追求高度密集的市场渗透率等。

(3) 制定具体渠道战略。企业在确立渠道目标后，需要关注本企业分销渠道形势与主要竞争对手在市场覆盖率、市场渗透率以及产品特性和成本状况的差异，同时需要根据目标顾客的需求差异制定适合企业现状的渠道战略。

通过制定合适的渠道战略，企业可以以较低的成本向目标顾客传递较多不同的产品信息，进而为企业带来低成本优势和差异化的竞争优势，有助于企业在激烈的竞争市场中占领一席之地。

(4) 分析渠道决策的经济性。渠道战略是企业发展中的一项具有持久性的投资，因此，必须分析渠道战略的经济性，分析不同组合的成本、收入以及资金使用情况。具体来说，从获利能力角度考虑，企业需要预测通过对一项渠道的投入能够为企业带来多少收入；从成本角度考虑，企业需要分析对渠道所投入的资金的机会成本。总之，交易成本、固定成本以及资金的流动性等因素都需要纳入经济性的考虑范围。

(5) 评价渠道战略的适应性和可行性。企业需要根据自身产品的特性以及所处的大环境综合考虑分销渠道战略的适应性与可行性。为了自身的长久发展，企业制定的被动的、跟风的、易被竞争对手发现而模仿的渠道战略是缺乏竞争力的，不适宜企业的发展。

因此，如果企业正确分析了所处的环境，并确定了渠道的价值，那么就要不折不扣的执行下去。但是，如果经过综合权衡，该渠道战略不可行，企业就需要继续分析，直到制定出能够为企业带来实质优势的可行的渠道战略。

2. 营销渠道战略选择

营销渠道是由生产者、中间商和消费者共同构成的完整体系。生产者在实现产品向消费者转移的过程中，可以有多条可供选择的通道，这就涉及渠道战略选择的问题。

可供选择的市场营销渠道战略方案一般包括以下几种①。

（1）单一营销渠道战略和多种营销渠道战略。

单一营销渠道战略是指用一种营销渠道销售同一产品或不同产品。在企业产品大类或项目关联度比较高时，可采用此战略模式。它有助于树立企业形象，培养忠诚顾客，提高产品营销效率。但此渠道模式覆盖面略为狭窄，不一定适用于所有产品。

多种营销渠道战略是指用多种营销渠道销售同一产品或不同产品。不同类别的产品有不同的属性和不同的市场，应该采用不同的渠道模式。对于实施多元化战略且产品关联度不高的情况，则应使用多种渠道战略模式。比如，对于大客户采用直接渠道模式，对于中小客户采用中间商模式；对于成熟地区，可由中间商负责，对于新开辟地区，则由参加的销售代表来进行开拓。使用多渠道可以增加市场覆盖面，降低渠道成本，提高渠道效力，并更好地满足用户需要。使用多渠道模式时，企业应考虑如何处理好多种渠道可能引起的矛盾和冲突。因此，企业一定要采取完善的措施制止渠道冲突。比如给不同渠道提供不同品种或不同品牌的产品，明确各渠道的销售区域，或通过年终政策加以控制等。

（2）长渠道战略与短渠道战略。

从纵向来看，营销渠道有长短之分。渠道长短是指产品经过多少个中间环节到达消费者或用户手中。经过一个环节或没有环节的渠道称为短渠道；经过两个或两个以上环节的渠道称为长渠道。

渠道的长短各有利弊：短渠道减少了环节，加快了流通，降低了费用，提高了产品竞争力。但如果渠道过短，低于产品要求流通的承受能力，则会造成渠道堵塞、渠道不畅，影响产品价值的实现。而且渠道环节的出现也是流通分工的产物，不能因噎废食。长渠道

---

① 陈涛：《营销渠道管理》，机械工业出版社 2013 年版。

较好地解决了生产地与销售地在产品数量、需求时间和空间等方面的矛盾，使产品能够借助长渠道大批量地流向国内市场甚至国际市场。不过渠道越长，流通费用越高，产品周转越慢，产品损耗越高，加价越大，最终产品的竞争力也就越弱。

因此，渠道不是越长越好，也不是越短越好，而是越经济越好。一般而言，如果增加一个环节所增加的销售超过增加的成本，就是合理的，相反就是不合理的。营销渠道长度决策的指导原则是：企业选择的渠道类型应具有较高的分销效率和经营效益。

在现实生活中，许多企业会根据产品的实际需求情况，建立多条营销渠道，长短搭配。一般情况下，当企业产品在较小的地区范围内销售时，或产品销售的时效性较强时，应采用较短的营销渠道；否则，营销渠道应长一些，以提高产品在市场上的渗透能力。

（3）宽渠道战略与窄渠道战略。

从横向来看，营销渠道有宽窄之分。宽渠道是指产品流通通过尽可能多的渠道进行转移；窄渠道是指尽量使用少的渠道进行产品转移。渠道宽窄有以下三种模式可供选择。

①独家分销。独家分销是指在一定地区和一定时间内，只选择一家中间商经营公司产品或服务。一般来说，独家性的零售商不再经营竞争品牌。其优点是能调动中间商的积极性，提高经营效率，控制价格。缺点是会失去潜在客户。独家分销策略适合于特殊品、名牌商品和专业技术性强的产品的销售。

②选择分销。选择分销是指通过少数几个精心挑选的、最合适的中间商来经营某一种特定产品。该模式比独家分销宽，有利于市场开拓，同时比密集分销节省费用，便于管理和控制，加强协作，提高销售水平。

③密集分销。密集分销又叫广泛分销，是指尽可能多地利用中间商销售商品或服务。其优点是市场覆盖面广，缺点是制造商需承担相当大的广告费用，否则难以调动中间商的积极性。该模式适合消费品种的便利品和产业用品中的供应品。

在营销实践中，究竟是采用较宽的渠道还是采用较窄的渠道，主要取决于生产企业的分销策略和产品本身的特点。如果生产企业的分销策略是扩大产品的市场覆盖面，或者企业生产的产品是便利品，就应该选择较宽的渠道，以便占据更大的市场；而对于选购性较强的产品和特殊产品，或者如果企业是以维护良好的产品声誉、建立稳固的市场竞争地位作为自己分销策略的重点，则营销渠道可以相对窄一些，使企业可以集中资源和能力来实现其营销战略。

【阅读资料1-3】 渠道模式需适度转换

中小企业将新产品导入市场时，制定差异化的渠道策略不仅可以顺利度过生存期，把产品推进良性发展轨道，还可以避免一开始就与强势品牌正面交锋。

短宽渠道类型和长窄渠道类型是目前企业中广泛采用的两种典型类型，尤其是长窄渠道。在这种渠道模式中，产品一般都是通过一至三级批发商最后到达零售终端的，能够利用中间商的资源，但对渠道缺乏掌控能力。

与此相反，有些企业则采用短宽型渠道。特别是在品牌幼稚期时，如羽西化妆品一直坚持独特的柜台销售模式，尽管没有强势的广告，却依然奠定了化妆品市场的强势品牌地位。天年系列保健用品在企业发展初期，也是依靠百货公司的专柜进行销售的。

采用短宽型渠道，厂家可以及时把握市场信息，灵活调整战略。由于渠道环节少，还可以加快资金周转速度。这就是一些大企业逐渐抛弃大客户制渠道模式的主要原因。

在药品保健品行业，有些厂家根据短宽型渠道策略的原则设计了独特的专柜营销模式，把物流、信息流和资金流完全掌握在自己手中，很好地规避了风险。

当然，不是任何一种产品都适合这种方式。采用专柜营销必须具备以下条件。一是产品要有独特的卖点，要新、奇、特，消费者才可能牺牲便利，不辞辛苦地赶过来购买。二是产品的单位价格相对较高而利润空间较大，否则无法抵消专柜的租金和人员的开支，更没有利润可言。三是要有相对强大的市场拉力，因为专柜数量微不足道，和消费者的接触机会有限，自然销售的可能性就更小，只有针对性较强的广告宣传才能够拉来人流。

资料来源：樽粮，“短款渠道起死回生”，第一营销网（http：//www. cmmo. cn/article－8852－1. html）。

（4）垂直营销渠道系统战略与水平营销渠道系统战略。

垂直营销系统是由生产者、批发商和零售商所组成的，实行专业化管理和集中计划的一种统一的联合体。其主要类型包括公司型、合约型和管理型。公司型系统是指通过前向一体化或后向一体化形成的所有权统一的渠道系统。合约型系统除了包括批发商和零售商为了谋求规模经济和增强讨价还价能力而通过合约形成的系统之外，还包括特许经营。管理型系统的形成源于某个成员的规模或影响力，而不是所有权。

水平营销系统是指同一层次的两个或两个以上的制造商之间、批发商之间或零售商之间自愿横向联合而形成的渠道系统。他们可以实行暂时或永久的合作。这种系统可以发挥群体作用，共担风险，获得最佳效益。

1.2 营销渠道的参与者

营销渠道的参与者是指所有在渠道中发挥作用的机构和个人，包括制造商、批发商、零售商、消费者以及其他发挥某种重要功能的企业。

依据是否涉及商品所有权的转移，营销渠道参与者可以分为成员性参与者和非成员性参与者两类。前者包括制造商、批发商、零售商、其他批发商和消费者；后者主要包括仓储公司、物流公司、金融保险机构等，见图 1 –5。

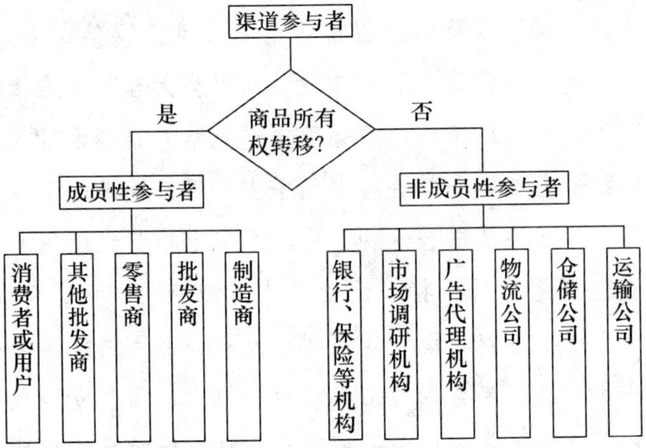

图 1 –5 营销渠道参与者的分类

资料来源：庄贵军，《营销渠道管理》，北京大学出版社 2012 年版。

1.2.1 制造商

一般而言，营销渠道的主要成员包括制造商、中间商和消费者。其中，制造商是渠道的源头，是商品和服务的提供者，主要是指那些从事提取、种植以及制造产品的企业，涉及农业、林业、渔业、采矿业、建造业、制造业以及一些服务行业的企业。对于制造商，类似的称谓还有生产者、生产商、生产企业等。除了具有提供商品的功能外，制造商通常还拥有营销及商品流通或进出口的功能。一些著名的制造商，如波音公司、通用汽车、三星电子、可口可乐等，既是生产者，又是渠道的主宰者，在整个营销渠道中居于核心地位。

制造商提供的产品范围非常广泛，大到飞机轮船，小到针头线脑，不一而足。制造商的实力和规模也是千差万别，大到像荷兰皇家壳牌公司这样年营业收入超过 4800 亿美元（2013 年）的巨无霸企业，小到只有家庭成员参加的小作坊，可谓天壤之别。但作为制造商，它们都面临着相同的任务，即必须要有效地满足市场的需求，必须要通过有效的方式把产品提供给消费者。制造商可以选择直接销售的方式将商品提供给消费者，也可以通过中间商进行间接销售。对于绝大多数制造商而言，间接销售是目前最主要的选择。

1.2.2　批发商

批发商是营销渠道中的重要成员，是将产品卖给零售商、大批量商品消费者以及其他批发商的组织或个人。批发商既不生产商品，也不直接将商品卖给最终的消费者，而是作为制造商和零售终端的联结者而存在，在市场开发方面扮演着重要的角色。

从事批发业务的机构或个人统称为批发商，是批发这一行为的执行者。按照不同的标准，可以将批发商分为如下几种类型。

按营销商品种类的多少，可分为一般批发商和专业批发商。一般批发商的特点是经营商品种类繁多，如百货批发站；专业批发商则是经营某一类或某几类商品，如五金电器批发公司等。

按服务地区范围大小，可分为全国批发商、区域批发商和地方批发商。担负全国性的商品批发业务的批发商称为全国批发商；承担一个省级区域范围批发业务的批发商称为区域批发商；而只担负某一市、县或更小区域批发业务的批发商则称为地方批发商，它是批发商业的基层单位。

按是否拥有商品所有权，可分为经销批发商和代理批发商。经销批发商是指拥有商品所有权的批发商，它们从制造商购进商品，再转卖给工业用户、中小批发商或零售商；代理批发商是指不拥有商品所有权的批发商，它们并不购进商品，而是代制造商行使批发职能。经销批发商是独立的经营者，其利润来自于商品的购销差价；而代理批发商的收入则与销售差价无关，佣金才是其收入的来源。

1.2.3　零售商

零售是指将商品或服务直接销售给最终消费者，以供个人或家庭的非商业性用途的活动。零售商是营销渠道中的另一类重要成员，是商品从生产领域向消费领域流通的最终环节。零售商功能的有效发挥，对提高营销渠道的服务产出水平具有重要的意义。零售商是指以零售活动为其主营业务的机构和个人，是相对于制造商和批发商而言的，其类型更为繁多。

1. 零售商的特点

（1）零售商提供的是终端服务，顾客每次购买的数量少，而且要求花色品种齐全、价廉物美。所以，零售商必须控制进货批量，加快销售过程，提高资金周转率。这就形成了零售商小批量进货、低库存和重视现场促销的经营特点。

（2）为缓解扩大销售与品种齐全、购买量小、控制库存之间的矛盾，适应不同消费者群体的需求，零售商的经营方式呈现多元化的特点，零售商类型繁多。

（3）与批发商不同，零售商服务的地域范围较小，顾客主要是附近的居民和流动人口。因此，零售商经营地点的选择就成为决定经营成败的一个关键。

（4）与其他行业相比，零售商之间的竞争显得更为激烈。如为了适应顾客的随意性购买及零售市场竞争，零售店必须利用销售场所及外部周边环境进行有吸引力的整体商店设置，进行形象宣传；为了吸引并留住顾客，零售店必须考虑有关商店位置、交通设备、营业时间、花色品种、停车场所、广告宣传、促销手段等各种因素，进行策划。

2. 零售商的渠道职能

零售商将产品和服务出售给消费者，进而使产品和服务的价值得以实现。其渠道功能可概括为以下五个方面。

（1）直接为最终消费者服务，销售商品。零售商的销售活动主要是通过营业员与消费者直接接触，在单独分散的状态下完成的。零售商不是商品的制造者，它购进的商品也不是为自己使用，而是为了再卖出。零售商也只有顺畅地卖出商品，才能实现经营的良性循环。

（2）最终实现产品的价值。通过零售交易，产品最终从流通领域进入消费领域，从而实现其价值，制造商的劳动消耗才在真正意义上得到补偿，社会再生产过程才能顺利进行。

（3）分装、整理、仓储、保管商品。一方面，制造商在向零售商发运所采购的商品时，为降低运输成本，总是以整箱、整包或整盒的形式交付，零售商一般要予以拆开、分装、整理或安装后出售给消费者；另外，零售商一般向制造商或批发商批量采购商品，而销售时则是零散的，为了保证消费者随时能买到商品，零售商一般要存储一定数量的商品。

（4）制造商和消费者沟通的重要纽带。由于零售商直接接触最终消费者，对消费者的需求及消费倾向最为了解，反应也最为迅速。制造商通过零售商，一方面可以不断地向消费者传递产品信息，另一方面也可以及时反馈消费者的相关信息，以便制造商更好地组织生产经营活动，适应市场需要。

（5）提供综合服务。一方面，零售现场营业员的周到服务、温馨舒适的购物环境等能给顾客以享受；另一方面，零售商也在努力增加服务项目、提高服务质量，以迎合消费者的需求，如主动导购、送货上门、用户回访、售后服务等，有的零售场所还设有公用电话、中介、家政、餐饮、娱乐等设施和项目。

【阅读资料 1-4】　大型零售商常规商业功能发挥的主要途径

与通道费盈利等盈利模式不同的是，大型零售商常规商业功能发挥的盈利增长点不再是从外部获得，即通过对供应商的压榨、消费者的盘剥而获得，而是从零售经营自身内部挖掘盈利潜力，并转化为现实，如降低采购和流通成本，提升经营效率等。因此，其功能发挥的主要途径也是以常规商业功能发挥为目标，通过提升零售商在顾客服务、品牌开发、整合供应链、促进供需衔接等方面的商业功能而实现。

归纳而言，常规商业功能发挥的主要途径包括以下六个方面。

1. 开发自有品牌

加强自有品牌的开发是大型零售商盈利增加的有效途径。自有品牌的开发减少了商品供货代理的中间环节，大大降低了成本，同时还可以依靠超市自身庞大的销售体系，迅速形成销售规模。同时，可以有效避开价格战，提升经营利润。根据 AC 尼尔森公司的调查，许多自有品牌的商品价格要比同类商品价格低 20% ~40%，而利润要高出 10% ~20%，形成了独有的特色和竞争力。

2. 规模化采购

大型零售商通过自身的网点规模和销售额的优势，实现单一门店分散采购向总部集中采购转变，通过规模化、成批量的采购降低采购成本和运输成本，从而提升经营效率。

3. 扩大自采比重

自采是指零售商直接与生产商对接，减少流通环节中的多层供应商和批发商环节，从而能降低流通成本，提升经营效率。

4. 整合供应链以提升物流服务功能

现代物流业被公认为“第三利润源”，它也是零售企业实施逆向整合供应链的最佳渠道，在优化供应链高效回应消费者需求的同时，既获得了供应链整合的利益，又实现了对供应链的控制，实现需求、采购、设计、生产、物流、销售、服务的全过程管理，从而建立起高效安全的供应链。

5. 增强零售服务功能

零售的本质是服务，只有通过不断创新服务模式和服务内容，提升服务绩效，才能为零售盈利创造新的空间。如苏宁提出了“双重服务”，即“服务供应商＋服务消费者”，构建现代商业新的“服务链”。通过及时向企业反馈市场信息，主动引导工厂制造适销对路的产品，提供售前、售中和售后服务，根据消费者需求，发展衍生服务等。

6. 网络渠道创新

网上销售作为一种新兴业态，市场空间巨大，增长幅度大；无店铺租金成本，有助于提升毛利率；同时是以个人为对象的“定制化营销”，有助于实体店与虚拟店的互动，拓展市场空间，为零售商拓展盈利空间带来全新机遇。

资料来源：盛朝迅，“大型零售商常规商业功能发挥的途径和绩效”，《商业时代》2012年第17期。

1.2.4 辅助商

商品由制造商生产，通过整个分销渠道最后到达消费者手中，这个过程中需要多方的配合与协作，除了批发商和零售商之外，还需有媒体与广告代理机构、物流企业、咨询机构及银行的积极参与。这些参与机构统称为渠道辅助商，下面分别予以介绍。

1. 媒体与广告代理机构

现代企业的经营活动离不开媒体与广告代理机构的支持，因为它们是企业实现广告目标的重要载体与合作者。这些机构包括电视、广播、报纸、杂志、网站和广告代理商等，其主要活动有：帮助渠道中的制造商和中间商进行广告策划和设计、制定广告预算方案、选择广告媒体、刊载和发布广告信息，以及测定广告的效果等。

2. 物流企业

从广义上而言，物流不仅仅是实现商品的物理位置上的移动，而且还包括货物的仓储、分拣和配送等活动。物流在现代企业运营体系中发挥着极为重要的作用。鉴于本书第6章物流及物流管理有专门的介绍，故在此不做详述。

3. 市场调研机构

市场营销调研机构在营销渠道中主要承担收集市场信息并进行分析预测，从而向制造商或中间商提供决策信息的职能。市场调研机构通常是接受制造商或是中间商的委托提供特定的市场信息并从中获取收益。但一些市场调研机构，如中国互联网信息中心（http：//www. cnnic. net. cn/），也会定期发布一些公益性的市场信息，可为所有有需要的企业使用。

4. 商业银行及保险公司

商业银行通过存贷款业务、转账业务，为营销渠道中的各方提供资金以及进行结算业务。这些活动可以使交易各方突破资金的瓶颈，还可以加速资金的流动，节约资金成本，并且能够使资金更加安全，从而有效降低营销渠道成员的资金使用风险。

保险公司在营销渠道中所起到的主要功能是帮助制造商、中间商以及辅助商（如物流企业）在业务活动中规避和转移可能遇到的风险和造成的损失。在企业的经营过程中，风险无处不在，一次意外就可能使某一个企业蒙受巨额的损失。如果事先未向保险公司投保，这些企业就要承担全部的损失，一些企业可能会因此倒闭，而且还会连带拖累其他渠道成员。

1.3　营销渠道的流程与功能

1.3.1　营销渠道的流程

营销渠道的功能是通过各种流程（flow）来实现的，这些流程主要有 5 种，即实体流程、所有权流程、付款流程、信息流程和促销流程，下面分别予以介绍。

1. 实体流程

图 1－6　营销渠道中的实体流程

实体流也称物流，是指产品从生产领域向消费领域转移过程中的一系列产品实体的运动，既包括产品实体的储存以及由一个机构向另一个机构进行运输的过程，同时还包括与之相关的产品包装、装卸、流通加工等活动。企业产品由生产领域向消费领域的转移，是通过物流活动加以实现的。

2. 所有权流程

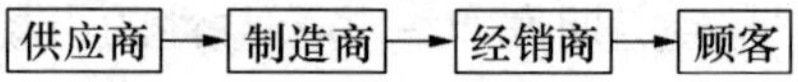

图 1-7　营销渠道中的所有权流程

所有权流也称商流，是指产品从生产领域向消费领域转移过程中的一系列买卖交易活动。在这个交易活动过程中，实现的是产品所有权的转移。

3. 付款流程

图 1-8　营销渠道中的付款流程

付款流也称货币流，是指产品从生产领域向消费领域转移的交易活动中所发生的货币运动。一般来说，付款流与所有权流正好呈反方向运动。一般是顾客通过银行或其他金融机构将货款付给中间商，再由中间商扣除佣金或差价后支付给制造商。

4. 信息流程

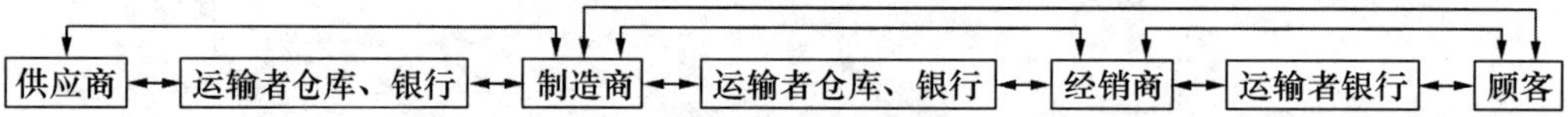

图 1-9　营销渠道中的信息流程

信息流是指产品从生产领域向消费领域转移过程中所发生的一切信息收集、传递、加工和处理活动，既包括制造商向中间商及其顾客传递产品、价格、销售方式等方面的信息，也包括中间商及其顾客向制造商传递购买力、购买偏好、对产品及其销售状况的意见等信息。与其他流程不同，信息流的运动是双向的。

5. 促销流程

促销流是指企业为了产品销售，通过广告、宣传报道、人员推销、营业推广、公共关系等促销活动，对顾客施加影响的过程。

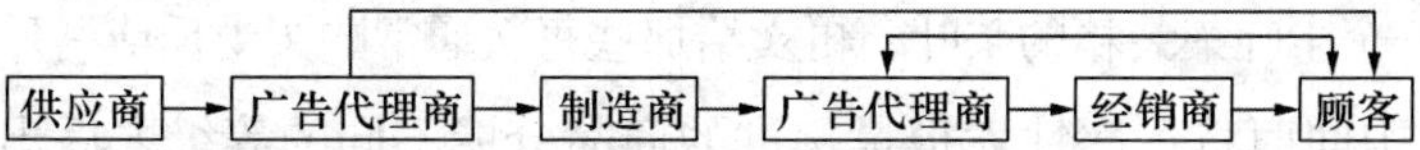

图 1－10　营销渠道中的促销流程

1.3.2　营销渠道的功能

营销渠道把产品从生产领域转移到消费者手中，解决了产品或劳务与使用者之间存在的数量、品种、时间、地点等方面的矛盾，使得消费者能够在任何时间、任何地点、以任何方式方便地购买到他们想要的产品与服务。在商品的转移过程中，营销渠道发挥了一系列的重要功能。

具体而言，营销渠道的功能可以分为便利搜寻、调节品种与数量差异以及提供服务等三种，下面分别予以介绍。

1. 便利搜寻

由于存在着信息不对称所导致的商家不知道如何联系到最终用户以及消费者不知道在哪里能够获得所需商品的矛盾，因而渠道中的中间商就起到了沟通桥梁的作用。他们的存在，使得消费者减少了搜寻成本，从而提高了顾客的让渡价值。

2. 调节品种与数量差异①

单个生产厂家通常只批量生产一种或有限的几种商品，而消费方则对多个厂家的产品具有较小的需求量，这两者之间就构成了一种矛盾。例如，“娃哈哈”公司大批量生产娃哈哈纯净水和非常可乐，由于面向庞大的消费人群，所以它不可能将产品直接卖个每一位消费者。购买娃哈哈纯净水或非常可乐的普通消费者通常一次也只购买一瓶或数瓶；而同时，该消费者可能还要购买一块面包和一袋瓜子。特定厂家生产的品种与数量和特定消费者需求的产品种类与数量之间的矛盾使中间商的存在成为必然。中间商通过以下方式来解决两者的矛盾。

（1）归集。中间商从不同的厂家进货，再销售给零售商或最终用户。例如，中间商购进矿泉水、方便面、牙膏、啤酒、电池、儿童玩具等商品，再出售给最终用户。

（2）分装。中间商从生产厂家大批量进货，再分装成消费者所期望的较小数量出售。例

---

①　吕一林：《营销渠道决策与管理》，中国人民大学出版社 2008 年版。

如，中间商购进一个十吨集装箱的茶叶，再卖给那些每次通常购买半斤或一斤茶叶的消费者。

（3）分级。中间商将一次性大批量购进的商品分成不同的等级之后出售。

（4）汇总。中间商从市场类似产品的多个厂家进货，再销售给最终用户。例如，一个服装批发商从全国各地的许多个厂家采购不同款式的服装汇总后销售。

3. 提供服务

营销渠道提供的服务包括信息收集与分享、实现与客户接洽和谈判、物流以及售后一系列的服务等。

在不同的营销渠道中，上述服务由不同的渠道成员所承担。当渠道结构发生变化时，这些服务的承担者可能要发生变化，但所需的工作总量不会发生变化。例如，物流的服务可以由买家承担，也可由卖家承担，但网上销售一般是由第三方物流来承担。

【阅读资料1－5】 王府井湛江店开业一年黯然关闭

“南橘北枳”形容水土不服，现在用这个词来形容王府井的处境最为贴切。近日，王府井宣布，开业一年多的王府井湛江门店正式停业。公司表示，一年多来该店在营销和服务方面进行了大量的创新和尝试，但受经济大环境及种种客观原因影响，业绩始终未达预期水平，基于战略角度考虑决定关闭湛江店。

资料显示，2012年5月，公司出资1000万元设立了湛江王府井百货有限责任公司，经过7个月筹备，于当年年底正式营业。该店位于广东省湛江市霞山区核心繁华商圈，占据了江霞广场地上一层到地上四层，面积达4万平方米。

王府井曾对该店寄予厚望，此前王府井在广州地区只有一家经营了16年的广州门店。据了解，王府井此次关店较为突然。据广东电视台报道称，王府井湛江门店7月10日接到关店通知，第二天就通知商户撤柜，导致一些商户来不及应对。而在7月1日，该门店还在进行促销活动。

对于关闭的原因，王府井的解释是，受到经济大环境及种种客观原因影响，业绩始终未达预期水平，基于战略角度考虑决定关闭。事实上，湛江店从一开始销售情况就不佳。据2012年《东方今报》报道，当年湛江店的试营业情况与预期有一定差距，其中穿着类商品占比不高，影响整个商场的毛利水平。当时王府井要求，湛江店要抓紧时间进行商品调整，要迅速扩大新店的市场影响力。

如今看来，湛江店辜负了王府井的希望。资料显示，王府井从 1996 年率先开启跨区域百货连锁发展，目前已经在中国七大经济区域完成门店网络布局。据王府井 2013 年报显示，湛江门店去年亏损 3016 万元。王府井华中、华北、华南、西南、西北、华东和东北 7 大区域，只有华南区（包含广东、广西地区）营业收入呈现负增长，实现营业收入 9.38 亿元，比上一年减少 10.46%。

目前，王府井在北京有 5 家门店，在一级省会城市开设的门店有 14 家，在二、三线城市开设的门店有 10 家，但销售情况不尽相同，一些成熟的老店销售稳定，但新店销售业绩不佳拖累了王府井业绩。

王府井 2013 年报显示，公司在株洲、福州、抚顺等地的 6 家门店处于亏损状态。2008 年 2 月，经营了 3 年多的王府井南宁店因经营不理想在南宁搁浅。一位业内人士对《每日经济新闻》记者透露，王府井正在考虑关闭抚顺门店，但是目前还没有最终做出决定。

关店的同时，王府井还在寻找新的店址开店。2013 年 12 月，王府井百货与浩瀚正盛集团签约，以租赁方式进驻南昌王府井购物中心项目。2014 年 3 月底，东莞市人民政府与王府井举行战略合作框架协议签约仪式，王府井计划投资 55 亿元建设商业综合体，计划年内动工，2016 年开业。

业内人士对记者表示，王府井其实对关店和开店也较为纠结，一方面因为大环境不好，新开门店销售不佳拖累业绩，而另一方面不开新店销售规模又难以增长。

赛迪顾问数据显示，2013 年，中国百货行业销售额平均增幅仅为 4%，与 2006 ~ 2011 年的 16.5% 相去甚远，王府井、天虹、银座、百盛等营业收入增速全部回归个位数。

王府井财报显示，2010 ~ 2013 年营收增幅分别为 25.66%、20.18%、8.97% 和 8.35%，明显呈现逐年递减趋势。

王府井对百货业的衰退早有感知。2013 年 9 月，王府井百货开始规划全渠道发展战略，对商品、会员、系统、组织架构和公司未来发展战略重新调整。比如聘请麦肯锡和 IBM 等咨询公司，规划互联网时代的转型战略，寻找新的商业模式，王府井商城、APP 平台和微信服务号上线以及 5 家门店 WIFI 上线等等。

2014 年 2 月 14 日，王府井与腾讯合作的微信购物在北京百货大楼试运行，双方将在微信公众平台商户功能、微信支付服务上开展具体合作。这被认为是王府井转型的开始。

在线下，王府井也对传统门店进行转型，转型购物中心，增加餐饮休闲娱乐业态等。2013 年 5 月，王府井宣布将斥资 3500 万元对北京百货大楼部分楼层实施经营调整和装修改造，年底将 6 层改为餐饮业态，将目标人群从外地客向本地客转移。王府井百货之前曾发布计划称，将在 2015 年前开业 4 ~ 5 家购物中心，5 年内完成省会城市门店布局。

但从目前来看，王府井全渠道转型还没有显现出效果。零售行业专家丁利国对《每日经济新闻》记者表示，百货业 O2O 转型的概念都是互联网公司提出来的，订单和支付都是在线上进行，这样等于命脉都掌握在互联网公司手中，百货会受制于它，所以这绝不是传统百货的出路。

在梳理王府井年报时，记者发现手握现金的王府井在理财产品上却有不错的收益。2013 年王府井财报显示，在投信托项目累计投资金额为 19.3 亿元，均为公司自有资金投资。

资料来源："王府井湛江店开业 1 年黯然关闭　全渠道转型收效差"，第一营销网（http：//www. cmmo. cn/article – 181519 – 1. html）。

1.4　营销渠道的环境因素

影响营销渠道的外部环境因素有多种。无论是经济环境、社会环境、政治法律环境，还是自然环境、科学技术环境等，均可以对营销渠道的设计、开发、运作等产生一定的影响。这些环境的变化也在推动着营销系统组织形式的不断创新。

从严格意义上来说，几乎所有的外部环境都可对营销渠道产生影响，不过这些环境因素的影响程度并不相同。下面就一些能够对营销渠道产生较大影响的因素进行阐述。

1.4.1　经济环境

经济环境指市场的结构、消费者的消费特征和购买能力、物价及对物质资源的投资水平等因素，其运行状况及发展趋势会直接或间接地对企业营销活动产生影响。有些经济环境因素直接影响企业的营销活动，称之为直接经济环境，主要包括消费者收入水平、消费者支出模式和消费结构、消费者储蓄和信贷情况等；有些经济环境因素间接影响企业的营销活动，称之为间接经济环境，主要包括经济发展水平、经济体制、地区与行业发展状况、城市化程度等。

经济环境的变化会引起营销渠道模式的改变。例如，改革开放以来，我国城乡居民的收入水平不断提高，尤其是一部分先富起来的人，热衷于对奢侈品的追求，使得国际奢侈品专卖店在国内一线城市广泛布局。而改革开放之前这几乎是不敢想象的事情。

1.4.2 政治法律环境

对企业来说，政治环境指企业市场营销活动的外部政治形势和状况以及国家方针政策的变化对市场营销活动带来的或可能带来的影响，而法律是评判企业营销活动的准则，各种营销活动只有依法进行，才能受到国家法律的有效保护。

以法律为例，法律上的某些条文直接制约着营销渠道系统的行为、结构和创新。不少企业由于涉嫌渠道垄断而遭到起诉，有些甚至会因为败诉而支付巨额赔付。

1.4.3 人文社会环境

人文环境包括一个国家或地区的居民教育程度、文化水平、宗教信仰、风俗习惯、审美观念、价值观念等。文化水平会影响居民的需求层次；宗教信仰和风俗习惯会禁止或抵制某些活动的进行；价值观念会影响居民对组织目标、组织活动以及组织存在的态度；审美观念则会影响人们对组织活动内容、活动方式以及活动成果的态度。

就渠道管理而言，主要关注的是消费者的生活态度和生活方式的变化。例如，由于消费观念的变化，网购成为越来越多消费者的购物选择。为了应对这种变化，不少企业开始开发网上销售通路。

【阅读资料 1-6】 家乐福沃尔玛相继败走韩国

大约 10 年前，素以资金雄厚、国际化经营著称的家乐福、沃尔玛等国际超市连锁企业纷纷撤出韩国，转向中国、越南等国家。“打败”这些“恐龙企业”的正是韩国“土生土长”的易买得、衣恋等自主品牌企业，而且这些企业还要在亚洲市场与家乐福等“巨头”一争高低。

经济规模已经进入世界“前十”的韩国是亚洲国家中比较成熟的消费市场，它的消费水平和购买力吸引着众多的跨国企业争相进入。而韩国的消费市场又是非常“挑剔”的，消费文化完全不同于西方，这使沃尔玛、家乐福等跨国企业“乘兴而来、败兴而去”。

沃尔玛和家乐福在韩国吃“败仗”的原因是多方面的，而没能理解和把握韩国文化和消费者心理是最主要的原因。

韩国人买东西注重的是卖场的环境和享受，他们更愿意服务周到的“百货店”式的服务。而外国超市一直坚持大面积、大容量的“仓储”型，这不符合韩国消费者的购物心理。

沃尔玛和家乐福在“地段竞争”中也犯了判断错误。它们的卖场虽然面积大、商品多，但其数量远远少于韩国的连锁超市。沃尔玛在首尔只有一家店，在地方城市的店铺也大多在市郊等非商业区里。而韩国的连锁超市讲究消费者的“接近性”，更讲究形成消费网络。

“经营本地化”的努力不够也是外国超市的“失策”之一。从进入韩国市场开始，家乐福的CEO一直是本社派的法国人，甚至绝大多数卖场的支店长也是法国人。在瞬息万变的商场中，这阻碍了企业的“快速反应”和企业内部的沟通和团结。

韩国本土连锁超市与沃尔玛、家乐福等比起来有得天独厚的优势，它的网点更多、服务更周到、把握顾客心理更细致。

截至2005年底，号称韩国第一连锁超市的“易买得”在全国拥有76个卖场，远远多于家乐福的31个和沃尔玛的16个。它的服务更像“百货店”式的，使顾客有宾至如归的感觉。在装潢上，韩国超市强调温馨和和谐的氛围，尽量减少“仓储型”超市的“距离感”和“空旷感”。

韩国超市更下工夫的是时时把握顾客的消费心理变化。比如，家乐福等外国超市卖大葱的时候是收拾干净的，但是韩国超市就卖带泥的，显示出这是韩国产品，而且是新鲜的。消费者能够在超市里轻松买到“金川洋葱”“海南白薯”等韩国的品牌农产品，也是韩国超市的销售战略带来的“成果”。

“一切为顾客着想，向顾客看齐”是韩国型超市的成功经验之一。面临外国企业的竞争，韩国超市首先从“细微处”做起。比如，大大降低原来5~6米高的货架，真正达到“触手可及”。而提高照明亮度、商品摆放更加合理和有趣也取得了意想不到的效果。

其次，摆脱了单纯的“卖东西”方式，超市内设美容院、药店、餐厅、咖啡店等更多的便利设施，逐渐吸引了各类人群。而设立顾客满足中心，制定100%保证退换商品制度也是韩国超市率先实行的。

易买得的口号是“每天都卖最低价”，能做到这一点的基础就是它拥有的大规模的物流中心。现在，易买得的物流中心和其运作方式已经成为外国连锁超市企业竞相学习的“样板”。

韩国媒体分析的“韩国超市十大成功原因”中的第一条就是迅速扩大卖场，强占市场；而第二条是“每天都卖最低价”，吸引更多顾客。韩国型购物环境、满足顾客一切要求、不断推出“国内首次”“超市首次”等推销方式也属于成功原因。

沃尔玛走了，家乐福也撤了，接手它的韩国企业要对它做“大手术”，让它变成“韩式大超市”。而在韩国市场打败“恐龙”的易买得等韩国连锁超市的下一个目标转向了中国等发展潜力巨大的海外市场。它们与沃尔玛等世界知名连锁超市的第二轮竞争将要开始。

资料来源：“家乐福沃尔玛相继败走韩国”，http：//www. lawtime. cn/info/shangwu/dzswdt/2012011923377. html。

1.4.4 自然环境

自然环境主要包括地理位置、气候条件以及资源状况等环境。自然环境主要影响营销渠道的设计与选择策略。以生产快速消费品的企业为例，在人口稠密、交通便利、购买能力强的发达地区，适宜采用宽渠道、密集分销策略；而在偏僻、经济欠发达的地区，显然渠道策略应该有所不同。

1.4.5 科学技术环境

科技环境的变化对营销渠道的影响主要体现在以下两个方面。

首先，极大地改善了渠道的基础设施，提高了渠道的效率。如信息技术、网络技术的飞速发展，大大提高了渠道成员间的沟通效率；物流技术的应用和发展，使得交易双方的地理位置已经不再是成交的障碍；渠道基础设施的改善，使得渠道成员之间更紧密的合作成为可能，极大地提高了渠道的效率。

其次，科学技术的发展催生了一些新的渠道形式，促进了渠道组织结构的变革。如电波技术催生了电话营销、电视购物等销售模式；网络技术催生了网络营销模式等。这些无店铺营销模式的出现，对传统分销渠道造成了强大的冲击，加速了渠道组织结构的变革。

1.5 营销渠道管理

营销渠道管理（Marketing Channel Management）是指针对营销渠道中渠道成员之间存在的不同程度的合作、冲突和竞争，对渠道成员进行选择、激励、评估与调整的过程。营销渠道管理是营销渠道决策的另一个重要组成部分，目的是使营销渠道更好地发挥营销职能。

1.5.1 渠道成员的选择、激励、评估与调整

企业在进行渠道设计之后就需要对中间商进行选择，在营销渠道投入运行后还涉及对中间商的激励、评估以及对渠道系统进行调整等问题。

1. 选择渠道成员

生产者在招募中间商时经常出现两种情况：一是毫不费力地找到愿意加入渠道系统的中间商；二是必须费尽心思才能找到期望数量的中间商。不论遇到哪一种情况，生产者都必须在明确有关中间商的优劣特性的基础上，根据营销渠道的设计要求对中间商做出选择。一般来讲，生产者在选择渠道成员的过程中，要了解中间商经营时间的长短、成长记录、人员的素质与数量、目前的销售能力、财务实力、清偿能力、合作态度、经销的其他产品大类的数量与性质、对顾客的服务水平、商店的地理位置、运输和储存条件、经常光顾的顾客类型、市场形象与声望、经营管理能力、未来发展潜力等情况。

要了解中间商的上述情况，企业必须搜集大量的相关信息。如果必要的话，企业还要对被选中的中间商进行实地调查。

2. 激励渠道成员

尽管促使中间商加入渠道的因素和条件已构成部分激励因素，但在营销渠道的运行过程中生产者仍需通过不断地监督、指导与鼓励以使中间商尽职尽责。由于进入营销渠道的中间商类型多种多样、运营方式各异、与生产者之间的经销关系不完全相同，因而监督、

指导与激励中间商的工作非常复杂。

在生产企业激励渠道成员以及试图与经销商建立长期、稳定、协调的合作关系时，应注意以下问题。

（1）了解各个中间商的心理状态与行为特征是激励中间商的基础。

中间商是独立的经营者，有其自身特定的目标、利益和策略，它们一般不重视某些特定品牌的销售，缺乏有关产品的知识，不能认真使用供应商的广告资料，时常忽略制造商认为重要的顾客，不能准确地保存销售记录。从中间商的角度看，以下问题是很容易理解的。

①中间商并不专属于某一个制造商，而是一个独立的市场营销机构，逐渐形成了以实现自己目标为最高职能的一套行之有效的方法，能自己制定政策而不受他人干涉。

②中间商主要执行顾客购买代理商的职能，其次才是执行供应商销售代理的职能，它感兴趣的产品是顾客愿意购买的产品，而不一定是生产者委托它卖的产品。

③中间商总是努力将它所经营的所有产品进行货色搭配，然后卖给顾客，其销售努力主要用于取得一整套货色搭配的订单，而不是单一货色的订单。

④生产者若不给中间商特别奖励，中间商绝不会保存所销售的各种品牌的记录。那些有关产品开发、定价、包装和激励规划的有用信息，常常保留在中间商很不系统、很不标准、很不准确的记录中，有时甚至故意对供应商隐瞒不报。

所以，生产企业激励渠道成员的首要问题是站在对方的角度了解现状，设身处地为对方着想，而不应仅从自己的观点出发看待问题，这样无助于问题的解决。

（2）生产者应尽量避免激励过分与激励不足两种情况。

当生产者给予中间商的优惠条件超过取得合作与努力水平所需条件时，就会出现激励过分的情况，其结果是销售量提高而利润下降。当生产者给予中间商的条件过于苛刻以致不能激励中间商努力工作时，则会出现激励不足的情况，其结果是销售量降低、利润减少。所以，生产者必须确定采用何种方式以及花费多少力量来鼓励中间商。

一般来讲，生产者对中间商的基本激励水平应以现有交易关系组合为基础，如果对中间商仍激励不足，则可以考虑采取相应的措施。一是提高中间商可得的毛利率，放宽条件或改变交易关系组合使之更有利于中间商；二是采取人为的方法来刺激中间商使之付出更大努力，如向中间商施压迫使他们创造更有效的销售机制，举办中间商销售竞赛以提高其销售积极性，单独或与经销商联手开展广告与宣传活动调动中间商的积极性等。

（3）生产者也可以依靠某些权力来赢得中间商的合作。

这里所说的权力涉及以下几个方面。

①胁迫权。胁迫权是指生产者在中间商没有很好合作时威胁撤回某种资源或中止关系。如果中间商对生产者依赖程度较高，这种权力的影响是相当大的。但使用这种权力将导致中间商的不满并要求赔偿。从短期来看胁迫权可能十分有用，但从长期来看胁迫权的影响力量是最弱的。

②付酬权。付酬权是指生产者在中间商遵照其要求执行特殊任务而给予额外报酬的权力。虽然使用付酬权比使用胁迫权的效果好，但其本身也存在着潜在的副作用。由于中间商遵照生产者的希望做事，并不是出于固有的信念，而是能够得到额外的报酬。因而，当生产者再次要求中间商执行某项任务时，中间商往往提出更高的报酬要求，如果报酬被撤销或报酬不能满足中间商的要求便会产生消极后果。

③法定权。法定权是指生产者凭借上下级关系或合同条款要求中间商执行某项任务。只有中间商把生产者看作法定的领导者或者当中间商认为生产者有权要求自己承担某项义务时法定权才会产生。

④专家权。当中间商认为生产者具有自己不具备的某种专业知识时专家权才会产生。专家权是一种有效的权力，因为中间商如果不从生产者那里得到这方面的帮助，它的经营就很难成功。

⑤声誉权。如果中间商对生产者有很高的敬意，并希望成为其中的一员，声誉权就生产了。一般情况下，生产者应注意使用声誉权、专家权、法定权以及付酬权，避免使用胁迫权，这样会收到较好的效果。

（4）生产者可以通过分销规划与经销商建立长期、稳定、协调的使用关系。

所谓分销规划，指的就是建立一个有计划的、实行专业化管理的垂直渠道系统，以便把生产者的需要与经销商的需要更为紧密地结合起来。在建立管理型垂直渠道系统的过程中，制造商应在市场营销部门下专设一个分销关系规划处，负责确认经销商的需要，制定交易计划以及有关方案，帮助经销商以最佳方式经营。该部门应与经销商合作确定交易目标、存货水平、商品陈列计划、销售人员训练要求、广告与销售促进计划等。建立管理型垂直渠道系统，将大大提高分销系统的运行效率，生产者、经销商以及消费者都可以从中受益。

3. 评估渠道成员

生产者除了选择和激励渠道成员外，还必须核定一定的标准评估其渠道成员的绩效。

（1）评估的内容。对渠道成员进行的评估主要包括以下内容：该中间商经营时间长短、增长记录、偿还能力、意愿及声望、销售密度及涵盖程度、平均存货水平、顾客商品送达时间、损坏的处理、对企业促销及训练方案的合作、中间商应为顾客服务的范围等。如果某一渠道成员的绩效低于既定标准，就要找出原因并考虑可能的补救方法。

（2）测量中间商绩效的方法。测量中间商绩效的方法主要有以下两种：一是将每一中间商的本期销售绩效与上期销售绩效进行比较，同时将每一中间商的本期销售绩效与整个群体的平均销售绩效进行比较。二是将各中间商的绩效与根据对该地区销售潜量分析而设立的销售定额相比较，然后将各中间商按先后名次进行排列。

中间商的销售绩效低于群体平均水平或未达既定比率而排名偏后，可能是主观原因所致，也可能是一些客观原因造成的，如当地经济衰退、某些顾客不可避免的流失、主力推销员的丧失或退休等。因此，制造商应根据具体情况采取有针对性的措施来加以扭转。

4. 调整渠道系统

生产者在设计了一个良好的营销渠道系统后，不能放任其自由运行而不采取任何纠正措施。事实上，为了适应市场需要的变化，整个渠道系统或部分渠道成员必须随时加以调整。

营销渠道的调整可以从三个层次来考虑：从经营的具体层次看，可能涉及增减某些渠道成员；从特定市场规划的层次看，可能涉及增减某些特定分销渠道；在企业系统计划阶段，可能涉及整个分销系统构建的新思路。

（1）调整的条件。

对营销渠道成员的调整一般是在以下情况下进行的。

①合同到期。合同到期是一个重要的时刻，是否续签、是否变更合同、是否中断合作等都是应该认真权衡的问题。一般地说，没有找到合适的替代者之前，生产者不应该草率终止合作，而是要更加尽力地保留该中间商。

②合同变更和解除。合同的变更指合同没有履行或没有完全履行前，按照法定条件和程序，由当事人双方协商或由享有变更权的一方当事人对原合同条款进行修改或补充。合同的解除是指在合同没有履行或没有完全履行前，按照法定条件和程序，由当事人双方协商或由享有解除权的一方当事人提前终止合同效力。

③营销环境发生变化。生产者在市场环境发生变化时，可能会发现自己原来所建立起的分销渠道网络有缺陷，这时必须对成员进行调整。

（2）调整的内容。

为了适应多变的市场需求，确保渠道的畅通和高效率，进行渠道调整是必需的，其主要内容包括以下三个方面。

①增减某些渠道成员。在营销渠道的管理与改进活动中，最常见的就是增减某些中间商的问题。企业在进行这方面决策时，应注意渠道成员之间业务上的相互关系与交互影响，要着重弄清增减某些渠道成员后企业的销售量、成本与利润将如何变化。只有这些方面都朝着有利的方向变化时，调整才是可行的。

②增减某些营销渠道。随着市场需求、环境条件以及自身生产经营活动的不断变化，企业的某些营销渠道可能会失去作用，同时又需要新的营销渠道进入新的市场部分。因而，企业在营销渠道的管理活动中应注意营销渠道的增减调整。

③调整整个营销渠道系统。对生产企业来说最困难的渠道变化决策就是调整整个营销渠道系统，因为这种决策不仅涉及渠道系统本身，而且涉及营销组合等一系列市场营销政策的相应调整，因此必须慎重对待。

【阅读资料1－7】 渠道管理八种模式盘点

1. 办事处模式

该模式的特点是异地商务、集中结算，由办事处完成销售中的商流和物流，客户与总部直接结算。采用此模式的优势在于总部可以严格控制库存，占压资金较少、运输费用较低，但同时会出现仓储费用较高、结算周期长，容易引起税务纠纷。这种模式的典型案例是澳柯玛和方太。

2. 分公司模式

该模式的特点是异地结算、异地商务、异地物流，总部与分公司直接结算，对分公司的发货视同销售，分公司可以独立完成对外客户的商流、物流和资金流。采用此模式的优势在于高效的区域市场、低额的配送费用，但是由此产生的问题是权力高度分散，不容易形成整体优势，而且资金周转较慢。国内耗材分销龙头企业泛凌公司采用的就是这种模式。

3. 分公司 + 办事处模式

分公司与办事处两种模式组合起来，业务向下延伸，分公司与办事处并存，分公司下设办事处，多级次的营销管理模式。此模式是对特定市场的特定策略，容易得到高效的区域市场，但是由于管理层较多，机构调整频繁，导致资金回笼慢。这种模式的典型案例是迪比特手机和鲁花公司。

4. 产品事业部模式

这是企业根据产品特征，按产品大类划分多个事业部，在全国共用一套销售平台，即分支机构负责所有事业部产品的商流、物流和资金流，分支机构与各事业部之间是内部结算关系，既按照产品考核事业部的业绩，同时也考核每个分支机构的业绩。这种模式渠道共用，人员规模和费用规模都容易控制在较低水平，但对专业产品的专业服务能力要求很高，售后服务的压力较大。草原兴发目前采用的就是这种模式。

5. 独立事业部模式

各事业部在同一地区根据各自产品特点和市场特点分别建立销售渠道，并与客户结算。当有两个以上的事业部在同一地区设立了分支机构时，公司将统一在这个地区设立分公司，并负责管理所属的财务部门和本地各个事业部所属办事处的财务核算和商品核算工作，以及各个事业部办事处的事务性工作。这种模式专业分工明晰，能准确地贯彻单事业部产品策略，但是人员规模大，销售费用高，不容易形成合力。伊利乳业采取的就是这样的模式。

6. 制造业连锁专卖模式

企业自行生产，按地理区域设立分公司，分公司负责发展当地的直营和连锁零售机构；在没有分公司的区域，由总部的专业部门负责加盟店的管理。总部与分公司、分公司与客户之间的商流、物流、资金流形成完整的闭环。直营店、直营专柜相当于分公司的派出机构，商流、物流和资金流由分公司掌控。这种模式可以以较低的成本实现稳健的扩张，灵活的区域市场策略可以快速实现对产品策略的调整，但是相应的，库存的广泛分布容易导致积压，直营与加盟的并立使得价格策略难以统一。波司登、奥康和谭木匠都使用此种模式。

7. 流通业连锁零售模式

企业统一采购，通过总部各区域配送中心为各地分销商、加盟店、直营店进行物流配送。加盟店、直营店直接归总部管理，分公司或办事处只负责所在地渠道的开拓和管理，物流由总部配送中心完成，由分公司和客户进行结算。这种模式按业务类型区分渠道模式，保证渠道扩张质量，以专业配送替代混合物流，节约了采购和储运成本，但是只适合数量较少的加盟店和连锁店管理，到达一定级别后，配送中心的配送能力和总部的管理能力将面临重大挑战。江阴医药和重庆移动就选用该种模式。

8. 商流物流分离的办事处模式

商流、物流和资金流完全分离，按照产品特性的不同，分别成立销售公司，每个销售公司均在当地设立区域销售公司完成商流，外管部同时在当地设立一个办事处负责物流，与客户的结算由总部的结算中心统一完成。这样严格的监控体系、高度的专业分工、统一的业务流程，可以降低非法侵占、挪用货款的风险，提高库存周转率，降低库存资金占压，减少无效运输，降低物流管理成本。我国中成药制药龙头企业太极集团就采用此种模式。

在这八种模式当中，商流物流分离模式将成为未来渠道发展的趋势，但同时也存在着一定的缺陷：同一地域需要设立多重机构，直接管理费用增高；业务流程变长，一旦机构之间协同不力，或者没有有力的信息化系统支持造成机构间歇等困难，则会严重影响交货及时性，进而危及整个通路的稳定性。

资料来源：http：//www. emkt. com. cn/news/marketing/2004 – 04 – 07/9592. html。

1.5.2 渠道的合作、竞争和冲突

营销渠道成员之间经常会出现不同程度的合作、竞争和冲突，企业必须充分认识这些情况，才能对渠道进行有效的管理。

1. 渠道合作

渠道合作是指为了了解目标市场的需求、谋取共同利益，渠道成员相互之间的结合和依赖。事实证明，渠道成员之间相互合作而获得的利益要比各自单独从事销售工作获得的利益要大得多，渠道的合作是市场营销观念的必然产物，已经是一种通常的行为。例如，消费品的传统渠道模式中，制造商、批发商、零售商为了赢得消费者的信任，扩大市场占有率，增加销售量而共同努力、相互合作，这往往比制造商自己承担渠道的全部工作更加

有利。不同渠道成员之间的通力合作，对合作的各方都是有利的，制造商应尽力创造合作的条件，促使各成员间的相互协调。

2. 渠道竞争

渠道竞争是指为同一目标市场服务的同一系统的不同企业之间或不同系统之间展开的竞争，包括两个层次。一是本企业的营销渠道中同一级别渠道成员之间的竞争。如百货公司、专营商店、超市同为某产品的零售商，它们为从同一目标市场抢占更高的市场份额从而获得更多的利润收入而展开激烈的竞争；二是本企业与竞争企业同一级别渠道对象，在相同目标市场销售同类产品的竞争。

渠道竞争对消费者来说是有利的，为消费者提供了更多的选择产品、价格、质量和服务的机会。

3. 渠道冲突

渠道冲突是指渠道成员发现其他渠道成员从事的活动阻碍或者不利于本企业实现自身的目标。在营销渠道系统中，渠道冲突更为常见，我们应该深入分析渠道冲突产生的原因并在此基础上提出有针对性的解决策略。

有关渠道冲突解决的详细内容，请参见本书第 5 章“渠道冲突与合作管理”。

1.5.3 渠道控制

1. 渠道控制的类型

渠道控制的内容比较广泛，可以从不同的角度来进行划分。

从控制程度角度来划分，可分为绝对控制和低度控制。绝对控制是指对控制对象进行全方位的控制，包括销售区域、价格、回款情况等各个方面；低度控制又称为重点控制，只是控制一个或者几个方面，如价格或销售区域等。

从控制主体上来划分，可分为生产商渠道控制、批发商渠道控制、零售商渠道控制。

从控制的内容角度来划分，可分为产品控制、价格控制、促销控制、销售区域（含政策）控制。

从控制的重点来划分，可以分为目标控制和过程控制。

按照渠道功能来划分，可分为对渠道信息的控制、对所有权转移过程的控制、对资金流的控制和对物流的控制。

从营销组合的角度划分，可以分为产品和服务的控制、价格的控制、促销的控制、分销过程和分销区域的控制。

2. 渠道控制的内容

渠道控制的内容非常广泛，可以从不同的角度来分析。这里从营销组合的角度来分析渠道控制问题。

（1）对产品和服务的控制。

对于制造商来说，对产品控制的主要内容如下。①控制产品的生产制造过程，保证产品质量的落实。②企业的产品相关策略能够在渠道中得到实现。如培养渠道成员对新产品的认识，接纳新产品；企业产品差异化策略在渠道中得到实现；产品的品牌管理和品牌形象能够在渠道中得到贯彻；在产品生命周期的不同阶段，对渠道进行必要的调整等。③通过对中间商的监督和管理，保证能够为产品提供各种服务的数量和质量。④通过与中间商合作和对中间商加强监督，不使与本企业产品有关的假冒伪劣产品通过中间商入市。

对于中间商来说，对产品的控制主要内容如下。①控制某一产品的订购数量、品种、规格和质量。②产品质量保证的落实。与厂家明确关于产品质量的保证，产品的安装、维修，破损产品的处理等责任。③提供合格产品的售前、售中和售后服务。④严把进货关，杜绝假冒伪劣产品进入市场。

（2）对价格的控制。

制造商对价格控制的主要内容是：监督和控制自己产品的批发价格和零售价格；确保企业的定价策略在渠道中得到贯彻落实；监督和控制中间商对于企业折价政策的落实情况。

中间商对于价格控制的主要内容是：根据市场情况和供货合同，确定或建议产品的批发价格和零售价格；落实生产商的折价政策；防止生产商制定对自己不利的价格歧视政策。

（3）对促销的控制。

制造商的促销活动常常分为两种情况：一是对中间商的促销，二是对终端购买者的促销。对于中间商的促销，施动者是制造商，促销活动的控制相对简单，主要是做好促销本身的工作，如确定促销目标、制订促销计划、实施促销活动、评价促销结果等。而对于终端购买者的促销活动，施动者是制造商和中间商，控制活动相对复杂，因为还涉及对中间商的控制和监督的问题。

制造商针对终端购买者促销活动控制的主要内容是：根据与中间商合作协议的规定，从事产品的促销活动，或根据竞争等的需要推出产品促销活动；对促销活动的计划、实施过程和实施结果进行控制，以保证促销活动完成预定的目标；监督中间商对自己产品的促销活动和促销方式，保证制造商的促销活动得到中间商的贯彻和落实；对中间商自主安排的本产品促销活动进行监督，尽量避免自己的产品成为商家打折的牺牲品。

中间商对于促销活动控制的主要内容是：根据与制造商合作协议的规定，实施销售地点的促销活动，或根据竞争的需要，自主安排促销活动；对销售地点的促销现场进行管理；向制造商提出安排促销活动的建议。

（4）对分销过程和分销区域的控制。

制造商对过程和分销区域控制的主要内容是：控制分销区域，避免不同区域渠道成员之间发生窜货等冲突；控制分销过程，避免不同渠道成员之间发生冲突；控制物流过程，保证物流通畅。

中间商对过程和分销区域控制的主要内容是：在自己的分销区域内建立分销网络；在自己的分销区域内进行分销过程的控制；防止制造商的窜货行为。

1.5.4　渠道控制的程序①

渠道控制的程序可分为渠道控制标准的设计、渠道运营情况的检测和评价、渠道修正三个过程。

1. 设计渠道控制标准

渠道控制标准的设计与渠道控制目标和内容密切相连，也与渠道成员的评价标准相关，可以从不同的角度来分类。笼统来说，渠道控制标准基本包括以下方面：终端客户的渠道满意度标准，不同渠道之间的关系标准，渠道成员功能发挥标准，渠道成员完成任务和努力程度标准，渠道成员的合作态度和成效标准，渠道成员之间关系发展标准，渠道的覆盖程度标准，渠道总体经济效益标准等。

2. 对渠道运营情况的检测和评价

（1）对渠道运营情况进行检测。对渠道控制的任务主要体现在对渠道运营状态的管

---

① 庄贵军、周筱莲、王桂林：《营销渠道管理》，北京大学出版社 2004 年版。

理上，而要想对渠道运营状态进行及时的管理，就要通过收集资料，对渠道运营情况进行了解、把握。收集资料的方法可以是了解销售业绩的统计材料、客户调查、现场观察等。

（2）对渠道运营情况进行评价。对收集的渠道运营资料和渠道检测的情况进行分析和评价，如果出现渠道的实际运营情况与控制标准不一致，要判断这种不一致的程度和性质，同时要分析原因，寻找问题的症结，并且制定解决问题的方法。

3. 纠正偏差

针对渠道运行中存在的问题，进行渠道修正。渠道修正包括两个方面。一是修改渠道控制标准。渠道运行情况与渠道控制标准不一致，有可能是渠道控制标准不合实际，纠正渠道控制偏差的办法就是修改渠道控制标准。二是改进渠道工作，指导渠道成员改变某些不当的行为，改进渠道工作效率，努力使渠道工作达到控制标准。

本章习题

一、单选题

1. 认为营销渠道就是指某种货物或劳务从生产者（制造商）向消费者（用户）转移时取得这种货物或劳务的所有权的所有组织或个人的学者是（　　）。

A. 斯特恩和艾尔·安塞利　　B. 罗伯特·罗森布罗姆

C. 肯迪夫　　D. 菲利普·科特勒

2. 企业所处的市场环境对分销渠道的设计与选择具有重要影响。企业需要在制定渠道战略时最大程度地满足（　　）的需求。

A. 供应商　　B. 中间商

C. 消费者　　D. 辅助商

3. （　　）分析法是一种内外部环境综合分析的方法。

A. SWOT　　B. PEST

C. 波士顿矩阵　　D. AD 利特尔

4. 在企业产品大类或项目关联度比较高时，可采用（　　）模式。

A. 长渠道营销　　B. 短渠道营销

C. 单一渠道营销　　D. 多渠道营销模式

5. 依据是否涉及（　　）的转移，营销渠道参与者可以分为成员性参与者和非成员性参与者两类。

A. 商品使用权　　B. 商品所有权

C. 商品处置权　　D. 商品经销权

6. 在渠道决策的影响因素中，市场因素有（　　）。

A. 环境因素　　B. 消费者因素

C. 生产者因素　　D. 市场规模

7. 企业在市场上选用同级别的两个或两个以上的中间商为其推销商品，则该企业采取了（　　）。

A. 宽渠道策略　　B. 窄渠道策略

C. 长渠道策略　　D. 短渠道策略

8. 渠道成员之间相互合作而获得的利益要比各自单独从事销售工作获得的利益大得多，渠道的合作是（　　）观念的必然产物。

A. 市场营销　　B. 推销

C. 市场　　D. 产品

9. 快速消费品行业通常选择密集型渠道进行分销，这种销售渠道在进行渠道控制时需要注重（　　）。

A. 提高产品价格，降低周转次数　　B. 增加仓库数量，减少渠道冲突

C. 控制渠道长度，减少分销成本　　D. 减少中间商数量，提高库存水平

10. 同一层次的企业为了争夺同一目标的销售而进行的竞争称为（　　）。

A. 水平渠道冲突　　B. 水平渠道竞争

C. 垂直渠道冲突　　D. 渠道系统竞争

二、多选题

1. 营销渠道的功能是通过各种流程（flow）来实现的，这些流程主要是（　　）。

A. 实体流程　　B. 所有权流程

C. 付款流程　　D. 信息流程

E. 沟通流程

2. 特定厂家生产的品种与数量和特定消费者需求的产品种类与数量之间的矛盾使中间商的存在成为必然。中间商通过以下方式来解决两者的矛盾（　　）。

A. 归集　　B. 分级

C. 汇总　　D. 处置

E. 谈判

3. 下列属于营销渠道战略的特征的有（　　）。

A. 指导性　　B. 未来性

C. 复杂性　　D. 竞争性

E. 强制性

4. 从横向来看，营销渠道有宽窄之分。宽渠道是指产品流通通过尽可能多的渠道进行转移；窄渠道是指尽量使用少的渠道进行产品转移。渠道宽窄有以下几种模式可供选择（　　）。

A. 独家分销　　B. 密集分销

C. 选择分销　　D. 特许分销

E. 连锁分销

5. 渠道控制的内容比较广泛，可以从不同的角度来进行划分。从控制的内容角度来划分，可分为（　　）。

A. 产品控制　　B. 价格控制

C. 促销控制　　D. 销售区域（含政策）控制

E. 绝对控制和相对控制

三、名词解释

1. 营销渠道　2. 直接营销渠道　3. 营销渠道战略　4. 密集分销　5. 营销渠道管理

四、简答及论述题

1. 为什么学术界对于营销渠道的定义尚未统一？你是如何理解的？

2. 营销渠道的参与者主要有哪些？各自发挥着什么样的功能？

3. 试论述生产者如何避免对渠道成员的激励过分与激励不足问题。

4. 试论述渠道竞争的两个层次。

5. 试论述渠道控制的主要程序。

案例讨论

"旭日"升起又落下

1993 年，前身为河北冀州供销社的旭日集团成立。1994 年，集团投入 3000 万元用于冰茶的生产和上市，并于当年获利数百万元，从此开始了"冰茶神话"之旅。1995 年，旭日升冰茶销售额达到 5000 万元，1996 年升至 5 亿元，1998 年达到 30 亿元，此后一直保持在 20 亿元的水平。短短几年时间，旭日集团一跃成为中国茶饮料市场的龙头老大。

旭日升的成功，首先是因为它选择了一个老百姓熟悉而市场又缺少的产品作为切入点，创造了一个全新的"冰茶"概念。1999 年，旭日集团确定"冰茶"为集团商品特有名称，并在工商局注册。其次，是它的营销网络。创业早期，旭日集团在全国 29 个省和自治区的大城市密集布点，建立了 48 个营销公司、200 多个营销分公司。

旭日升"冰茶"的成功引来了众多的跟风者，旭日的独家生意很快就被分食。康师傅、统一、可口可乐、娃哈哈等一群"冰红茶""冰绿茶"相继出现。2001 年，旭日升的市场份额从 70% 跌至 30%，销售额也大幅下降。2002 年下半年，旭日升突然停止供货，从此一蹶不振。

对于旭日升衰落的原因，有各种不同的说法。直接原因是始于 2000 年企业内部的"管理变革"。有人说，这好比是一个体质很差的病人，给他用药太猛，病未愈先把命丢了。然而，企业在管理上出现的问题才是根源。其中，在渠道管理方面的问题是一个重要的根源——旭日升在渠道方面存在的问题，导致了窜货的盛行，窜货又使企业的渠道管理失控，最终传导到其他方面，导致了整个企业在管理上的失控。

旭日的市场理念是窜货之源，在旭日集团高层领导的心里，只有回款是最重要的——只要可以在冀州收到来自全国各地的回款，那就万事大吉了。在这种理念的指导下，旭日形成了"鼓励"窜货的考核机制，即按照回款多少进行工作考核，一切以回款为目标，而不管回款是怎样得来的。为此，企业制定了一系列与之配套的、旨在促进回款的奖励政策。比如，旭日集团曾搞过一个大型的渠道促销活动：每进 30 件冰茶搭赠一辆价值 180 元的自行车；每进 50 件搭赠价值 500 元的人力三轮车；不足 30 件的则赠购物卡。各地区搭赠的物品不尽相同，但原则是平均每件有 6 元的促销费。再比如，厂家给经销商承诺年底完成销售额 100 万元的，奖励价值 3.6 万元的松花江汽车 1 部。

在奖励政策的激励下，分公司和经销商争相订购，并且为了扩大销售，不遗余力地低价跨区销售，生怕自己吃亏。比如，渠道促销活动的政策一出台，保定某县的一家经销商就进货1万件，在极短的时间内出手，并要求再次进货。其实，这1万件冰茶在该县根本就消化不了。那个经销商利用促销机会，以低于公司规定的市场价把货窜到其他市场了。

再比如，经销商为了完成公司下达的年度任务，得到奖励（松花江汽车），把车款或多或少地打进价格里，最后引起了价格大战。有些经销商天真地认为可以先凭实力打败别的经销商，然后自己再来整顿市场，扭转乾坤。可是价格战一打起来，就控制不住了。

跨区域低价窜货导致的直接后果是引起了产品销售价格的混乱。当时，冰茶出厂的价格是41.6元/件，而由于渠道内打起了价格战，冰茶的销售价一度跌到了33元/件。

在旭日集团，由于有这种指导思想，窜货行为不但不被罚或管制，还被领导认为是了不起的。一些酒气冲天的老总们常常在会议上骄傲地说，旭日集团的市场是冲开的。在他们眼里，窜货根本就没有什么大不了的。

除此之外，各地甚至不同业务员的销售政策也有差异。比如，河北市场返利是3%，天津市场是4%，北京市场则是5%。许多分公司老总都是原来冀州供销社的骨干，他们在集团内部有着很好的人际关系，因此好多政策是可以“要”来的。这样，同一地区的不同经销商就可以拿到不同价格的产品。很多业务员为了应付公司的考核方法，和经销商达成协议：只要你答应我的回款请求，我就可以答应你的返利条件。因为，他们可以从集团公司要到特殊的政策。在这种氛围里，几乎所有的经销商都挤破脑袋与集团骨干拉关系，希望得到最优惠的销售条件，去冲别人的市场。

经销商则利用旭日升的政策，放手去冲击其他市场，甚至是赔钱卖货。当然，经销商是不会赔钱的，他们用“旭日升”这个产品来吸引客户，“带货销售”，卖旭日升不赚钱，卖其他产品赚钱。

这时，旭日升的业务员又干什么去了？他们得到回款以后，就去做发财梦了。因为在他们看来，做业务就是催款。如果业务员管得太多，经销商就会把情况汇报给区域经理；区域经理为讨好大经销商，就会用权力压服那些不听话的业务员，业务员就只好唯经销商之命是从了。

资料来源：庄贵军，《营销渠道管理》，北京大学出版社2012年第2版。

思考讨论题

1. 旭日集团的渠道问题出在哪里？
2. 旭日集团所遇到的渠道问题在当今是否依然普遍？这类问题该如何解决？

第 2 章

营销渠道模式

本章导读

外部环境的不断变化促进了企业营销模式的变革。企业的营销渠道也因此不断推陈出新，以适应这种新的变化。本章内容主要分为两个部分，一是介绍现有营销渠道的几种主要类型并对其进行优劣势分析；二是概述营销渠道发展的最新趋势。通过对本章的学习，便于读者了解和掌握常见的营销渠道运作模式及渠道创新的发展趋势，从而为今后开展渠道建设、维护与发展工作奠定坚实的基础。

知识结构图

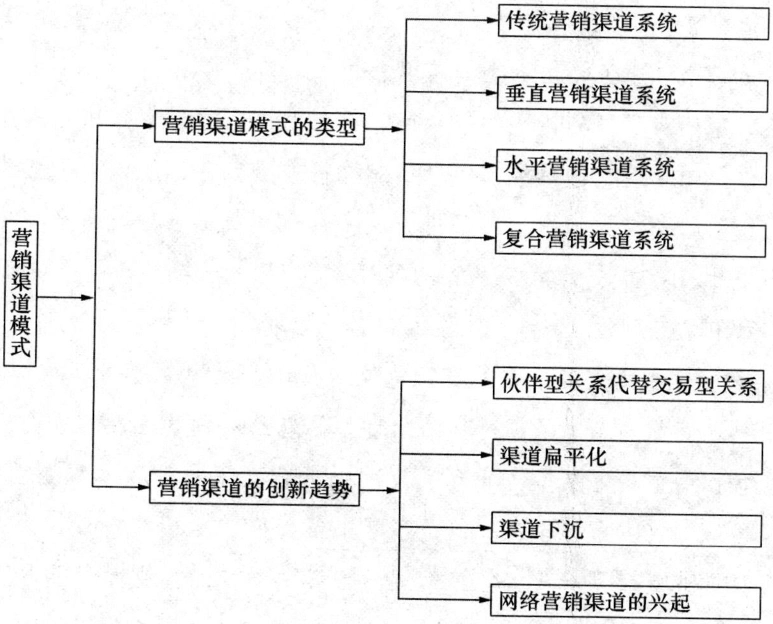

【开篇引例】　　“五”全渠道营销点亮新生意平台

大数据、云计算、移动互联网的发展前景在时下已经势不可挡，如何在产业互联网这场圈地运动中分得一杯羹，成为传统企业亟须解决的问题。现在传统企业在焦虑与困惑中摸索前行，全渠道营销在一定程度上为传统企业互联网化提供了互联网营销图谱。

1. 全媒体营销，赢得最多最广的客户源

媒体营销在企业的营销策略中占据重要地位，也能给企业业务带来立竿见影的效果，所以电台的黄金时间，网页、纸媒等的绝佳位置在过去成为传统企业广告宣传的必争之地。互联网走进千家万户，广告费也成为四大门户网站的重要收入来源。然而媒体发展到现在，已经出现了新气象。新出现的微信、微博、博客等自媒体对产品传播甚至有着传统媒体无法超越的优势。在未来的媒体传播中，谁掌握了全媒体的销售策略，谁就拥有了最多最广的客户源。所以，产业互联网时代的营销，企业必须高度重视网络自媒体和社区媒体等，整体考量广告资源配置，以期达到广告效果最大化的目标。

2. 全渠道零售，重构企业零售体系

原来的零售体系是通过差价和商品信息的不对称来存活，商品经过一级经销商、二级经销商甚至三四级经销商才能到客户手中，整个零售体系基本上就是一个层级加价的体系。而全渠道零售，不仅包括传统零售，还包括线上销售、电话销售、DM 销售等多渠道的销售，是一个以服务为主的全通路零售体系。近几年，小米营销模式等新营销模式的成功，让大家逐步了解到传统的经销商、供应商应该通过客户服务来生存，而不是商品的层层加价。未来经销商单纯靠信息不对称将难以生存，所以百货业传统营销将受到挑战。同时，新营销模式的出现，必将波及多渠道全通路条件下原来零售体系中间级经销商的服务安排、利益分配等多方面的问题。所以，全渠道零售将重新定义分销渠道、企业通路和利益分配。

3. 全客户经营，把握企业未来的真正价值增长点

企业和用户之间信息永远是不对称的，过去信息不对称的主导权在企业手中，企业可以运用自身掌握的信息定义卖方市场；互联网时代，用户可以掌握企业的各种信息，卖方市场在慢慢地向买方市场倾斜。但是不管市场如何变化，有一条铁律没有变——得用户者得天下。产业互联网时代，客户掌握了市场主动权，企业行为应当围绕客户需求来设计安排。未来企业会更加关注客户，关注客户的重复购买和客户的可持续多品类经营。因为客户是核心，所以围绕客户开展全生命周期的经营越来越重要，全客户经营也将是企业未来的真正价值增长点。

4. 全产业协同，构建产业协作大平台

产业互联网时代，任何一个产业都难以独立生存。产业互联网时代是通过向客户提供商品和服务来获取价值的时代，也是 C2B 的时代。提供商品和服务的过程，以及逐步实现 C2B 的过程，需要把类似采购供应商等不在企业内部的外围决策融入企业自身决策。全产业协同，要求用开放的心态与合作伙伴专业互补，将自己的能力进行社会化提供，承载在别人之上，也承载他人需求，只有这样才能让企业长盛不衰。

5. 全数据驱动，推动企业未来发展

全渠道营销的前四个阶段实际上都需要全数据来驱动，全数据驱动是全渠道营销最核心的部分。全媒体营销，需要客户的营销数据来最终确定媒体营销策略；全渠道零售，需要销售数据库存数据等来安排生产和仓储；全客户经营，需要客户的行为数据来分析客户价值及其回头率、复购情况，通过对客户行为数据的分析，勾勒客户画像，对客户进行精细分类，进行驱动营销；全产业协同同样离不开数据，企业的产能、备品、备料等都需要在整体的数据基础之上进行整体化驱动。产业互联网时代的企业必将是数据驱动的企业，掌握了数据便掌握了核心竞争力，未来企业的发展一定是数据驱动下的发展。

资料来源：“‘五’全渠道营销点亮新生意平台”，比特网（http：//soft. chinabyte. com/486/13018486. shtml）。

2.1　营销渠道模式的类型

企业在建立营销渠道过程中，按照渠道成员之间的关系的不同，有多种渠道模式可供其选择，这些渠道模式主要包括：传统营销渠道系统、垂直营销渠道系统、水平营销渠道系统和复合营销渠道系统。

2.1.1　传统营销渠道系统

传统营销渠道系统，又称为松散型的营销渠道系统，渠道各成员之间的关系具有临时、偶然及不稳定性。因此，有学者将其描述为：“高度松散的网络，其中制造商、批发商和零售商松散地联络在一起，相互间进行不亲密的讨价还价，对于销售条件各执己见，互不相让，所以各自为政，各行其是。”

1. 传统营销渠道的优势

自从产品交换开始，传统的营销渠道就已经存在，经过多年的积累和发展，已成为生产厂家开发市场的最亲密的合作伙伴。传统的销售渠道呈金字塔式的体制，因其广大的辐射能力，为厂家产品占领市场发挥了巨大的作用，所以它必然有自己存在的道理，必然有自己的优势。

（1）较强的独立性。由于没有产权关系，也没有契约关系，传统营销渠道完全是一种偶然的、自发的交易渠道，所以，渠道商之间关系比较松散，具有较强的独立性。在这种渠道中，没有任何的老大，零售商们之间也没有隶属关系。比如，商贩 A 和商贩 B 之间没有任何的从属关系，因此，他们可以随意地进行营业和销售。

（2）灵活性。传统营销渠道系统的松散性使渠道商具有较强的独立性，这就导致它们具有非常高的灵活性。传统营销渠道自负盈亏的特点可以调动渠道商的积极性，使它们尽量多的获取利润。这种灵活性使得商人们可以完全自由的选择进入或者退出一个行业，这也就加剧了市场的竞争，不至于某个商品因为独家垄断造成价格过高。比如，卖手机的零售商发现卖家电利润比较大，它就会自发地退出手机市场，加入到家电市场的行列，从而加剧了家电市场的竞争，最终导致家电的价格下降。

（3）压力感。零售商们是自负盈亏的，多赚取的利润是自己的，亏损也是自己的，而且它们还面临着众多诸如房租、水电费等花费，所以它们都努力的进行销售。另外，由于它们没有强力的外援，一旦止步不前，让对手超越，它们就会面临倒闭。在这些因素面前，零售商们不得不不断地创新，不断地改进生产效率，增强自身的实力。例如，大街上的一些零售店，由店主自己来经营，虽然不用支付自己工资，但面临着高昂的房租、水电费等，还有市场的激烈竞争，随时会面临倒闭的压力，让它们不堪重负。

（4）快速成长。中小企业由于知名度、财力和销售能力的缺乏，在进入市场时可以借助这种关系迅速成长。开拓一种渠道要消耗很大的资金，中小企业资金有限，没有能力去开发一种新渠道。而零售模式相对来说，成本比较低，中小企业可以采用这种渠道快速占领市场。

最后，值得注意的是，松散型渠道网络模式严格来说并不是一种有组织的营销网络，它只是渠道系统发展的初级形态，这对于市场经济还没有充分发展，大量集中生产体制尚未实行的经济情况下的市场营销是很适用的。这种渠道网络系统也较适合于生产和销售比较分散的产品，如农产品、日用杂品等的营销。另外，特定行业由于沿袭下来的行业传统，至今仍然采用松散的营销网络模式，比如欧美国家的电影市场。在我国，松散的营销网络模式是市场营销的主要模式之一，并曾经起到了一定的促进作用。但是，值得注意的是，竞争局势、经济发展、新的法律颁布、技术进步等客观环境条件的变化，再加上某些网络成员不负责任的投机行为，使渠道成员间的交易关系经常发生变化。这种不确定性，给商品的营销带来了一定程度的混乱，造成交易成本的大幅提高，严重时甚至还影响生产的稳定运行。因此，随着市场经济的迅速发展，新的合作型渠道网络模式开始在松散型渠道网络模式的基础上演变、产生。我国实行松散型渠道系统的企业也应该把握机遇，一旦条件成熟，就进行渠道模式的变革，以保证企业的稳步发展。

2. 传统营销渠道的劣势

尽管传统的营销渠道系统存在诸多优点，但是随着商品越来越丰富，交易越来越频繁，以及交易方式的变化和发展，使得它的劣势也逐渐显现出来。传统渠道系统模式下的松散型渠道关系存在如下几方面的弱点。

（1）不具有长期性，资源累积性不强。由于松散的关系，较强的独立性，导致这种渠道商之间存在较大的偶然性，缺乏长期的合作基础，因此，渠道商直接累计的资源相对较少，无论是对于顾客，还是对于渠道商，这种渠道资源的累积性都比较差。

（2）缺乏有效的监控机制。由于渠道较强的独立性，缺乏行业的规制，渠道的安全性完全依赖成员的自律，以中国目前的市场状态而言，这种自律无异于放任自流。比如，造成恶性竞争和销售虚假产品。对于虚假产品这一点，广大的消费者可谓是深受其害，假奶粉、假酒甚至假药等假冒伪劣产品严重危害消费者的健康，假化妆品更是让原本想变美的女性付出了毁容的代价。

（3）造成资源的浪费。没有形成明确的分工协作关系，使广告、资金、经验、品牌、人员等渠道资源无法有效共享。各自独立地进行进货，缺乏统一的进货模式，成本价格相对较高。有时营销渠道重叠，渠道方式单一，也会造成资源的极大浪费和成本的不经济。

（4）缺少投身渠道建设的积极性。渠道成员最关心的是自身利益能否实现，商品能否卖得出去或者能否卖高价，而较少考虑渠道的长远发展问题。

要克服上面的缺点，企业运作的关键就是加强控制该渠道关系的能力，不断积聚力量，使众多企业自觉地向自己靠拢。

2.1.2 垂直营销渠道系统

垂直营销渠道系统是由生产者、批发商和零售商组成的统一的联合体，每个成员都把自己视为营销系统中的一分子，关注整个垂直系统的成功。垂直营销渠道系统包括三种形式：所有权式（又称公司型）、契约式和管理式。垂直营销渠道系统具有广泛的适应性，美国有64%的消费品采用此种系统。无论是大企业还是小企业，无论是日用品还是生产用品，都大量采用垂直营销渠道系统。

1. 公司型渠道关系

公司型渠道网络是指一家公司拥有和控制若干生产机构、批发机构、零售机构等，控制着商品的若干条营销渠道乃至全部渠道，综合经营和统一管理商品的生产、批发和零售业务。公司型渠道网络是所有渠道模式中关系最为紧密的一种，生产者、销售者在所有权统一的基础上建立科学分工、密切合作的关系，具有长期稳定的结构特征，网络成员之间按照公司统一的计划目标和管理要求进行商品和信息的转移，以完成整个公司系统的生产和销售全过程。

（1）公司型渠道关系的类型。

有实力的大企业可以通过两种方式来建成公司型营销网络。一种是企业投资设立新的分支机构，另一种是企业通过兼并、合并等资产运营形式，将其他公司或其部分机构并入本公司系统。如大型零售机构并入生产企业，生产企业兼并批发机构等。

公司型营销网络一般都是以一个实力雄厚的大公司为基础，是实行前向一体化或后向一体化或综合实行前后向一体化的经营策略而实现的，有三种基本类型。第一种是生产企业设立和兼并销售机构而形成的营销网络。曾经显赫一时的“三株”，还有目前正在建设的京东商城等都依靠自建网络而取得巨大成功，但也留下很多遗憾。第二种是大型商业零售企业拥有或统一管理若干工厂，比如美国著名的零售霸主沃尔玛等。第三种是独立批发商同时设立或兼并生产机构、零售机构，建设成具有工贸商一体化的综合商社，利用强大的信息、金融功能，综合调控某一国乃至世界的商品供求。

公司型渠道关系适应大量生产、大量消费的现代生产流通格局，具有网络成员联系紧密、内部统一指挥的特点，它有着独特的优势，也不可避免地存在着缺陷。

（2）公司型渠道关系的优势。

公司型渠道关系以产权为纽带凝聚而成，关系紧密，建立这种关系会使其成员获得如下益处。

①统一化。由于生产、销售、服务和维修的全过程纳入了公司的控制之下，因此公司可以有计划、有目标地规范产品的服务，通过提供良好的售前与售后服务，提高公司与品牌的形象。

②渠道效率较高，结构稳定。由于渠道成员关系紧密，统一指挥，因此能够提高分工协作的程度，减少交易环节，简化销售程序，使商品能够更迅速地进入消费领域。另外，营销网络结构稳定，减少了网络变动的成本和风险。

③最大限度接近消费者。松散型渠道模式中的每个成员都只关心自身利益，只负责将产品推向下一个环节，而不关心市场的变化。公司型渠道模式改变了这一状况，由于生产机构和销售机构产权统一，荣辱与共，因此公司能够通过和顾客直接接触，全面了解市场信息。

④节省费用。当市场交易转为企业内部分工协作之后，交易成本能够大大降低，这也是企业采用这一网络模式的最直接动机。

（3）公司型渠道关系的劣势。由于公司型渠道关系是在产权关系下建立起来，所以，为了获取产权，公司型渠道关系也存在如下的缺点。

①投资成本高。不论是控股、兼并、合并、收购，还是投资建立统一产权控制下的公司型营销渠道，都需要占用公司较多的资金，先期投资成本高，需占用公司较多的资金，给公司经营带来较大的资金压力。

②管理成本大。当生产、经营和销售都统一在一个企业内部，就需要企业拥有健全的管理机构、高素质的管理人员、完善的管理程序和制度，用以管理、组织、协调和监督企业各项工作的完成。因此，管理成本十分高昂。

③灵活性差。一旦市场行情发生变化，渠道常常难于及时调整。当营销网络不能发挥预期效率时，会使企业背上沉重的负担。公司型渠道模式也存在着结构僵化和忽视营销经济效益的危险。

2. 管理型渠道关系

所谓管理型渠道关系，是指由一个或少数几个实力强大、具有良好品牌声望的大公司依靠自身影响，通过强有力的管理将众多经销商聚集在一起而形成的渠道关系。管理型渠道介于松散型和公司型模式之间，一方面，它由相互独立的经营实体或个人所构成，另一方面，它与渠道成员之间存在着比较紧密的联系和共同协调的过程，网络的构成兼具一定的稳定性和灵活性。

管理型渠道关系与公司型渠道关系的最大区别是：生产单位和营销机构并非同一产权。管理型渠道关系与契约型渠道关系的最大区别是：没有长期的契约关系。管理型垂直营销通路系统，主要由大品牌生产厂家以自己畅销的产品和不断扩大的规模吸引批发商、零售商与其合作，形成相对稳定的通路系统。在管理型市场营销网络中，担任"管理者"的核心企业常常是名牌商品的制造厂商，如通用电气公司、宝洁公司、美孚石油公司、联合利华公司等。名牌商品生产厂家凭借其强大的实力、信誉和品牌知名度，赢得销售商的贸易合作与支持，销售商愿意接受核心企业的指导和建议，因而形成了一个统一合作的营销网络。

【阅读资料2－1】 戴尔的渠道合作伙伴

戴尔2013年11月宣布改进其渠道合作伙伴计划，包括新增四种新的软件资质，从软件角度升级其Partner Direct合作伙伴计划。

戴尔Partner Direct合作伙伴计划升级凸显了戴尔致力于协助渠道合作伙伴通过简单的统一计划销售端到端解决方案，并帮助他们扩大合作范围，提高创收潜能。同时销售戴尔硬件和软件的合作伙伴凭借这一资格可晋升为卓越合作伙伴（Premier），而专注于单一业务范围的合作伙伴则可通过其老资格而晋升为卓越合作伙伴。KACE、AppAssure和SonicWALL合作伙伴已在整个计划生命周期的早期阶段完成了转型，与日前推出的四项软件功能完全契合。

从历史上看，戴尔Partner Direct合作伙伴计划的重点是支持和促进戴尔合作伙伴的硬件销售业务。在过去的一年中，戴尔采取了一项积极的发展战略：针对数据中心与云管理、信息管理、移动办公管理以及安全与数据保护等应用领域推出数款可扩展的企业级软件产品，不断丰富其解决方案产品组合，旨在将戴尔打造成一个全方位服务的端到端IT解决方案提供商。如今，戴尔的软件事业部已成为全球最大的软件公司之一，在全球拥有6000名专业软件人员，销售额高达12亿美元，财富1000强的公司中有90%是戴尔软件的客户。

资料来源："戴尔渠道合作伙伴推进端到端解决方案"，http：//nb. zol. com. cn/416/4164298. html。

（1）管理型渠道关系的优势。

①系统会形成一个核心。管理型渠道系统形成的基础是规模大、实力强的企业牵头，这就形成了一个系统核心，营销策略、规划、方向都出自这个核心，各个渠道成员围绕着这个核心从事各种各样的营销活动，自然地构成一个相对紧密、团结互助的营销系统。而在分散型渠道中，每个渠道商都将自己利润的增加建立在他人利润减少的基础上，也就不可能有效益。

②渠道网络同时具有一定程度的稳定性和灵活性。通过核心企业的统一管理和分工协作，渠道成员之间能够建立起较高程度的合作关系、统一的网络营销目标和共享的信息资源，因此使营销活动具有了一定的整体性和稳定性。同时，由于系统成员的产权具有相对的独立性，与公司型渠道模式相比，管理型渠道模式更容易进行调整和变革。

③渠道成员拥有统一目的。营销渠道由多个环节组成，整体营销效率的高低，不仅取决于每个成员的营销效率，更取决于每个成员之间的合作效率。管理型渠道系统的效率评价，不是以个别成员和短期收益为标准，而是以全体成员和长期收益为标准，这样才能最终保证各成员都实现利益最大化。

④实现社会资源的有机组合。并不是每一种产品和服务都适合自己投资建立营销网络，这一方面会增加投资风险，另一方面会陷入多元化发展的泥坑，还有可能使产品的营销范围变小。最聪明的银行家是用别人的钱来赚钱，最聪明的商人也应学会用别人的网络来营销自己的产品，这样会化解一部分营销风险。垂直型渠道系统就是利用他人网络营销产品，而渠道各成员背靠大企业之树也可取得稳定的生意。

（2）管理型渠道关系的劣势。

①从经销商的角度看，过分依赖核心厂商很可能爆发渠道冲突。管理型垂直通路系统是以厂商为核心建立起来的，一些营销规则、利益分配办法、促销策略都必须听命于厂商的安排，即经销商卖什么、怎么卖、卖多少，都要受到厂商的控制和影响，这样就会使经销商对厂商产生一种“路径依赖”。另外，由于管理型营销渠道是在一个有巨大影响力的厂商的组织下建立起来的，当这种影响力不存在时，就可能出现渠道成员的冲突和退出。

②从厂商的角度看，面临成员退出的风险。这种风险主要来自以下两个方面：一方面，当厂商经营面临困境，需要经销商给予帮助和支持时，经销商可能对未来的收益失望，而迅速地更换合作的厂商，导致渠道受损；另一方面，经销商对利润提出新的分配方案，对厂商进行威胁，此时，厂商如果不答应经销商的要求，会造成经销商的退出。

3. 契约型渠道关系

契约型垂直营销渠道系统，指不同层次的独立制造商和经销商为了获得单独经营达不到的经济利益而以契约为基础实行的联合体。它是由各自独立的公司组成的营销渠道组合，它们以契约为基础来统一行动，以求获得比其独立行动所能得到的更大的销售和经济效果。契约型垂直营销渠道主要有两种形式：一是代理制。代理制是制造商通过组织各目标市场的代理商，以契约连接的方式建立起批发或零售代理网络；另一种是加盟营销渠道，加盟营销渠道主要存在于餐饮业，一般是由一个服务公司组织整个系统，以便将其服务有效地提供给消费者。

（1）契约型渠道关系的优势。

①渠道建立比较简单。企业如果想快速地建立自己的营销渠道，仅凭借自己的能力，将是一个非常浩大的工程，要涉及资金、人员、兼并、收购等等。而通过契约形式可以快速建立自己的营销渠道网，它是在不改变各方产权的前提下，通过契约，使各方组建成一个共同体，这种组建的成本比较低。比如京东商城，自己组建物流网，但它持续性亏损，如果不是巨大的财力做后盾，根本支撑不起这种消耗。

②系统渠道资源配置较佳。通过契约形式建立的这个共同体中，彼此双方都是以盈利为目的，而且在独立产权的前提下，为了获得较高的利润，双方都会尽力去创造利润，这样可以实现人尽其能、物尽其力，从而达到双赢的效果。比如，阿里集团不建立自己的物流系统，而是广泛的与各个物流企业建立契约关系，尽可能地利用物流企业的高效来促进双赢。

③系统渠道灵活。人们希望一个系统建立后相对稳定，但是随着生产、消费和渠道本身的变化，必然引起企业自身营销系统的调整。由于契约型渠道系统不涉及产权关系，调整起来相对容易，变更起来也具有一定的灵活性，可以及时修改和补充契约的有关条款，以适应不断变化的市场和营销要求。比如，A 公司和 B 公司建立契约关系，但是随着契约的到期，A 公司可以选择继续和 B 公司签订合同，也可以选择其他的合作方。有很多处于产业链上游的企业，可以选择不同的下游企业进行合作。比如，苹果手机的制造，苹果公司可以选择富士康，也可以选择别的代工企业进行生产。

（2）契约型渠道关系的劣势。

①与产权型渠道系统相比，其渠道成员更难以控制。由于契约型渠道系统具有独立的

产权，因此，这种渠道系统更加灵活，但同时也带来了难以控制的问题。由于各成员的目标不一致，有时渠道成员不遵守契约条款，自己进行单方面的营销方案，甚至自动脱离该系统，会导致整体渠道系统效益的下降和对渠道成员造成损害。

②与管理型渠道系统相比，其渠道灵活性相对较差。契约使各渠道成员结合成一个系统，各自必须遵守一定的规则，并保持一定时间的稳定性。但是，渠道成员水平参差不齐，管理能力也会有很大差异，有些成员在遵守系统规则的条件下，仍不能为整个渠道系统做出应有的贡献，甚至完不成基本的成员义务，这样就需要对其进行调整或取缔。但是，契约没到期或其他条件会限制这种调整。而管理型渠道系统没有这些限制，可以随时、及时地进行调整。另外，契约型的各方在进行统一调整营销策略时，由于渠道各方的经营目标不同，可能达不成一致意见，而不能实现调整；而管理型渠道成员各方形成了上下管理的体制，可以实现迅速的调整。

（3）契约型渠道关系的类型。

契约型渠道系统主要有以批发商为核心的自愿连锁销售网络、零售商自愿合作社销售网络、特许连锁销售网络。

以批发商为核心的自愿连锁销售网络，是若干独立中小零售商为了和连锁商店这种大零售商竞争而自愿组成的联营组织，参加联营的各个中小零售商仍保持自己的独立性和经营特点。批发商通常要制订一个方案，按照这个方案，使独立零售商的销售活动标准化，以获得采购经济的好处，与其他连锁组织竞争。这种营销网络往往集中在日杂用品、五金配件等领域。

零售商自愿合作社是一群独立中小零售商为了和大零售商竞争而联合经营的批发机构（各个参加联营的独立中小零售商要缴纳一定的股金），各个成员通过这种联营组织，以共同名义统一采购一部分货物（向国内外制造商采购），统一进行广告宣传活动以及共同培训职工等，有时还进行某些生产活动。在西方国家，工商企业为了扩大销售，获得更多利润，在激烈竞争中求得生存和发展，不仅在渠道系统内采取垂直一体化经营或联合经营的方式，而且在同一层次的若干制造商、批发商、零售商之间采取横向联合经营的方式。零售商合作社一般由本部、分店、配送中心三部分构成。

特许经营（Franchise）一词来源于法文，原意为免于奴隶、苦役的身份，演变至今引申为特许人的一种特权。它是当今最为流行的企业扩张和个人创业的方式。特许经营是指特许授予人与特许被授予人之间通过协议授予受许人使用特许人已经开发出的品牌、商号、经营技术、经营规模的权利。为此，受许人必须先付一笔首期特许费，此后每年按销售收入的一定比例支付特许费，换得在一定区域内出售商品或服务的权利，并必须遵守合同中关于经营活动的其他规定。

与其他经营方式相比，特许经营具有以下特点：第一，特许经营是特许人和受许人之间的契约关系，但各个受许人之间没有横向联系。比如，麦当劳全球各地的加盟店和麦当劳总部的关系只有契约关系，但各个加盟店之间则没有任何关系。第二，特许人将允许受许人使用自己的商号和（或）商标和（或）服务标记、经营诀窍、商业和技术方法、持续体系及其他工业和（或）知识产权。比如，麦当劳各个加盟店可以统一使用麦当劳的商标、店铺设计等。第三，在特许经营中，各受许人对自己的店铺拥有自主权，即自己仍是老板，人事和财务均是独立的，特许人无权干涉。第四，在特许经营中，契约规定特许人按照受许人营业额的一定百分比收取特许费，分享了受许人的部分利润，同时也要分担部分费用。

【阅读资料 2-2】 肯德基的特许经营模式

1987 年 11 月 12 日，肯德基在中国的第一家门店于北京前门开业，这次开业首次将特许经营的概念带入中国，可以说这对于中国餐饮业乃至商业是具有里程碑意义的。在中国，肯德基的表现超过了其在全球其他国家的经营业绩。这其中，在中国的特许连锁店由 2000 年的 1 家发展到 2009 年的近百家。肯德基特许连锁店的快速扩张得益于“不从零开始”的特许经营模式。

所谓“不从零开始”是指：将一家成熟的、正在盈利的餐厅转手给加盟者，加盟者不需自己选址、开店、招募与培训员工等大量繁重的前期准备工作，这些都是现成的，加盟者只需要维持就可以了。

下面，我们来分析一下肯德基的特许连锁经营模式。

1. 从特许人的挑选来看

肯德基对于特许人的选择非常严格，要求加盟商的经营思路与肯德基的经营理念相融合，需要加盟商具备四个特点：①热爱快餐行业。加盟商必须是食品服务业的经营者，对经营快餐很有兴趣，并真正愿意投入肯德基的事业中来。②具备一定财力。加盟商至少具备 200 万元人民币的自有资金，其中如果是较发达城市，特许人必须具备 800

万元人民币的自有资金。③具备丰富的行业知识。加盟商应有从事餐饮行业的工作背景，有非常丰富的管理经验并愿意接受肯德基总部的培训。④愿意与肯德基建立长期合作关系。肯德基一般要求和加盟商建立至少10年的合作关系。

2. 从加盟地区的确定来看

肯德基主要在国内中小城市、已经有肯德基餐厅开业的地区为加盟者提供加盟机会，一般选择在中国非农业人口大于15万小于40万，且年人均消费大于6000元人民币的地区。另外，肯德基合资企业所在城市不予加盟。

3. 从加盟费和投资回报来看

肯德基规定加盟费一般都在800万元以上，但对于二、三线城市，加盟费只有200万元，肯德基可以接受融资形式，但加盟商必须自行安排，而且加盟者必须为餐厅经营者，且一般占该项目投入的70%。

加盟商支付了这笔费用后，即可接手一家正在运营的门店，获得门店内所有装饰装潢、经营场所、设备设施，经过培训的门店工作人员，门店的经营权和实用权，包括未来在营运过程中产生的现金流量和全部利润。加盟费不包括房产租赁费，加盟商还需要支付占销售额11%的特许经营使用费和广告分摊费，10年内保持不变。

4. 从培训体系来看

肯德基对加盟商的培训非常专业，内容非常广泛，包括领导餐厅等课程和去各个工作站实地学习。肯德基力求使每一位加盟商都拥有丰富的管理经验、良好的运营概念、重视服务顾客的理念，使他们的经营理念与肯德基的经营理念及企业文化全面融合。此外，总部还会派遣专业人员对加盟商进行业务上的指导，使他们用最短的时间适应肯德基的经营模式，把整家门店运转起来。

尽管肯德基在中国的发展潜力巨大，远超同业，但是也存在着一些弊端。

一是加盟者素质不一，这也是所有企业跨国特许连锁经营都会遇到的问题。虽然肯德基总部会培训每个加盟者，但是由于加盟者也是不同的个体，在经营管理中不一定能完全坚持统一标准，从而使整个组织的形象受到损害。

二是加盟成本和经营成本过高。对于加盟者来说，不仅要一次性缴纳全部特许加盟费，还必须定期缴纳提成费，无论被特许人是否盈利，提成费都要按销售额的一定比例收取。此外，一旦加盟者不能履行合同或是未能上缴提成费，特许关系就会终止，而且加盟者不能得到任何补偿。

三是加盟商的经营受到总部的影响。肯德基的“苏丹红”事件，曾经严重影响了肯德基的品牌形象，由于各门店的食材均是统一配送，所以在这一次危机中，肯德基的所有门店均受重创，无一幸免。不过好在肯德基中国总部采取了有效的危机公关，使其侥幸度过此关，但是加盟商在此次事件中遭受的损失却无法挽回。

资料来源：陈润源，“肯德基在中国特许经营模式的思考”，人口与经济，2011（增刊）。

2.1.3 水平营销渠道系统

水平营销渠道系统，又称为共生型营销渠道关系，它是指由两个或两个以上成员相互联合在一起，共同开发新的营销机会。其特点是两家或两家以上的公司横向联合，共同形成新的机构，发挥各自优势，实现营销系统有效、快速的运行，实际上是一种横向的联合经营。例如，可口可乐公司和雀巢公司合作，组建新的公司。雀巢公司以其专业的技术开发新的咖啡及茶饮料，然后交由熟悉饮料市场营销的可口可乐公司去销售。

1. 水平营销渠道模式的优势

（1）资源共享。水平通路系统的最大优势是资源共享。例如，雀巢公司在食品开发方面具有领先优势，而可口可乐公司具有良好的通路优势，双方共同投资组建一个新的公司，这个公司一方面借用雀巢公司的食品开发优势，另一方面借可口可乐公司的通路优势，实现资源的较佳配置。

（2）节省费用。由前例可知，雀巢公司投资建立新的食品营销通路，可口可乐公司投资建立新的食品开发部门，无疑会使各自的经营成本增加，而采取水平型通路系统可以减少人员、技术、机器设备等方面的投资。

（3）降低风险。专业化经营是增强企业竞争力的重要措施，而合作化经营是保证专业化经营的重要基础。水平型营销系统实际上是合理分工，各自分担一部分风险，这对于每一个成员来说既为系统承担了一部分风险，又转移出去一部分风险。同时，每一个成员都从事自己擅长的工作内容，风险也会大大降低。

2. 水平营销渠道模式的劣势

（1）复杂。一个水平通路系统的建立，有可能涉及产权、契约、管理等方方面面的问题，甚至是尝试一种新的合作，这会比垂直通路复杂。同时，“水平”本身强调的是一种横向联合，但从系统角度看，仍是每个成员在纵向环节承担相应的职能，会形成纵横交错的通路系统。

（2）稳定性差。水平通路系统的建立，是基于双方优势的一种合作，一旦这种优势发生变化或实力对比发生变化，都会导致这种通路系统的土崩瓦解。

2.1.4 复合营销渠道系统

随着营销渠道的发展和细化，出现了电话营销、网络营销、直销等各种方式的营销渠道，以后还会有更多细化的市场供生产商选择，生产商为了扩大产品的影响力，将会越来越多地采用复合化营销渠道系统。比如，联想集团同时采用了传统的批发、零售渠道和网络营销渠道，设立专卖店等多种营销渠道。所以，在不久的将来，生产商们都不会只使用一种营销渠道，而是使用多渠道营销手段，来增加产品的竞争力。

复合营销渠道系统是指生产商不仅使用单一渠道进入市场，而是采用多渠道营销，进入更多的细分市场。例如，联想集团不但通过其独立的渠道将产品卖给消费者，以满足个人的生活消费，还通过专售渠道将电脑卖给其他生产者，用于生产服务。随着市场竞争的加剧，越来越多的生产商采用多渠道将相同的产品送到不同的市场和相同的市场。这就是说，同一种产品既卖给消费者用于日常生活消费，又卖给产业用户用于生产消费，生产商往往通过若干不同的渠道将同一产品送到不同市场（消费者市场和生产者市场）。

复合营销渠道大致有两种形式：一种是制造商通过两条以上的竞争性营销渠道销售同一商标的产品；另一种是制造商通过多条营销渠道销售不同商标的差异性产品。此外，还有一些公司通过同一产品在销售过程中的服务内容与方式的差异，形成多条渠道以满足不同顾客的需求。

1. 复合营销渠道的优势

（1）增加市场的覆盖面。对市场的细分，可以挖掘潜在的客户。比如，在偏远的山区和一些农村地区，由于成本的原因，可能没有销售网点，但是那里很可能存在非常大的产品需求，那么厂商可以采用邮购的方式，或者采用零售方式进行营销，就会增加商品的销售量。

（2）降低渠道成本。由于渠道商对企业盈利能力的信任，使得企业在增加一种渠道时可能花费很小的成本。弗里德曼等认为，混合型渠道可使企业的销售成本降低20%～30%。

（3）更好地满足消费者需求，提高产品的交易量。采用多种渠道营销本身就会增加消费者对于商品的接触，在对消费者需求的不断挖掘中，容易诱发消费者的消费需求。比如，在居民小区内设立营销网点，消费者在不断的消费刺激下，就会产生消费。据统计表明，不少企业销售量的70%～80%是由两三条渠道实现的。

2. 复合营销渠道的劣势

（1）容易产生渠道冲突。多条渠道营销难免产生渠道或渠道成员之间的冲突，一旦冲突发生，产品利润自然会下降，渠道成员也会受到不同程度的伤害，影响合作的进行。在这种情况下，解决的方法是：一方面尽量使不同的渠道满足不同的目标顾客群，另一方面通过营销政策来调整。例如，不同渠道实行统一的价格体系，实行不同价格体系的渠道可适宜改变产品包装和促销方法，或是限制新渠道的启用。

（2）对渠道的控制越来越不易。在多种渠道经营状态下，由于成本的原因，企业不可能对每一种渠道都进行严格的监管，在不断的经营过程中产生机会主义行为倾向，销售者们由于对利润的追求，会变得越来越"不听话"，导致企业对于渠道的控制越来越不易。

【阅读资料2-3】 美国零售业向全渠道模式拓展

2014年7月，美国《*STORES*》杂志发布了最新全美十大零售商排名，美国最大的在线销售商亚马逊（Amazon）首度跻身十强，由去年的第11名升至第9名，2013年其美国国内总销售额达到近440亿美元。

作为一家成立于1994年的"年轻"企业，亚马逊仅用了20年时间即跻身美国零售业十大销售商之列，反映出亚马逊的巨大成功及其代表的网络零售模式近年来的迅猛发展。相关统计显示，2002年美国的网络零售额仅为720亿美元，到2012年已经增长到2310亿美元；2013年有望达到2620亿美元，较2012年增长13%。网络零售额目前已经占到全美零售业总销售额的8%。

亚马逊及其商业模式的发展给整个美国零售业带来了巨大冲击，引发了全行业变革。负责编制该排行榜的Kantar公司首席知识官布赖恩·吉尔登伯格认为，亚马逊跻身美国零售业十强是美国零售业向全渠道销售模式转变的标志，榜单上前100名销售商都需要应对亚马逊引发的游戏规则和经营模式的改变。事实上，美国传统零售商巨头们已经开始行动，他们不断增加在网络销售方面的投入。大型零售商正在打造全渠道零售模式，实现线上线下销售和服务的无缝连接。

目前，沃尔玛、梅西百货、百思买、反斗城、家得宝等美国大型零售商都已拥有自己的在线销售网站和移动客户端。根据IBM公司的数据，在2013年的“网络星期一”（感恩节后的第一个星期一）购物热潮中，虽然亚马逊依然是最大赢家，但美国一些传统零售巨头如梅西百货、沃尔玛等的在线销售业绩与亚马逊的差距已经开始缩小。

这些大型零售商的网站和移动客户端销售的商品价格与实体店相同，线上、线下享受的售后服务也类似。消费者可以在网上买到门店售罄的商品，而在网上下单的消费者无需等待快递，可以选择直接到门店提货。在退换货方面，消费者甚至可以享受到比单纯网店购物更加便利的服务，不需要通过快递寄回，而是直接去任意一家门店退货。这就将在线购物和实体店购物各自的优势很好地结合起来，提升了消费者的购物体验。

另一方面，实体零售店也在通过不断改进服务、创造个性化的购物体验来帮助保持稳定的客流量。例如，家装建材零售巨头家得宝在实体店为顾客设立了DIY工作区，雇佣更加专业的销售人员，为顾客提供家装建议；升级员工间的沟通设备，方便员工、经理间沟通，从而更好地为顾客服务。

根据美国市场研究公司Forrester Research预计，到2017年，网络零售额将增至3700亿美元，占美国整体零售额的份额提升至10%。可以预见，随着网络购物的持续发展，全渠道销售模式或将成为美国零售业的发展方向。

资料来源：改编自“美国零售业向全渠道模式拓展”，中国证券报，2014年7月12日。

2.2 营销渠道的创新趋势

2.2.1 伙伴型关系替代交易型关系

1. 伙伴型渠道关系概念

伙伴型渠道关系是指营销渠道内的各成员之间在相互信任和共同发展目标的基础上，建立的稳定、长期、紧密的合作关系。渠道成员之间是合作或联盟的关系，具有良好的灵活性，同时由于渠道成员之间发展目标的一致性，因此渠道成员之间的关系也具有相对的稳定性。

2. 伙伴型渠道关系的特点

（1）渠道成员关系稳定。伙伴型渠道关系比较稳定，渠道成员之间拥有共同的愿景、共同的利益目标，这些都会使渠道伙伴之间的关系稳定化、长期化。

（2）渠道成员目标一致。渠道成员之间一致性的发展目标是营销渠道关系良好的基础。伙伴型营销渠道成员目标的一致性使渠道各方成员在行动上保持高度一致，谋求共同发展与长期利益最大化成为最优的选择。各方以共赢为核心理念，渠道成员在为其他成员提供资源、创造发展机会时，也填补了自己短缺的资源和劣势，较为容易地实现了自己的目标。当渠道成员合作时，更能发挥作用，实现共赢。

（3）渠道成员关系灵活。伙伴型渠道成员之间的合作按照合作关系的紧密程度可分为多种不同的合作层次，生产企业可以按照市场环境、交易目标和交易对象进行灵活地选择。由于各方发展目标的一致，各渠道成员在面对环境变化时，都会及时地调整策略，采用较为一致的反应模式。

3. 伙伴型渠道关系的优势

伙伴型营销渠道系统是建立在成员之间相互信任和共同目标的基础上。在这样的渠道系统中，以前的客户关系和交易关系转变为合作伙伴关系，渠道各方组合成利益共同体，致力于共同的长期发展目标。伙伴型渠道关系的优势主要有以下几点。

（1）降低渠道运营成本。营销渠道的运营成本主要包括渠道建设成本和渠道维护成本。企业与渠道中间商的战略性合作，将生产企业与合作伙伴变成一个利益整体。它们的深入合作为生产企业节省大量的渠道建设成本和渠道运营成本。

（2）降低渠道风险。营销渠道成员利用各自的优势，结成伙伴型关系，相互之间取长补短，共享市场知识和经验，共享销售队伍、营销渠道，利用网络系统及时地反馈市场环境的变化，及时调整营销策略，大大地减少了渠道的风险。

（3）营销渠道效率提高。在营销渠道中，由于商品交易的存在，产生了商品、资金和信息的流动。伙伴型营销渠道成员之间的明确分工、密切配合、信息共享机制，使商品流、资金流和信息流的流通效率都有了大幅度的提高，这为整个渠道系统带来了更大效益。这种效益按照事先拟定的合同或契约在渠道成员之间进行共享，及时、公平的利益分配，将使营销渠道系统形成持续的良性循环。

（4）有助于扩大规模效应。建立伙伴型营销渠道关系会相应地提高企业总体运营的规模，形成巨大的规模效益。这种规模效应还可能实现跨行业交叉销售，由于渠道合作各成员的市场定位一致，合作方就可以锁定相同的目标顾客群，为自己的目标顾客提供打包服务，使之获得最大化的利益。

【阅读资料 2-4】　中国移动与十家终端销售渠道商达成战略合作伙伴关系

2013 年 12 月 17 日下午，就在 2013 年中国移动全球合作伙伴大会开幕前夕，中国移动在广州与 OPPO、VIVO、金立、迪信通、苏宁、国美、联想、小米、京东、天猫商城 10 家终端销售渠道商签署了渠道战略合作意向书。

2012 年以来，中国移动与 OPPO、VIVO、金立、迪信通、苏宁电器、国美电器、京东商城等就 TD 终端销售签署了渠道战略合作协议。其中，迪信通、国美、苏宁三家全国零售连锁渠道已在 4212 个门店设立 TD 终端专区专柜，方便广大客户现场体验、购买终端，三家渠道 2013 年的 TD 终端销量较 2012 年同期增长超过 3 倍。

随着 TD 终端产品日益丰富，产品竞争力的日益增强，越来越多的渠道合作伙伴加入到 TD 终端销售的队伍中。联想、小米、天猫商城等在终端销售业具有较大份额和影响力的渠道，此次也将和中国移动签署渠道战略合作意向书，共同携手致力于中国移动 3G、4G 终端的销售和推广。中国移动尤其加大了与 PC 混营业态和互联网销售业态知名渠道的谈判力度，与联想、天猫商城、小米达成了战略合作意向。此次与终端厂商渠道、零售连锁渠道、电商渠道开展战略合作，将有效提升 TDS、TD-LTE 终端的销售规模，进一步促进产业链的繁荣壮大。

资料来源："中国移动与十家终端销售渠道商达成战略合作伙伴关系"，中国行业研究网（http：//www.chinairn.com/news/20131220/14084443.html）。

2.2.2　渠道扁平化

1. 渠道扁平化的内涵

扁平化是指为了提高组织效率而使组织结构的模式尽量扁平，层次尽量减少。所谓渠道扁平化，就是尽量减少流通环节，由此来实现成本的降低，中间环节的减少也能使信息的沟通更加真实有效。简单地说，渠道扁平化就是销售渠道层次的压缩。

2. 渠道扁平化发展的原因

（1）渠道纵向一体化的影响。随着卖方市场向买方市场的转化，靠近最终客户的渠道成员往往在渠道中享有主动地位，有可能采取损害厂商利益来获得自身更大利益的做法。因此，为了避免渠道成员的行为提高生产企业的交易成本，厂商就会实行纵向一体化来控制渠道。同时，随着市场竞争的发展，新技术和新产品保持优势的时间越来越短，产品同质化严重，生产厂商越来越趋向于品牌竞争，这就需要下游渠道成员的通力配合，为了避免中间商的不配合，企业也倾向于采取纵向一体化的策略。

（2）当前消费文化的影响。当前，消费者对产品的个性化要求越来越高，生产者为了满足消费者的需求，除了要提供品质优良的产品和服务外，还要满足其个性化的需求。小规模个性化定制的逐渐盛行，要求生产企业掌握消费者的需求信息。扁平化的渠道结构更有利于企业缩短与消费者之间的距离，充分掌握需求信息，因而更有利于竞争。

（3）网络技术的影响。网络技术的使用，使扁平化渠道结构更加容易实现，渠道成本也进一步降低。网络技术的迅速发展还给企业带来了许多新的营销运作模式，如网上直销、目录营销等。网络技术还改变了人们获取信息、传递信息的方式。网络技术的发展使企业能够更加便捷的获得市场信息，消费者可以通过网络与厂家直接联系，获得感兴趣的信息，传统渠道成员就被削弱甚至消失，这同样会导致渠道层级的减少。

3. 渠道扁平化的表现形式

渠道扁平化的形式主要包括电话营销、B2B 和 B2C 电子商务及直销等。在美国的手机行业，厂商和零售商直接交易的比例是 60% ~70%，在中国这一数字是 30%。

2.2.3 渠道下沉

业界对渠道下沉的理解分为两个层次：第一层次是指渠道向终端的下沉；第二层次的含义是指渠道向二、三级甚至四级市场的下沉，或者原来主要在城市中存在的销售网络扩散开来，并且深入到农村去。第一层次渠道下沉的主要原因是加强了对终端市场的控制，加强了与最终消费者的沟通与交流，提高了企业的竞争能力；第二层次渠道下沉的主要原因是原有市场的竞争逐渐加剧，企业开发了新的市场、新的消费人群。

【阅读资料2-5】 电商渠道下沉

2014年7月10日，阿里巴巴宣布渠道全面下沉，多平台将在全国2600个县市提供大家电“全国包邮，送货入户”的消息显示出阿里似乎已经做好了更为充足的准备，向三、四级市场全面挺进。奎屯市位于新疆西北部，是伊犁哈萨克自治州直辖的一个县级市。作为人口仅有31万的小型县级市，它的手机用户却已经超过14万，互联网用户也有2万多。因为居民在网购上的“卓越”表现，奎屯市进入了阿里巴巴在2013年发布的电商百佳县名单，排名第97位。奎屯市市长等相关领导还参加了阿里巴巴在2014年7月初举办的“首届中国县域经济和电子商务峰会”。类似这样颇具电商消费能力和消费意识的三、四级市场在阿里巴巴的名单中还有3500多家。在2013年，阿里发布的《2013年中国县域电子商务发展指数报告》中对县域电商市场做出了这样的判断，“县域电子商务对于未来5~10年中国电子商务持续、健康发展具有战略价值”。阿里巴巴2013年12月入股海尔旗下日日顺，2014年6月与邮政达成战略合作，两件举措被视为阿里巴巴为下沉渠道，向三、四级市场拓展，提前铺好的物流网络。

在2013年终，京东就布置了2014年京东将努力做好的两件大事，其中一件就是“渠道下沉”。近期多个农村地区出现了涂有“发家致富靠劳动，勤俭持家靠京东”等标语的“京东墙”，更是表明了京东将要加快渠道下沉速度。京东在向三、四级市场下沉的过程中，选择了自营物流和第三方物流混合的方式。京东物流系统已经覆盖了1700多个区县，但对于一些县城、农村，京东暂时未覆盖，只选择和第三方物流企业合作的方式。

京东最近开始发力在三、四线城市的物流体系建设，推广名为“先锋站”的模式来拓展县域地区的物流体系。其具体模式为，京东对集团物流体系内的潜力员工进行培训，然后经过选拔，让主干人员奔赴全国多个区县，在当地进行“先锋站”建设，而先锋站将承担物流网点的作用，对货物进行分拨、配送。

资料来源：“电商渠道下沉加速县城，物流难题仍未解”，中国企业报，2014年7月21日。

2.2.4 网络营销渠道的兴起

21世纪是互联网的时代。网络的发展改变了消费者的消费观念与方式，企业的网络营销也在如火如荼地进行着。网络营销渠道以其结构简单、交易成本低、作用多样化以及功能多样化的特点成为企业营销渠道中越来越重要的角色。

网络营销渠道比传统营销渠道的长度更短，中间环节更少，这使得生产者与消费者的距离更近，更有利于如今的竞争环境。同时，由于渠道长度更短，企业的产品和服务能以更快的速度从生产者转移到消费者，加快企业的资金周转速度；由于中间环节比较少，因此费用也相对较低，有利于企业的产品与服务竞争力的提高，顾客消费成本的降低也更有利于其满意度的提高。

本章习题

一、单选题

1. 由一个或少数几个实力强大、具有良好品牌声望的大公司依靠自身影响，通过强有力的管理将众多经销商聚集在一起而形成的渠道关系是属于（　　）。

A. 公司型渠道关系　　B. 管理型渠道关系

C. 契约型渠道关系　　D. 复合渠道系统

2. 加盟营销渠道属于（　　）。

A. 公司型渠道关系　　B. 管理型渠道关系

C. 契约型渠道关系　　D. 多渠道系统

3. 可口可乐公司和雀巢公司合作，组建新的公司，雀巢公司负责开发咖啡及茶饮料，可口可乐公司负责销售的形式属于（　　）。

A. 水平渠道系统　　B. 垂直渠道系统

C. 复合渠道系统　　D. 渠道系统竞争

4. 管理型渠道关系与公司型渠道关系的最大区别是（　　）。

A. 生产单位和营销机构并非同一产权　　B. 生产单位和营销机构属于同一产权

C. 没有长期的契约关系　　D. 存在长期的契约关系

5. 特许经营属于（　　）类型。

A. 公司型渠道关系　　B. 复合渠道系统

C. 管理型渠道关系　　D. 契约型渠道关系

二、多选题

1. 下面选项中属于伙伴型渠道关系特点的有（　　）。

A. 渠道成员关系稳定　　B. 渠道成员目标一致

C. 渠道成员关系灵活　　D. 渠道成员之间更容易起冲突

E. 渠道成本较高

2. 下列属于复合营销渠道的劣势的有（　　）。

A. 容易产生渠道冲突　　B. 对渠道的控制越来越不易

C. 缩小市场覆盖面　　D. 提高渠道成本

E. 降低商品的交易量

3. 契约型渠道系统主要有（　　）。

A. 自愿连锁销售网络　　B. 零售商自愿合作社销售网络

C. 特许连锁销售网络　　D. 水平营销渠道

E. 垂直营销系统

三、名词解释

1. 水平营销渠道系统　2. 特许经营　3. 复合营销渠道系统

4. 伙伴型渠道关系　5. 管理型渠道关系

四、简答及论述题

1. 水平营销渠道模式的优势和劣势分别是什么？

2. 伙伴型渠道关系的优势有哪些？

3. 试论述传统营销渠道的优势和劣势。

4. 试论述伙伴型渠道关系的特点。

5. 请简述分销渠道的发展趋势。

案例讨论

“喜临门”的多渠道创新的运营模式

随着中国经济的快速发展，交通开始四通八达，物流体系逐渐成熟，家具企业也随之开始了从区域走向全国的步伐。在这个过程中，渠道的搭建成为中国家具企业发展的重中之重。

红星美凯龙等大型连锁卖场是家具企业最为核心的通路之一。电子商务的崛起，让床垫企业在发力线下的同时，也需要顾及线上这个新兴的通路。

随着新渠道的不断涌现，渠道整合必须意识到线上、线下销售的独特优势，并最大化它们的总体贡献。

为了保证营销渠道的畅通和高效，喜临门同时建立了三种独立的营销渠道：传统经销商、直营、电子商务。在传统渠道结构中，核心在于传统经销商。经销商渠道承载了喜临门国内市场大部分的销量，家具的体验性特点，使传统渠道依然是购买者的主要选择点。在网络渠道建设上，相比于曲美、全友等家具企业的电子商务之路，喜临门的线上步伐很为谨慎：2011 年，在天猫开设官方旗舰店；2013 年"双 11"，实现线上销售 1500 万元。这种多渠道营销系统的打造，使喜临门受益匪浅，市场知名度和覆盖率都得以提升，同时也降低了渠道的运营成本，并迎合了顾客的需求，实现了个性化销售。

喜临门以加盟为主、直营为辅的销售模式进行渠道开拓。目前，近千家终端店铺遍布全国各地，床垫年销售额近 10 亿元。显然，喜临门已经成为床垫行业"渠道下沉"做得最好的企业之一。目前，床垫行业竞争激烈，因此喜临门应洞察市场脉搏，找准客户的需求点和服务的基点。要做到这一点，必须从提升经销商的终端赢利能力和运营能力等方面入手，在销售的全过程中让经销商感受到服务的专业性并获得"让渡价值"。

消费者的消费行为引导喜临门开创 O2O 模式。在终端调研时公司发现，消费者时常会拿出手机对线下产品进行线上询价等。无论是 PC 端还是移动端，都是为线下增加客流，通过活动设计引导线上消费者到线下成交。2013 年，在电商平台搭建起来后，喜临门将顾客从线上引入线下进行体验、消费，将旗下以经销商为主、遍布全国的近千家门店全部纳入 O2O 项目，此举既让喜临门获得大量的消费者数据，保证了顾客到店体验的便捷性，也为喜临门实现物流和售后提供了基础。搭建好平台之后，关键是如何将线上消费者引流到线下。在 2013 年"双 11"期间，喜临门通过在线上预售睡眠护照的互动活动设计，将线上消费者引入到线下实体店，而转化的工作则由线下经销商来进行。另一个活动则是在 21 款新品床垫上配备二维码，消费者只需通过移动终端扫描二维码即进入一个问答页面，回答 8 个问题，就可获取一张 100 元的优惠券，还可以参加抽奖活动等。

2013 年，喜临门对终端形象进行了升级。在此过程中，喜临门重新梳理了产品线，进行了全面的更新换代，将老产品全部淘汰。由于床垫产品的特殊性，消费者通过外观难以对产品进行直观的判断，而常规的体验则是在床上躺一下，解决不了消费者对产品品质的疑虑，最重要的是，消费者缺乏对产品直观的体验。为此，喜临门精心设计了功能展示型道具，有效提升了消费体验。通过终端品牌形象的升级以及卖点全覆盖的道具应用，可提升终端店的服务能力，为顾客持续创造新鲜感。时尚的店面形象可吸引人流，专业的服务则形成销量和口碑。喜临门正是靠着体验营销，使其每个终端店都拥有一批忠实的顾客，得以快速的持续增长。

思考讨论题

请结合案例谈谈喜临门复合渠道模式的优点及可能存在的问题。

第 3 章

营销渠道设计

本章导读

本章内容主要包括营销渠道设计的影响因素、营销渠道设计的原则及其设计的程序等。通过本章学习，读者可以全面了解营销渠道设计的相关知识，识别渠道设计的影响因素，并能够结合企业具体情况设计出合适的营销渠道。

知识结构图

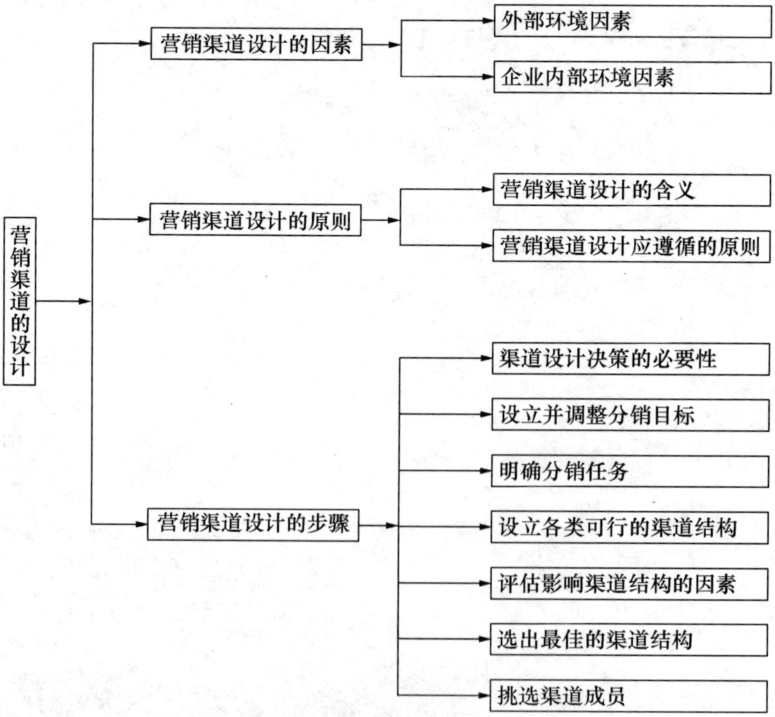

【开篇引例】 我国3C产品终端渠道变化

我国3C产品终端渠道至今已经走过十几年的发展历程，在一、二线城市已经形成较高的市场覆盖，从“跑马圈地”开始转向“精耕细作”，即通过提高管理能力来实现单店经营质量提高的目的。

1. 量变的发展历程

2004~2008年，各大厂商、渠道商纷纷开始改造全国渠道体系，从结构上由以前的总代制向省级代理和城市代理过渡，同时开始快速扩张终端渠道规模。3C产品（包括PC、家电和手机）终端渠道以每年10%的速度增长，当时最流行的渠道口号是“得渠道者得天下”“渠道为王”，跑马圈地运动在全国轰轰烈烈地展开。

2009年之后的3~4年，随着激烈的市场竞争、多变的市场需求，3C产品终端渠道发生了剧烈的变化，从前期最火的IT渠道（电脑城、连锁卖场、街边店）开始，整个渠道价值链向服务和增值型的方向迅速转型，引发了IT渠道的利益再分配、策略调整。国内IT渠道商的赢利能力明显减弱，成千上万的IT渠道商被重新洗牌，某知名IT厂商1万多家终端渠道总量以每年1000家的速度消亡，且主要集中在一、二、三线城市。

而与之相应的家电、手机产品，终端渠道规模继续加速扩张。从2010年开始，国美、苏宁在1400多家门店总量的基础上，每年以30%的速度部署新店。手机的销量激增，更使得手机售卖的相关终端零售渠道如雨后春笋般出现，为此带来了手机连锁卖场以及其他3C渠道、运营商渠道的快速发展。

从2010年开始，Web的电子商务技术日渐成熟，企业电子商务网站、创新商业模式纷纷涌现，信息系统和信息网络迅速延伸到单个消费者，使得企业与消费者的直接交互沟通成为可能，O2O销售模式也应运而生。网络购物的日渐盛行，给实体渠道带来不小的冲击，3C产品终端渠道也不例外。再加上社区经济发展、消费者购物方式变化以及消费者便利购物需求等因素影响，终端渠道又面临一次新的革新。2013年大连锁门店数量同比下降了4.6%，电脑城渠道在其他渠道的挤压下，更是面临着前所未有的快速衰退。截至2013年底，全国3C产品终端渠道总规模约24万家。

2. 质变的未来趋势

随着城市化运动的兴起，城市的商圈结构发生了变化。由原来的单一核心商圈发展到多个商圈并存，逐步形成多层级的商圈结构：核心商圈、次级商圈、郊区商圈、社区商圈、城镇商圈等。这种商圈结构的变化，极大地改变了城市市场的零售格局。

其次，农村与城市业态趋同的趋势日益明显，且伴随人民收入水平的提升、工作节奏的加快以及人群的进一步分群分层，消费行为趋于多元化，消费行为从人群细分走向场景细分和价值细分，促成了多层级商圈的发展，也催发了零售业态的变革。

在这种社会与时代的变迁下，零售业态已不能再用之前的管理思路进行盲目扩张，终端渠道的职能也不仅是之前的单一卖货，而是被赋予更多的运营理念。店面管理开始更加注重服务质量的提升及终端渠道整体销售竞争力的提升，以此实现单店销量上升。体验式营销诞生了！

曾经预测了“第三次浪潮”到来的美国未来学家托夫勒向大家预言：服务经济的下一步是走向体验经济，人们会创造越来越多的跟体验有关的经济活动，商家将靠提供体验服务取胜。

资料来源：“3C 产品终端渠道变化”．销售与市场．第一营销网（http：//www.cmmo.cn/article－182332－1.html）。

3.1 营销渠道设计的影响因素

3.1.1 外部环境因素

影响营销渠道设计的外部环境因素主要包括宏观环境和微观环境两个层面。

宏观环境是企业生存和发展的前提，企业的日常经营活动极大地受到宏观环境的制约和影响，企业营销渠道结构的设计也同样受到包括经济、政策、文化、技术、竞争等多种环境因素的影响。

企业的微观环境是指对企业的经营管理活动影响更为密切的因素或力量，主要包括与企业交易的中间商、企业的顾客、在行业中直接与企业竞争的对手等。企业所处的微观环境是企业营销渠道结构设计的导向。鉴于本书第一章已对营销渠道的相关环境因素进行了介绍，故不再赘述。

3.1.2 企业内部环境因素

企业的内部环境是指企业内在的经营环境，它是渠道结构设计的基础。企业要根据自身的状况选择渠道结构，企业的长期发展目标、规模、财力、产品组合程度、过去的业务、经验及现行的营销策略等因素都影响着生产者对营销渠道结构的选择。

（1）企业的规模实力。如果企业的规模较大，资金实力雄厚，且拥有优秀的管理团队和丰富的渠道管理经验，此时企业可以通过直接营销渠道将产品或服务送达顾客。

（2）企业营销策略。企业的营销策略是一个相互统一的有机整体，彼此之间相互配合、相互制约。如果企业的产品组合的宽度和深度大，就可以把产品直接销售给零售商或可实行直接式销售渠道；反之，如果生产企业的产品组合的宽度和深度小，就只能通过批发商将产品转卖给零售商，最后售给消费者，即实行间接式销售渠道。对于价格较高的产品，企业一般采用直接渠道或短渠道；而对于价格较低的产品，企业一般采用长渠道策略。企业采取“推式”促销策略时，一般针对的是直接式渠道；企业采取“拉式”促销策略时，一般针对的是长渠道。

（3）企业产品属性。关于产品的属性，各方面的分类和定义都较多。我们这里所讲的属性主要指产品的物理属性和产品的本质属性。产品的属性会对营销渠道结构的设计产生重大的影响，如商品体积庞大，则不适合用长渠道策略。

（4）企业控制渠道的愿望。如果企业拥有较强的控制渠道的欲望，一般会倾向于直接渠道或是较短的营销渠道。否则，企业可能会更青睐间接渠道或是长渠道策略。

3.2 营销渠道设计的原则

3.2.1 营销渠道设计的含义

营销渠道设计（Marketing Channel Design）是指为实现分销目标，企业对各种备选渠道结构进行评估和选择，从而开发新型的营销渠道或改进现有营销渠道的过程。它包括在公司创立之时设计全新的渠道，以及改变或再设计已存在的渠道。

厂家在建设分销渠道时首先要进行渠道的设计。渠道设计有三个基本要素，即渠道长度、渠道宽度和在每一渠道层次上的分销商的类型。

渠道长度是指为完成企业的营销目标而需要的渠道层次的数目。其选择可以从直销（只有两个层次：制造商和最终消费者）到五层渠道，即产品由制造商卖给代理商（或出口商），再到批发商、零售商，最后到达消费者。

渠道宽度是指在渠道的每一个层次上所需分销商的数目，它反映了在任一渠道层次上的竞争程度以及在市场领域中的竞争密度。决定渠道宽度的因素有三个：所需的渠道投资水平、目标消费者的购买行为和市场中的商家数目。渠道宽度又分为三个级别：独家分销、密集型分销和选择型分销。

独家分销适用于生产商想对分销商实行大量的服务水平和服务售点的控制。密集分销是尽可能多地使用商店销售商品或劳务。当消费者要求在当地大量、方便地购买时，就需要有不同类型的分销商可供选择，而不同类型的分销商在渠道的同一层次及不同层次中扮演不同的角色。

3.2.2 营销渠道设计需遵循的原则

为了确保企业能借助于渠道资源在各区域市场上获利，在渠道设计与开发阶段，营销人员需遵循以下 8 条原则。

1. 终端客户导向

抓住终端实际上是抓住消费者的心，抓住顾客的信任度与忠诚度。企业欲求发展，必须将市场客户要求放在第一位。建立客户导向的经营思想，就需要通过周密细致的市场调查研究，不仅要提供符合消费者需求的产品，同时还必须使营销渠道为目标消费者的购买提供方便，满足消费者在购买时间、地点以及售后服务上的需求。所以，与其做些假大空的表面工夫，不如深入下去，研究怎么做终端。麦当劳确定店址的原则是："顾客在哪里工作、生活、购物、娱乐，我们就跑到哪里去开餐馆。"

2. 注重效益

这一原则要求企业应充分估计投资于渠道所带来的经济效益：是自建网络好，还是"借船出海"好；是采用代理制，还是采用经销制等等。企业选择合适的渠道模式，目的在于提高流通的效率，不断降低流通过程中的费用，使分销网络的各个阶段、各个环节、各个流程的费用合理化。这能够降低产品成本，取得市场竞争优势并获得最大化的效益，厂家应根据实际情况，妥善选择。

3. 市场覆盖适度

商品只有在想看就看得到、想买就买得到的地方，才能被想拥有它的顾客所购买。企业在选择分销渠道模式时仅仅考虑加快速度、降低费用是不够的，还应考虑及时准确送达的商品能不能销售出去及是否有足够的市场覆盖率，以支持针对目标市场的销售任务，因此不能一味地强调降低分销成本。否则，可能导致销售量下降、市场覆盖率不足的后果。成本的降低应是规模效应和速度效应的结果，在营销渠道模式的选择中，也应避免扩张过度、分布范围过宽过广以免造成沟通和服务的困难，导致无法控制和管理目标市场。

4. 精耕细作

市场覆盖只有与精耕细作相结合，其价值才能体现出来，否则就像一张破网，看着挺大，真要去打鱼，一条鱼也上不来。所以要抛弃“粗放经营”的观念，对分销渠道各个环节进行精耕细作。准确地划分目标市场区域，对渠道中所有的销售网点定人、定域、定点、定线、定时、定任务，实现细致化、个性化服务，全面监控市场，力争做到“法网恢恢，疏而不漏”。

5. 利益均沾

合理分配利益是渠道合作的关键，利益分配不公常常是渠道成员矛盾冲突的根源。厂家瞄准中间商，是看中了中间商拥有自身无法企及的优势，而中间商又何尝不是如此呢？贪婪固然是人的本性，但贪婪到一毛不拔的地步，谁还与你合作？收益共享，风险共担，才是处理渠道关系的明智做法。因此，企业应该设置一整套合理的利益分配制度，根据渠道成员负担的职能投入的资源和取得的成绩，合理分配渠道合作所带来的利益。日本松下公司总部会议室的墙壁上挂着一张条幅，上书“经销商是松下的衣食父母”。“肥水不流外人田”，最终的结果极有可能是连水都没了，更别提肥水了！

6. 协调及合作原则

渠道成员之间不可避免地存在着竞争。企业可能会埋怨经销商销货不力、随意打折、虚报业绩、跨区窜货，经销商也可能会埋怨产品缺乏卖点、没有广告支持、缺乏促销、利润低甚至会坐等收钱（做“坐商”），从而为双方的合作奏出不和谐的音符。所以，企业在建立、选择营销渠道模式时，要充分考虑竞争的强度。一方面鼓励渠道成员之间的有益竞争，另一方面又要积极引导渠道成员的合作，协调其冲突，加强渠道成员的沟通，努力使各条渠道有序运行，实现既定目标。企业与经销商应本着相互信任、相互支持、有事好商量的原则来合作共事。

7. 争取做渠道领袖

掌握渠道主动权，成为渠道的主宰者，对厂家和商家来说都是梦寐以求的事情。至于谁能成为渠道的主导者，还是靠实力（如品牌、规模、商誉、资金、经验等）说话。例如，西尔斯公司（Sears）是美国很有实力的大型零售商，制造商在向其供货时必须做出一项重大决策：是保持自己的商标，还是使用西尔斯的商标？西尔斯公司要求所有的供货商必须采用西尔斯的商标，否则就免谈。

8. 变通和创新

变则通，通则久。《孙子·虚实》篇中说：“兵无常势，水无常形，能因敌变化而取胜者，谓之神。”市场环境往往瞬息万变，成功只钟情于“会变、善变”的企业。过去的渠道设计再怎么完美，也可能会因为环境的变化而变得过时，一旦现有的渠道设计不再适应竞争的需要，企业应立即对渠道策略进行调整。

【阅读资料3－1】 联想的渠道变革

20世纪90年代末，我国的营销实践进入了“渠道为王”的时代。我国电脑老大——联想集团随着内外环境的变化而不断调整渠道结构和渠道功能，由此成就了它的高速成长。

联想目前的渠道是经过10多年的持续努力而日益完善的。多年来，联想一刻也没有停止改良渠道，几乎每年都会有一些小的改进，每3～5年就有大的改进。

目前联想有200余分销商，3800家合作伙伴，5000个店面，20万销售服务队伍，百分之百覆盖全国1～6级市场，65%的合作伙伴是当地市场的前三名。联想渠道的成长可以分为以下三个阶段。

1. 传统的代理分销阶段：1994～1997年

1994年以前，联想渠道在全国各省份设立了自己公司的派出销售机构——分公司，当时的渠道能力只是简单的铺货和回款，对于产品的最终流向几乎没有了解，对消费者的需求特点缺乏把握，渠道处于粗放型、低功能的初级状态。

1994年，联想放弃直销，转向分销，实行代理制，1994年底代理合作伙伴为49家。这一年，联想的PC销售量由前一年的2.5万台上升到4.2万台，同比增长70%。

经过三年多的发展，1996年底，联想携合作伙伴夺取中国PC市场第一位置，合作伙伴达到400家，平均每家代理商年均销售量为570万台。

1997年，为了加强对市场腹地的纵深开发，联想设立了分销商，变一层渠道构架为二层渠道构架，通过学习和共享前几年发展管理渠道的经验，发动他们发展大量的经销商，使整个联想集团的规模得到迅速、空前的扩大。

2. 紧密分销阶段：1998～2005年

在这个阶段的几件大事是："大联想"概念的提出，渠道信息化水平的提升，"1+1"专卖店的建设，功能型渠道策略，电话直销，"大联想一体化"战略。

(1)"大联想"概念的提出。1998年，联想在"龙腾计划"中首次提出"大联想"概念，以商业伙伴的角色定位与渠道伙伴的关系，按照产品线、地域来划分渠道。建立在"风雨同舟、荣辱与共、共同进步和共同发展"大联想理念的基础上，发展了区域大分销商和地区分销商，并成立联想顾委会，联想与分销商由"分散到紧密，由短期到长期，由商业到事业"，使渠道的利益与联想的利益紧密相关。"大联想"是联想集团的主体，而外国渠道也将作为肢体的外延纳入主体之内，使之整合成为真正的"一个整体"。

(2) 渠道信息化水平的提升。这个阶段联想的渠道信息化水平大幅提升，它的标志性事件是ERP的实施。ERP不仅大大降低了渠道成本，而且提升了与渠道成员之间信息交换的数量、质量和效率。联想ERP之后，一年总计降低成本6亿多元。

(3)"1+1"专卖店的建设。1998年伴随着家电企业强调掌握终端、精耕细作、微利搏杀的冲击，联想实施了联想"1+1"专卖店加盟计划，在"统一形象、统一管理、统一供货、统一价格、统一服务"的基础上，建立了与众不同的黄底蓝标黑字标志的"1+1"专卖店。

从1998年开始试验，到2003年末，"1+1"专卖店达到2356个。联想"1+1"特许专卖店，可以说是联想企业价值观和渠道理念的缩影，即"关注客户体验""渠道扁平化""大联想"的集合体，其针对家庭提供PC及相关产品的修改化配置的理念，为联想在家用消费市场的渗透起到了关键性作用。

联想认为，原来家用计算机的销售，或采用委托代理制，或通过大型百货商场零售代销，并不真正适合家庭用户。计算机的科技含量较高，使用和维护都有一定的难度，商场销售人员无法满足家庭用户专业化服务的需求。因此，联想对家庭用户建立全新的“1+1”专卖店体系获得成功。

(4) 功能型渠道策略。2001年联想推出功能型渠道策略，渠道的功能被分为物流配送、系统集成、客户关怀、运营维护、客户体验和渠道支持6种类别。

在这6种功能基础上，联想建立了5种渠道。具体的操作是：原来的分销商和部分地区分销商转化为增值服务商；原来的代理商和部分地区的分销商转化为增值代理商；原来的经销商转化为地区代理商。在这三种基本渠道的基础上，联想还将强化两类渠道的建设，一是系统集成商，一是商用营销服务中心，即现在的商用精品店。

(5) 电话直销。2003年8月，联想建立了自己的电话直销队伍。联想做少量直销有两个目的：第一个目的是“积累能力，完善模式”，即在原来经营业绩不甚理想的领域，需要摸索一套相对成功的模式，尽快地把它传授给合作伙伴。第二个目的是目前的确有一些大客户强烈地希望和联想直接交易，联想没有理由拒绝，这些大客户的需求是多方位的，如果没有厂商的直接介入，合作伙伴单独是做不下来的——联想要给战略性大客户多一个选择。

(6) “大联想一体化”战略。在推出功能型渠道策略之后，联想又觉得还缺少一种更强大的推动力，燃料、能量都已经储备好，但是还欠缺点火的引子。为此，联想推出了一个“大联想一体化”战略。在“大联想一体化”的战略之下，联想将其组织分为前端和后端两大结构体系：前端是联想集团市场部、大区和渠道三位一体的区域营销体系；后端则是研发、制造及商务动作管理体系。这种结构体系使得内外资源有效调配、把握客户需求、快速响应、高效动作并降低成本。

3. 集成分销阶段：2005年5月开始

2005年5月，联想提出渠道改革的新思路：集成分销。集成分销的核心思想就是将联想、渠道看作一个整体，面向客户做一体化的设计，清晰角色定位与分工，加强互动，提高整体动作效率。集成分销战略是柔性企业战略在大联想体系中的自然延伸。集成分销与联想以前的分销体系相比，主要有四个特点：一体化设计、客户制导、专业分工和协同作业。

从大的方面看，联想将客户分成了两大类，一类是指名的大客户，客户主要集中在政教系统、金融、电信等大行业；另一类是其他的个人、家庭、中小企业、中小政教客户。针对两类不同的用户，联想采取不同的渠道架构。

(1) 分销零售精耕细作。在个人、家庭、中小企业和中小政教市场，联想具有传统优势，在这些市场的销售量也占据了联想绝大部分的销售份额。在这些领域中，联想既要面对国际品牌、国内全国性品牌，也必须面对地方小品牌、兼容机供应商的全面竞争，稍有松懈，就会导致市场份额的大幅度下滑。

联想最新的渠道体系架构如图3－1所示。从图3－1可以看到，联想针对不同的用户，有不同的渠道模式。无论从结构上还是名称上，新的渠道架构都显得非常清晰明了。

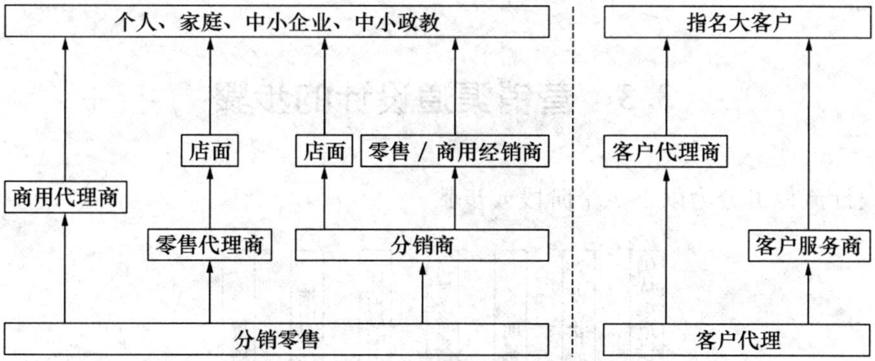

图3－1　联想最新的渠道体系架构

在联想的渠道体系内，既有以物流和资金流运作见长的分销商，也有掌握行业客户资源的代理商，他们都可以从联想直接提货，但因为面向的客户群体不同，所以基本不会发生业务冲突。同时，联想也没有一味追求渠道的扁平化。对于重点客户，从厂商到客户，中间只有一层渠道，这样能保持快速地响应；而对于遍布全国1～6级地区的普通客户，联想则通过分销商和再下一层的渠道去覆盖，以保持对终端市场的渗透力度。

(2) 大客户市场精确制导。以前，对于联想做指名大客户的销售，渠道一直心存芥蒂。但是，从联想新的渠道架构图中可以清晰地看到，从联想到达最终客户，并没有任何一条绕过渠道的直接通道，而是一定要通过客户代理商或者客户服务商。至于某个渠道是成为获利较多的客户代理商，还是只做提供物流和服务的客户服务商，就要看渠道在对指名大客户的销售中所发挥作用的大小了。

为了在大客户市场上获得成功，要做四个方面的工作：一是坚持一层合作伙伴架构，只有一层架构，才能精确制导，才能做到高效率；二是所有的伙伴，无论是代理商还是服务商，都必须清晰地锁定有限数量的指名客户，这既是精确制导的需要，也是进行关系性营销的需要；三是打通商机管理，通过全程的商机管理，从合作伙伴的客户经理到联想的客户经理，再到联想的后台系统，全部打通并高度集成起来，从而打造一个高效柔性的服务大客户的价值链；四是大力提升大经营指名大客户的各项能力。

总之，正如联想领导层杨元庆、刘军等所表示的，渠道变革是联盟成功的“法宝”。

资料来源：http：//blog. sina. com. cn/s/blog_ 60ccd7ea0100dy4e. html。

3.3 营销渠道设计的步骤

渠道设计流程可分为以下7个阶段或步骤。

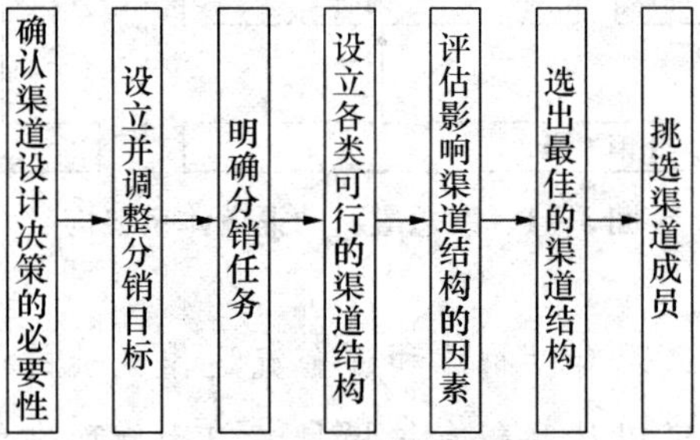

3-2 营销渠道设计流程

3.3.1 确认渠道设计决策的必要性

许多情况可显示做出渠道设计决策是很有必要的，其中包括以下几类情况。

（1）成立新的公司。建立新企业或建立兼并或购置后的新企业。

（2）开发新产品或新的产品系列。如果现有产品的渠道不适合新产品或产品系列，则必须为新产品或系列设立或改进现有渠道。

（3）进入新目标市场。常见的情况是企业将已在行业市场上出售的某产品投放消费者市场。

（4）开辟新的营销领域。

（5）产品、价格、促销等其他营销组合发生巨大变化。例如，一种全新的强调低价的价格政策可能需要企业转向以低价销售的分销商，如折扣零售商等。

（6）现有渠道成员不能保证公司分销目标的实现。现有渠道成员的新政策会妨碍企业达成其分销目标的情况下，应更换中间商。

（7）渠道成员发生了巨大变化。例如，一些法国高档商品的制造商在美国市场上面临着渠道设计决策，因为零售业中的并购浪潮使得著名百货商店的数量大大减少。

（8）发生了严重的渠道冲突或其他行为问题。例如，在一些情况下，冲突会变得十分激烈，要解决冲突，唯有改进渠道。此外，地位的变化和沟通困难都要求渠道管理者做出渠道设计决策。

（9）企业的定期检查和评价发现新需求。

（10）宏观环境发生巨大变化。

尽管以上 10 点并不能代表所有的情况，但它们概述了需要渠道管理者做出渠道设计决策的最普遍的情况。

3.3.2　设立并调整分销目标

在这一阶段，渠道管理者应该设立分销目标并仔细审核企业的分销目标，判断是否需要添加新内容。同时，也要判定该分销目标是否与营销组合中其他领域（产品、价格和促销）的分销策略和目标相一致，是否与企业的整体目标和策略相一致。

如何设立某一特定的渠道目标呢？一般是在分析目标顾客对服务的要求的基础上辨别顾客的分销需要。

1. 分析目标顾客对服务的要求

设计分销渠道的第一步是了解在其选择的目标市场中消费者购买什么商品、在什么地方购买、为何购买、何时买和如何买。渠道设计人员必须了解目标顾客对服务的要求，即人们在购买产品时想要和所期望的服务的类型和水平。如果生产者无力提供这些服务，就需要中介机构了。分销渠道可满足以下五种服务要求。

（1）批量大小。批量是分销渠道在分销过程中提供给典型顾客的单位数量。例如，汽车经销商偏好能大批量购买的渠道，而消费者想要那种能允许购买一辆汽车的渠道。很明显，汽车经销商必须为大批量购买者和家庭购买者建立不同的分销渠道。批量越小，由渠道所提供的服务水平越高。

（2）等候时间，即分销渠道的顾客等待收到货物的平均时间。顾客通常喜欢那些交货迅速的分销渠道，因此交货时间的长短是顾客评价分销渠道服务水平的重要因素。

（3）空间便利，即分销渠道为顾客购买产品所提供的方便程度。例如，海尔电器为顾客购买提供更大的空间便利，它有众多的经销商，其较高的市场分散化水平帮助顾客节省运输和寻求成本，以及为电器修理提供方便（24 小时全天候上门维修服务）。空间便利的用途被直接分销进一步强化。

（4）产品品种多样化，即分销渠道提供的商品花色品种的宽度。一般来说，顾客喜欢较宽的花色品种，因为这使得满足顾客需要的机会更多。例如，汽车购买者买汽车喜欢选择在经营多家制造厂产品的经销店，而不是只有单一制造厂品牌的商店。

（5）服务支持。服务支持是分销渠道提供的附加的服务（如信贷、交货、安装、修理）。服务支持越强，渠道提供的服务工作越多。

分销渠道的设计者必须了解目标顾客的服务产出需要。提高服务产出的水平，意味着渠道成本的增加和对顾客的高价。折扣商店的成功表明了在商品能降低价格时，消费者将愿意接受较低的服务产出。

【阅读资料 3-2】 男式衬衫的网络直销

拥有 20 多年历史的中国服装业龙头企业雅戈尔的男士衬衫，日均销量被新成立两三年的 PPG 超越。而 2008 年 3 月，追求以中等价位享受奢侈品质的 VANCL（凡客诚品）对外宣布自己的销量已超越 PPG，用时仅仅 5 个月。

有人说 VAN 代表先锋，C 代表陈年，L 包括雷军（原金山集团总裁，VANCL 股东之一），凡客诚品的互联网营销模式可以说是一种潮流，也是一种注定。由卓越网创始人陈年领导的核心团队，对网络营销以及中国互联网环境的准确把握和实际运作经验，创造了凡客 B2C 的电子商务奇迹。目前，凡客诚品包括电话销售的网络销售比重基本占据总销售的 95% 以上，其中直接来自于网络下单的销售达 40%。

VANCL 打造的就是一种电子商务模式，如今它已经成长为中国最大的服装网络直销商，主要为客户提供服装以及家居用品网购服务。打开 VANCL 的网站首页，几乎所有产品及折扣都被展示在消费者面前，位于网页中央、占据一半页面的图片优惠信息也特别冲击人的视觉，而相关产品礼包优惠装的展示则往往会让凡客的用户从单买一件转而选择优惠套装。

“货到付款真方便，发货速度很快，非常满意。希望能经常收到优惠的信息。”一位网友在VANCL官方网站上留言说。VANCL的网上销售，首先是向客户提供购物车服务，客户将特惠品和订购的商品放进购物车，然后进入结算页面。如果是新用户，会先提示注册，最后让用户选择送货和支付方式。“既然是电子商务，面对的是互联网上网人群，VANCL就以网民更熟悉、更易接受的方式去做推广和营销，所以取得快速成长是必然的。”VANCL官方表示。

资料来源：作者根据网络相关资料整理。

2. 确立企业渠道目标

渠道目标因产品特性不同而不同。它往往寄托着渠道设计者对渠道功能的预期，体现着渠道设计者的战略意图。

表3－1列出了渠道设计的九项目标。

表3－1　渠道设计的目标

目　标	操作说明
顺　畅	最基本的功能，以短渠道最为适宜
增大流量	追求铺货率，广泛布局，多路并进
便　利	应最大限度地贴近消费者，广泛布点，灵活经营
开拓市场	较多地倚重经销商，市场成熟后开拓自己的网
提高市场占有率	渠道的保养至关重要
扩大品牌知名度	争取和维护客户对品牌的信任度和忠诚度
经济性	渠道的建设成本、维系成本、替代成本及收益
市场覆盖面积密度	多家分销和密集分销
控制渠道	以管理、资金、经验、品牌或所有权来控制渠道

3. 渠道目标的协调

渠道设计者必须检查其设立的分销目标是否与企业的市场营销和其他整体目标相一

致。渠道设计过程中的协调性审查包括证实分销目标不与营销组合中其他领域（产品、价格和促销）的目标以及企业的整体目标和策略相冲突。为了做好这项审查工作，应仔细考察企业中各部门间的相互关系和各类目标与策略间的等级关系。

3.3.3 明确分销任务

分销目标设立并已协调后，为达到此目标，就必须执行一系列的分销任务。因此，渠道管理者应该将所有任务都明确化。渠道管理者需要将分销任务更加详细化和实用化，为达到具体分销目标而设立的各项任务必须被准确无误地阐述出来。例如，生产钢材或金属产品的生产商，由于其目标市场中包含许多小型客户，因此，其分销任务会包括销售、沟通、运输、仓储、风险承担和融资等方面。除此之外，为了服务于更小型的客户，该生产商还可能执行一些更细致的任务，例如，①保持完备的存货清单（详列出数量和种类）；②提供快捷的交付（具体列出天数与小时）；③提供信贷；④提供紧急服务；⑤提供部分装配服务；⑥提供包装和特殊制作服务；⑦提供诸如问题分析、产品选择、应用和停止使用产品等方面的技术帮助；⑧持续获取市场信息；⑨提供仓储空间；⑩允许合并型号和取消级别；⑪为多种客户处理订单和单据；⑫提供退货服务。

尽管这些任务中的相当一部分是生产活动而非分销活动，但是，从达成特定分销目标（例如服务于较小型的客户等）的角度来看，它们的确属于分销任务。这些任务必须完成，因为该分销目标要求服务于小客户，而在绝大多数情况下这些小客户是无法独立完成上述任务的。因此，所需的各类具体分销任务是为达成既定的分销目标和相关的企业目标而设立的。例如，如果该金属生产商的分销目标是仅仅服务于大型客户，上述任务中的一部分就可以被删除或者大幅削减，尤其是任务②④⑤⑥⑦和⑨。

3.3.4 设立各类可行的渠道结构

确立好分销渠道的目标和任务后，渠道管理者要设立各类可行的渠道结构。营销渠道的结构（channel structure）是指参与完成商品所有权由生产制造者向消费者或用户转移的组织或个人的构成方式。营销渠道结构的本质是分销任务或渠道功能在渠道参与者之间的分解与分配。某个渠道成员可以从渠道中消失，但其所承担的功能却不能消失，必须由其他成员来负担。

营销渠道结构包含三个方面的内容：渠道长度、渠道宽度、中间商的类型。

1. 渠道长度

渠道长度是指企业根据每一种渠道所经过的中间环节的多少来确定的中间商的数目。中间环节是指同一种产品的买卖方和实现转移商品所有权的机构或个人。商品在分销过程中所经过的环节越多，营销渠道就越长；反之，营销渠道就越短。

一般来说，营销渠道的长度可以划分为四种基本类型，即零级渠道、一级渠道、二级渠道、三级渠道。我们把零级渠道称为短渠道，其余称为长渠道，它们的优劣势比较见表3－2。

表3－2　长渠道与短渠道比较

渠道类型	优点及适用范围	缺点及基本要求
长渠道	市场覆盖面广；厂家可以将中间商的优势转化为自己的优势；减轻厂家费用压力。一般消费品销售较为适宜	对渠道的控制程度较低；增加了服务水平的差异性；加大了对中间商进行协调的工作量
短渠道	对渠道的控制程度较高；专用品、时尚品质及顾客密度大的市场区域较为适宜	厂家要承担大部分或者全部渠道功能，必须具备足够的资源；市场覆盖面较窄

一般而言，渠道越长，企业产品市场的扩展可能性就越大，但企业对产品销售的控制能力和信息反馈的清晰度越低。渠道设计的好坏，直接影响到企业的收益与发展。零级渠道是大型或贵重产品以及技术复杂、需要提供专门服务的产品销售采取的主要渠道。零级渠道中，产品或服务直接由生产者销售给消费者。现代渠道理论已从原来的长线渠道逐渐扁平化，传统渠道由经销商、一级批发商、二级批发商、终端店组成，利润被渠道所瓜分，现在越来越多的企业舍弃一级批发商和二级批发商，直接对终端进行掌控，这样有利于产品的分销。

2. 渠道宽度（中间商的数目）

渠道宽度是指在市场营销渠道的各层次中的中间商的数量，通常有三种可供选择的形式。

（1）密集性分销。运用尽可能多的中间商分销，使渠道尽可能加宽。消费品中的便利品（卷烟、火柴、肥皂等）和工业用品中的标准件、通用小工具等，适于采取这种分销形式，以提供购买上的最大便利。

（2）独家分销。在一定地区内只选定一家中间商经销或代理，实行独家经营。独家分销是最极端的形式，是最窄的分销渠道，通常只适用于某些技术性强的耐用消费品或名牌产品。独家分销对生产者的好处是，有利于控制中间商，提高他们的经营水平，也有利于加强产品形象，增加利润。但这种形式有一定的风险，如果这家中间商经营不善或发生意外情况，生产者就要蒙受损失。

采用独家分销形式时，通常产销双方议定，销方不得同时经营其他竞争性商品，产方也不得在同一地区另找其他中间商。这种独家经营妨碍竞争，因而在某些国家被法律所禁止。

（3）选择性分销。这是介于上述两种形式之间的分销形式，即有条件地精选几家中间商进行经营。这种形式对所有产品都适用，它比独家分销面宽，有利于扩大销路，开拓市场，展开竞争；比密集性分销又节省费用，易于控制，不必分散太多的精力。有条件地选择中间商，还有助于加强彼此之间的了解和联系，使被选中的中间商愿意努力提高销售水平。因此，这种分销形式效果较好。

三种分销形式的优劣势比较见表3－3。

表3－3　独家分销、密集分销与选择性分销的比较

分销类型	优　点	缺　点
独家分销	市场竞争程度低；厂商与经销商关系密切；适用专用产品分销	因缺乏竞争，顾客满意度受影响；经销商对厂商反控力较强
密集性分销	市场覆盖率高；容易提高销售量和扩大产品知名度，适用日用便利消费品分销	市场竞争激烈；渠道管理成本较高；容易出现渠道冲突
选择性分销	比密集性分销能取得经销商更大的支持；比独家分销能够给消费者带来更大的方便，适用中高档消费品	难以确定经销商重叠的程度

3. 中间商的种类

在设立渠道结构时，还要确定各个层次中分别使用何种中间商。在渠道设计阶段，渠道管理者通常了解可服务于其行业的各类中间商，分析的重点应是这些中间商应该完成的各类基本分销任务（见表3－4）。

3.3.5　影响渠道结构的因素

影响渠道结构确定的因素主要包括影响渠道长度的因素、影响渠道宽度的因素和是否使用中间商及其类型的确定三个方面，同时宏观环境也会对渠道结构的设计产生重要影响。

表3-4 中间机构

中间商	基本分销任务
经纪人	一个中间机构，其工作是把买卖双方汇集在一起，它没有存货，不参与融资，不承担风险；获取佣金
服务商	它帮助分销过程的完成，但不拥有商品所有权，不参与购买或销售的谈判；包括广告商、物流商
制造商代理	它代理并销售几家制造商的商品；它受数个公司雇佣，代替或增强这些公司的内部销售力量；收取佣金
销售队伍	直接受公司雇佣的一群员工，根据公司要求出售产品和服务客户
经销商	拥有产品的所有权，为渠道增加价值，以独立法人存在
销售代理商	它寻找顾客对象，基于生产商的利益进行商务谈判，但对商品没有所有权
零售商	一个商业企业，直接向自用和非商业用途的最终消费者出售商品和服务
批发商	向为了再出售或商业用途的顾客出售商品和服务

1. 影响渠道长度设计的因素

在分析与选择分销渠道长度时，企业需要考虑许多影响因素。这些因素主要有市场、购买行为、产品、中间商及企业等。

（1）市场因素对渠道长度的影响。

分销渠道长短的选择受市场规模大小、市场区域远近、市场密度以及市场行为等因素的影响。

①市场规模。一个市场（消费者市场或工业市场）中的客户数量决定着市场规模，客户数量越多，市场规模越大。如果市场规模较大，则很可能需要使用中间商；相反，如果市场规模较小，企业就会尽可能避免使用中间商。典型的产品如食品、日用小商品、化妆品、卫生用品等。对此，一般是由生产者自己设立的地区批发机构或者独立的批发商将产品批发给各个零售商，再由零售商销售给消费者，适合选用较长的分销渠道。与此相对应的是一些专业性较强的产品，市场容量十分有限，厂商可选择较短的分销渠道，把产品直接出售给零售商或最终消费者。

②市场密度。每一单位区域内购买单位（消费者或工业企业）的数量决定了市场密度。一个面积100km^2、拥有1000名客户的市场密度就比拥有同样数量的客户但面积为500km^2的市场高。总体上讲，市场密度越低，分销的难度就越大，在产品流动方面尤其如此。这一原则同样适用于信息流动。因此，市场密度越低，使用中间商的可能性就越

大；相反，市场密度越高，越可能不使用中间商。

③市场行为。市场行为指的是以下4类购买行为：客户如何购买；客户何时购买；客户在何处购买；谁购买。每一种形式的购买行为都会对渠道结构产生重要影响，表3－5列举了一些例子。当然，此表所要展示的只是一些典型例子，而非挑选渠道结构时的参考信息。

表3－5　市场购买习惯和对应的渠道结构原则

	购买习惯	对应的渠道结构原则
如何购买	少量购买	长渠道
何时购买	季节性明显	使用中间商，以担负存货职责，由此可减少生产中的高峰与低谷现象
何处购买	喜欢在家购买	直销
谁购买	消费者市场：夫妻双方共同参与购买	采用服务于夫妻双方的零售商
	工业市场：许多人影响购买决策	对影响决策的各方直接分销

（2）产品因素对渠道长度的影响。

在考虑各类渠道结构过程时，产品因素是必须重视的另一类重要因素。产品因素深刻地影响着分销渠道目标的实现，进而影响着分销渠道的长度设计。

具体来说，产品的如下属性会影响到渠道的长度：轻重、易腐性、单位价值、标准化程度、技术性及崭新度等。

①体积与重量。体积大且分量重的产品相对应的装卸和运输费用也高，相对于这类产品的渠道结构通常应该越精简越好——一般由生产商直接供货给用户。只有当客户所需量极少且要求快速交货，才会采用中间商等形式的其他办法。一般来说，体积大、分量重的产品，如建筑材料、机器设备等，分销成本昂贵，运输、储存都很不便，可选择尽可能短的分销渠道；而体积小、分量轻的产品，如服装、小食品、化妆品等，分销成本较低，运输、储存相对容易，可选择较长的分销渠道。

②易腐性。容易腐烂的产品（如新鲜食品）以及容易很快过期的产品属于易腐产品。产品越易腐烂，所需要的渠道越短，越不易腐烂的产品所需要的渠道会越长。如生鲜食品，易腐烂、保质期短，从而要求流通时间越短越好，为避免延误和重复处理所增加的风险，一般采取较短的分销渠道，如直销；非生鲜易腐性产品，可以适当采取较长的分销渠道。如果生产商与消费者很接近，此类渠道结构会很短；如果彼此相距很远，唯一能够实

现快速、经济、有效的交付方式是在渠道结构中采用几家中间商。

③单位价值。总的来说，产品的单位价值越低，其所需要的渠道就越长。这是因为低单位价值所能提供的分销费用也较低。在消费者市场中，此类产品通常为日常便利商品，而在工业市场上则为营业用品。通常，在此类产品的渠道结构中包含一个或一个以上的中间商，以便于中间商通过销售其他产品来分担其分销费用，并最终产生一定规模与范围内的效益。例如，让箭牌公司直接向消费者出售一盒口香糖是令人难以置信的，只有通过批发商或零售商在销售其他产品的过程中分担其产品的分销费用，才有可能产生50美分一盒的口香糖零售价。美国营销专家玛丽·K·克劳伦斯认为："可能出现两种例外：一种例外是一个大主顾例如一家连锁公司，可以利用短渠道进行大批量采购；另一种例外是生产者制造各种各样的产品，零售商或用户可以单独或联合订购一笔数量很大的订货，以至于在短渠道内切实可以营销。"

④标准化程度。总的来说，产品的标准化程度越高，其对应的渠道就越长，所需的中间商也越多。例如，完全需定做的产品，如工业机械等，由制造商直接提供给用户；半定做产品，如工业市场中的配件和消费者市场中的家具等，通常需要一个中间商。相反，高度标准化的产品，如工业市场上的营业用品和消费者市场上的日常便利商品，通常需要一个以上的中间商。

⑤技术性和非技术性。首先，产品的技术性越强，渠道越短，而技术性差的产品则需要长的渠道。这是因为，技术性强的工业用品、家用电器等，常常需要提供专业性的安装、使用指导和维修服务，厂商一般不愿意把指导培训工作交给中间人，所以适合选择短的分销渠道，如自办专卖店或特许经销等。在有些情况下，代理商参与推销，但使用的指导工作仍然由厂商承担。厂家在百货商店租赁柜台，进行现场演示，也是使用自己的推销员。技术性较弱的日常生活用品，一般选择较长的分销渠道，诸如服装、食品、卫生用品等。

⑥崭新度。无论是在消费者市场还是在工业市场，许多新产品都需要在上市阶段采用大规模、强有力的促销活动，以初步建立市场需求。通常情况下，渠道越长，越难通过所有的渠道成员达到此促销目标。因此，在初上市阶段，简短的渠道常常能使产品更好地为市场所接受，并且新产品的选择度也较高。这是因为，为促销新产品而精心挑选出来的中间商更可能提供强有力的促销活动。

（3）企业因素对渠道长度的影响。

在实际生活中，我们常常会看到即使是生产同种产品的企业，在面对的市场因素和购买行为因素都相同的情况下，却选择了不同的分销渠道。这说明企业自身的一些因素也会影响企业所选择的渠道的长度。

①企业的实力。主要包括人力、物力、财力，如果企业实力强，可建立自己的分销网络，实行直接销售，反之，应选择中间商推销产品。例如，企业规模的大小、财务状况的好坏直接影响着企业在营销渠道上的投资能力和涉及的领域，且一个企业没有一定的资金实力，很难大批量地发展自己的专卖店，只能利用他人现成的营销渠道。

②企业的管理水平。企业的渠道管理水平也会影响企业渠道的长度。一般来说，假如厂商在销售管理、储存安排、零售运作等方面缺乏经验，人员素质不适合从事广告、推销、运输和储存等方面的工作，最好选择较长的渠道，借助营销知识、经验、能力更有优势的中间商进行分销。如果厂商熟悉分销运作，具有一定时期的产品销售经验，并具有较强的销售力量、储存能力，也可选择短渠道。

③企业的目标和策略。市场和整体目标与策略（例如，试图高度控制产品和服务的目标与策略）可能会限制中间商的使用。而且，那种强调有力促销和对市场条件的变化迅速做出反应的策略会使相关企业渠道结构的选择范围变得十分狭窄。

（4）中间商因素。

与渠道结构相关的中间商因素主要有：可得性、成本和所提供的服务。

①可得性。在一些情况下，能否得到适宜的中间商将会影响到渠道结构。由于缺少适宜的中间商，戴尔电脑公司的创始人迈克·戴尔设计了一套直接邮购的渠道，以提供强有力的技术服务和定做各种电脑。

②成本。使用中间商所需的成本一直是选择渠道结构时必须考虑的一项内容。如果渠道管理者认为，为提供一定的服务而使用中间商所需的成本过高，在渠道结构中就可能减少使用中间商。

③服务。中间商向顾客提供的服务水平越高，企业就会越考虑使用中间商。在本章中，我们只是简单地介绍了对中间商服务进行评估的基本方法，包括评估特定中间商所提供的服务，并以此判定哪些中间商能以最低的成本、最有效地完成制订的任务。

（5）竞争者状况。企业竞争状况对渠道结构设计的影响与企业产品状况有关。若企业的产品优于竞争对手的产品，企业可以将货铺到竞争对手的渠道上，与对手进行直接竞争；若竞争对手的产品优于本企业的产品，企业要尽量避免与竞争对手使用同一渠道。企业的竞争战略对企业渠道结构的设计也产生重大影响。

2. 影响渠道宽度设计的因素

（1）顾客购买行为。消费者习惯于少量多次购买的产品可以选择广泛分销的形式；而消费者购买数量比较少、频次也不高的产品可以选择选择性分销或独家分销。

（2）产品特性。耐用品通常选择独家分销或选择性分销的方式，非耐用品的消费品通常选择广泛分销的方式。

（3）企业对渠道的控制要求。企业要求对渠道具有较高的控制程度，一般分销密度不能过高，反之则可以采用广泛的密集分销。

（4）中间商可获性与成本。可以利用的中间商数量多，成本低，可以采用相对密集的分销。

3. 是否使用中间商及其类型的确定

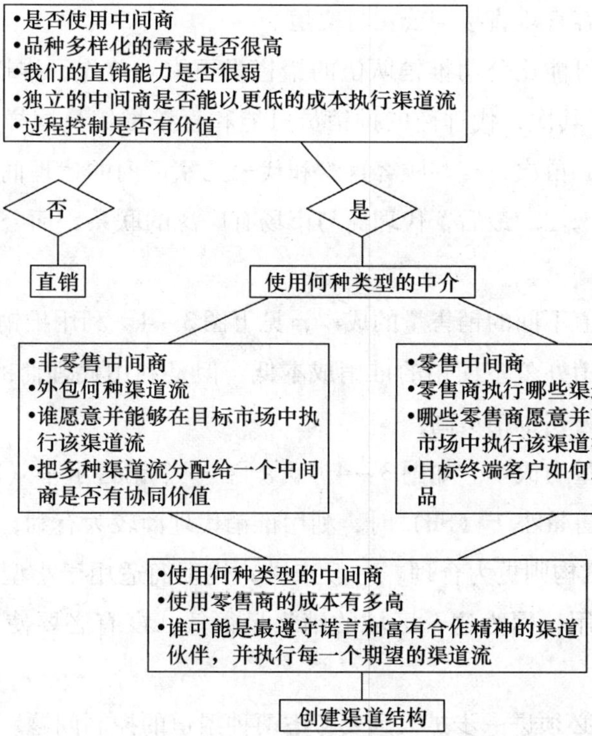

图 3－3　是否使用中间商及其类型的确定流程图

3.3.6 选出最佳的渠道结构

1. 评价分销渠道的标准

每一渠道都需以经济性、可控性、适应性这三种标准进行评估。请看下面的例子：梅菲斯家具制造商想在西海岸零售他们的商品。该制造商正在两种可能的方案之间进行抉择：一种可能是聘用10名新的销售代表，在旧金山组成一个推销办事处。他们除了基本工资外，还将根据其销售量获得佣金。另一种可能是在旧金山利用一家与零售商有广泛联系的制造厂商销售代理行。这家代理行有30名销售代表，他们将按其销售量获得佣金。具体选择过程如下。

（1）经济标准。每种渠道方案都将产生不同水平的销售量和成本。第一个问题是使用公司的销售队伍销售量大，还是使用代理商销售量大？大多数营销经理认为，使用公司的推销队伍销售量大。理由是：公司推销代表完全致力于本公司的产品，他们在推销本公司的产品方面受过较好的训练；他们更富有进取心，因为他们的未来与公司密切相关；他们更可能获得成功，因为顾客喜欢直接与公司打交道。

然而，推销代理商也可能比公司推销队伍的销售量更大。首先，推销代理商有30个推销代表，而不是10个。其次，代理商的推销员可能和直接推销员同样积极，这取决于推销该产品的佣金是多少。再次，有些顾客喜欢和代表几家厂商的代理商打交道，而不喜欢与某一个公司的推销员来往。最后，代理商与市场有广泛的联系，而公司的推销队伍则必须从头做起。

下一步是估计每个渠道不同的销售量的成本，见下图3－4。利用推销代理商的固定成本，比公司组建自己的推销办公室使用的推销成本低。但是利用代理商的费用增长很快，因为推销代理商的佣金比公司推销员高。

最后一步是比较销售量与成本。如图3－4所示，在一个销售水平（Sb）上，两种渠道的销售成本相等。当销售量小于（Sb）时，利用推销代理商较为有利，而当销售量高于（Sb）时，利用公司推销机构则更为合理。一般来讲，代理商适用于小型公司，或者大公司在某一个很小的区域采用，因为这个区域的销售量很低，没有必要使用公司自己的推销员。

（2）控制标准。评价必须进一步扩大到要考虑两种渠道的控制问题。销售代理商是一个独立的公司，他关心的是本公司利润的最大化，而不是制造厂商的利益。此外，代理商

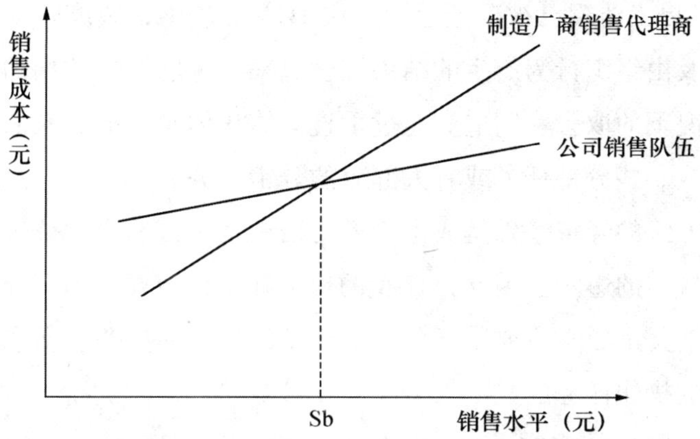

图3-4 关于选择公司推销员与制造厂商代理商的损益临界成本图

的推销人员可能没有掌握有关公司产品的技术细节，或者不能有效的运用他的促销材料。

(3) 适应性标准。为了发展，渠道成员相互之间都允诺在某特定时间段的特定义务，但由于制造商对变换市场的响应能力在不断提高，其允诺的持续时间在缩短。在迅速变化、非持久和不确定的产品市场上，生产商需要寻求能适应不断变化的渠道结构和政策。

2. 评价和选择最佳渠道的方法

评价和选择最佳渠道的方法主要有三种：财务法、交易成本分析法、经验法。

(1) 财务法。财务法是由兰伯特提出的，这种方法着重强调的是，财务变量是影响渠道结构选择的一个最重要的因素。因此，选择最佳的渠道类似于资本预算的一种投资决策。这种决策主要是根据不同渠道结构所要求的资本成本的不同，在加以比较的基础上评估出可获得最大利润的分销渠道结构。通过产品分销资本投入的最终收益与使其投资于产品制造的最终收益相比较，如果分销的投入资本所获收益大于投资于制造所获利润，且大于投入资本，则可考虑用直接分销或尽可能少用中间商的方法。

财务法的优点在于其强调财务变量对渠道结构选择的重要影响。鉴于渠道结构决策往往是长期的，因而这种考虑更有价值。然而，这种方法应用在渠道决策制定的过程中的可行性不大。这是因为，即便是不考虑投资方式，对不同渠道结构所要求的精确成本以及可能获取利润的计算还是有相当大的难度。这种最佳渠道选择方法的困难在于，其广泛的应用是建立在产生了更合适的预测收益方式基础上的。

(2) 交易成本分析法。交易成本分析（Transaction Cost Analysis，TCA）最早由威廉姆森（Williamson）提出，现已被广泛运用。在 TCA 方法中，威廉姆森将传统的经济分析与行为科学概念以及由组织行为产生的结果综合起来，考虑渠道结构的选择问题。威廉姆森主要考虑这种情况下的取舍：制造商通过垂直一体化体制完成所有的分销任务，还是通过独立中间商来完成一些分销任务或者大部分的分销任务。

交易成本分析方法的经济基础是成本最低的结构就是最适当的分销结构，关键就是找出渠道结构对交易成本的影响。因此，TCA 的焦点在于公司要达到其分销任务而进行的必需的交易成本耗费。交易成本主要是指分销中活动的成本，如获取信息、进行谈判、监测经营以及其他有关的操作任务的成本。

为了达成交易，需要特定交易资产（Transaction Specific Assets）。这些资产是实现分销任务所必需的，包括有形资产与无形资产。无形资产指为销售某个产品而需要的专门的知识和销售技巧，销售点的有形展示物品、设备则是有形的交易特定资产。

如果需要的特定资产很高，那么公司就应该倾向选择一个垂直一体化的渠道结构。如果特定交易成本不高（或许这些资产有许多其他用途），制造商就不必担心将它们分配给独立的渠道人员。如果这些独立的渠道人员的索要变得太过分，那么可以非常容易地将这些资产转给那些索要条件较低的渠道成员。

（3）经验评估法。经验法（Heuristic Approach）是指依靠管理上的判断和经验来选择渠道结构的方法。它又包括以下三种方法。

①权重因素记分法。由科特勒提出的“权重因素法”是一种更精确的选择渠道结构的直接定性方法。这种方法使管理者在选择渠道时的判断过程更加结构化和定量化。这一方法包括五个基本步骤：

第一，明确地列出渠道选择的决策因素。

第二，以百分形式列举每个决策因素的权重，以准确反映它们的相关重要性。

第三，每个渠道选择依每个决策因素按 1～10 的分数打分。

第四，通过权重（A）与因素分数（B）相乘得出每个渠道选择的总权重因素分数（总分）。

第五，将备选的渠道结构总分排序，获得最高分的渠道选择方案即为最佳选择。

②直接定性判定法。在进行渠道选择的实践中，这种定性的方法是最粗糙但同时是最常用的方法。使用这种方法时，管理人员根据他们认为比较重要的决策因素对渠道结构选择的变量进行评估。这些因素包括短期与长期的成本以及利润、渠道控制问题、长期增长

潜力以及许多其他的因素。有时，这些决策因素并没有被明确界定，它们的相关重要性也没有被清楚界定。然而，从管理层的角度看，选出的方案是最适合决策因素的内、外在变量。

③分销成本比较法。此方法可估计不同的销售渠道的成本及收益，并通过这些数字对比获得成本低收益大的渠道结构。比如，一家公司在进入一个中等城市市场之前，对比采用两种不同渠道结构的成本和收益：直销的渠道结构与使用一级分销商的渠道结构。

假设对这个城市的市场潜力估计为拥有潜在顾客6000个单位，公司要求每个销售代表每两周必须拜访一位家庭顾客，提供帮助和支持服务。假设每名销售代表每周工作5天，同时假设每名销售人员平均每天能拜访6家客户，这就意味着一个工作周期（两个星期）中每名销售人员能拜访60位客户（周拜访顾客数30乘以2周）。在这种情况下，该公司在该市总共需要100名销售人员为本市所有的顾客提供服务。那么，其每个月的直销成本估计如表3-6。

表3-6　　每月销售成本表

成本项目	每月成本估计值
100名销售人员，设每人工资每月1000元	100000元
划分4个地区，每个地区1名销售经理，其工资为每月4000元	16000元
仓库及办公人员，存货、存货利息及其他管理费用	50000元
每月直销的总成本	166000元

假如设定每月的直销总成本占月销售额的30%，则：

166000÷0.30≈553333（元）

也就是说，553333元是公司的月销售额目标。

现在，来看看采用一级分销商的渠道结构的成本发生情况。假设公司提供给分销商三种可供选择的销售毛利20%，15%，10%，在同样的销售额目标下，采用分销渠道结构的费用如下：

如果毛利为20%，分销费用为553333×0.20≈110667（元）

如果毛利为15%，分销费用为553333×0.15≈83000（元）

如果毛利为10%，分销费用为553333×0.10≈55333（元）

直销与分销成本的比较如表3-7。

表 3-7　　直销与分销成本比较表

	20%的销售毛利	15%的销售毛利	10%的销售毛利
直　销	166000	166000	166000
分　销	110667	83000	55333
成本之差	55333	83000	110667

通过比较可知，对于这家公司而言，分销的成本小于直销的成本，而且提供给分销商10%的销售毛利，节约的成本最大，公司收益最大。

经验法也使得渠道设计者能将非财务标准与渠道选择相结合。非财务标准对特定渠道的控制程度及渠道的信誉等可能是非常重要的因素。在直接量化决策方法中，这些因素都是很含蓄的，而在权重和因素分数中，控制程度及信誉可作为明确的决策因素并且通过高权重表示其相对重要性。即使在分销成本方法中，非财务因素如控制程度和信誉只能通过经验做出判断。

渠道设计的最后一个步骤是选择渠道成员，本书第4章将对此进行详述。

本章习题

一、单选题

1. 制造商在某一地区通过最合适的几家中间商分销其产品。这种分销策略是(　　)。

A. 密集分销　　B. 选择分销

C. 独家分销　　D. 区域分销

2. 生产消费品中的便利品的企业通常采取（　　）的策略。

A. 密集分销　　B. 独家分销

C. 选择分销　　D. 直销

3. 当目标顾客人数众多时，生产者倾向于利用（　　）。

A. 长而宽的渠道　　B. 短渠道

C. 窄渠道　　D. 直接渠道

4. 在评估分销渠道的指标中，最重要的是（　　）。

A. 控制性标准　　B. 经济性标准
C. 适应性标准　　D. 灵活性标准

5. 下列哪项不是评价和选择最佳渠道的方法（　　）。
A. 财务法　　B. 加权评分法
C. 交易成本分析法　　D. 经验法

二、多选题

1. 营销渠道设计的宏观环境因素主要有（　　）。
A. 经济环境　　B. 人文社会环境
C. 法律政治环境　　D. 自然地理环境
E. 技术环境

2. 下列产品因素对渠道宽度设计的影响描述正确的是（　　）。
A. 消费者习惯于少量多次购买的产品可以选择宽渠道设计
B. 消费者购买数量比较少、频次也不高的产品可以选择选择性分销或独家分销
C. 耐用消费品通常选择广泛分销的方式
D. 企业要求对渠道具有较高的控制程度，一般分销密度不能过高，反之则可以采用广泛的密集分销
E. 中间商数量多，成本低，可以采用相对密集的分销

3. 购买行为对渠道设计产生影响，体现购买行为特征的主要因素有（　　）。
A. 顾客购买量　　B. 购买季节性
C. 市场规模大小　　D. 购买介入度
E. 购买重复程度

4. 与渠道结构相关的主要中间商因素为（　　）。
A. 可得性　　B. 成本性
C. 企业管理水平　　D. 所提供的服务
E. 竞争者

5. 下面属于长渠道的优点的有（　　）。
A. 市场覆盖面广
B. 对渠道的控制程度高
C. 厂家可以将中间商的优势转化为自己的优势
D. 减轻厂家费用压力
E. 减轻与中间商进行协调的工作量

三、名词解释

1. 营销渠道设计　2. 渠道长度　3. 渠道宽度　4. 顾客因素
5. 营销渠道的结构

四、简答及论述题

1. 影响营销渠道设计的因素主要有哪些？
2. 营销渠道设计的原则主要有哪些？
3. 影响渠道设计长度的因素主要有哪些？
4. 试论述企业营销渠道设计的步骤。
5. 简述评价和选择最佳渠道的方法。

案例讨论

贝塔斯曼“之死”

2008年6月13日，贝塔斯曼宣布关闭分布在中国的38家21世纪连锁书店，而旗下负责书友会和BOL业务的直接集团也于近期解散，全部高管已经离开中国。这个结果其实在2002年原CEO托马斯·米德尔霍夫下台的时候就初见端倪。

这个雄心勃勃的公司，在中国几乎遭遇了一个跨国公司在新兴市场里能够遇到的所有问题。

最直接的冲击来自政策层面。中国政府明文规定禁止外资独资在华开展图书出版业务，中国加入WTO以后，政策虽有所松动，但也只有符合法律规定的各种合作形式可以采用。贝塔斯曼不知道自己什么时候才能像在德国或在美国那样成为一个出版公司，而不仅仅是一个在工商局注册的、与国内出版公司合作的“上海贝塔斯曼文化实业有限公司”。没有出版权，它就始终受制于人，全球总部更是难以为这个海外公司制定切实的规划。尽管在之后的数年间，贝塔斯曼以各种合作方式插手了图书产业链的每个环节，但是它始终受合作伙伴和政策的牵制，无法发力。

而德国总部在新技术应用上的战略失误，也让贝塔斯曼的在线业务失去了先机。2002年，主张集团上市和新一轮收购兼并的米德尔霍夫忍无可忍，匆忙关闭全球在线业务，一时把在中国这块电子商务处女地发展业务的计划置于脑后。贝塔斯曼亚洲区总裁艾科也在这一年辞职，该公司在中国的首家电子商务网站BOL从此陷入停滞状态，对外营收的贡献份额仅为20%，任对手当当和卓越迅猛发展。

接下来，就是跨国公司最容易犯的错误——不分青红皂白复制过去和国外的成功经验，这一次贝塔斯曼不是在电子商务上反击，而是搬来了法国直营店的经验。

在欧洲，去书店买书、看书已经成为人们的生活习惯，高书价、低房租也成为书店遍地开花的有利条件。而在德国，书友会不仅受到那些爱听德国民乐、持传统思想的“空巢”老人的欢迎，对于任何一个年龄层的家庭成员都有足够的吸引力。贝塔斯曼的很多会员甚至不愿去实体书店买书，书友会几乎就是他们购书的唯一渠道。深知这点的贝塔斯曼在欧洲开展了大批直营店业务，但在快节奏生活的美国却主营书友会和线上业务。

但在中国，这一切却行不通，把法国直营店模式直接复制到中国的恶果很快体现出来，日渐看涨的房租和人员成本，以及人们对实体书店的普遍淡漠，让贝塔斯曼不堪重负。

尽管贝塔斯曼在来中国之前做足了功课，但它还是小看了中西文化隔阂。书友会入会协议里关于每季度“推荐”购买的条款成为读者诟病最多的东西。书友会会员数量攀上巅峰之后，贝塔斯曼却仍一成不变地推销青春励志读物，并没考虑过更有内涵的读物。

会员数量没有增长，成本却居高不下。每月仅邮册一项就要耗资 300 万元人民币；其每月在大众刊物上刊登的广告，仅一份《读者》就要花费 18 万元。当对手当当网不花一分钱就让读者知道了本月新书时，贝塔斯曼的邮册却仅仅被读者们用来在当当上查找图书。

当所有这些都出现问题的时候，38 家 21 世纪连锁书店成了压垮这个庞然大物的最后一根稻草。结账慢、资金周转不灵、拖欠款、拿不到出版社的新书和好书，贝塔斯曼全国图书连锁店似乎已进入这样的恶性循环，也直接导致了最后的关闭。

资料来源：杨樱等，“贝塔斯曼之死”，第一财经周刊，2008 年 6 月 25 日。

思考讨论题

贝塔斯曼为何会败走中国？其渠道设计存在哪些问题？

第 4 章

营销渠道成员的选择

本章导读

“水可载舟，亦可覆舟”。渠道是一把双刃剑，渠道成员选择的好坏，直接影响到企业产品是否能够及时、顺利地销售给目标消费者，关系到企业营销工作的成败。因此，如何选择优秀的营销渠道成员是企业面临的一项极为重要的任务。本章主要从生产制造商的角度讲述了渠道成员选择的原则和标准，重点阐述了渠道成员的选择方法，最后介绍了渠道成员选择的误区。

知识结构图

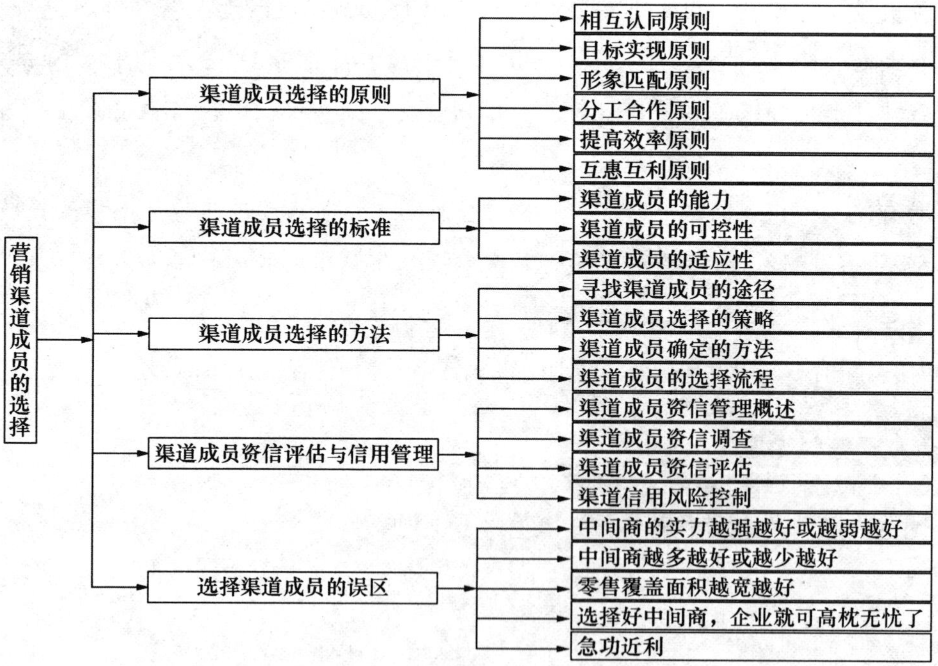

【开篇引例】　爱普生公司如何选择中间商

爱普生公司是生产电脑打印机的一家大型企业。在公司准备扩大其产品线时，公司总经理杰克·沃伦对现有的中间商有些不满意，也对他们向零售商店销售其新型产品的能力有一些怀疑，他准备秘密招聘新的中间商以取代现有的中间商。为了找到更适合的中间商，沃伦雇用了一家招募公司，并给他们如下指示。

(1) 寻找在经营褐色商品（如电视机等）和白色商品（如冰箱等）方面有两层次（从工厂到分销商，再到零售商）分销经验的申请者。

(2) 申请者必须具有领袖风格，他们愿意并有能力建立自己的分销系统。

(3) 他们每年的薪水是8万美元底薪加奖金，公司提供375万美元帮助其拓展业务。他们每人再出资25万美元，并获得相应的股份。

(4) 他们将只经营爱普生公司的产品，但是可以经销其他公司的软件；同时，每个中间商都配备一名培训经理并经营一个维修中心。

招募公司在寻找候选人时遇到了很大的困难。虽然他们在《华尔街日报》上刊登广告（没有提及爱普生公司）后，收到了近1700封申请书，但大多数不符合爱普生公司的要求。于是，招募公司通过黄页，得到了一份中间商的名单，再通过电话联系，安排与有关人员见面。在做了大量的工作之后，招募公司列出了一份最具资格的人员名单，沃伦与这些人员一一见面，并为其12个配销区域选择了12名最合格的候选者，替换了现有的中间商，并支付了招募公司25万美元的酬金。

由于招募是暗中进行的，因此原有中间商对此事一无所知。当沃伦通知他们须在90天内完成交接工作时，中间商感到非常震惊。他们与爱普生公司共事多年，只是没有订立合同。但是，沃伦必须更换中间商，因为他认为现在的中间商虽然干了很多年，但是缺少经营爱普生新产品和拓展新渠道的能力。

资料来源：周莹玉，《营销渠道与客户关系策划》，中国经济出版社2003年版。

4.1　渠道成员选择的原则

如何在有限的时间内找到合适的渠道成员，是企业面临的一个棘手问题。“没有规矩，不成方圆”，企业必须制定相应的原则来指导渠道成员的选择工作。一般情况下，由于企业的渠道目标和渠道设计不同，选择渠道成员的原则也会不同，但多数企业都应该遵循以下几个基本原则。

4.1.1 相互认同原则

企业在选择渠道成员的过程中，必须找到和自己彼此认可、适合自己的经销商。企业与渠道成员相互认同是合作的前提，只有选择那些认同本企业产品和理念的经销商，才有利于企业与渠道成员相互信任，达成共识，从而使企业的产品源源不断地进入目标市场，最终销售给目标消费者。比如，九阳公司在选择分销商的过程中，首先看的就是中间商能否认同九阳公司的产品及理念。

九阳公司分析认为，一个好的产品，不仅能给经销商创造一定的经营效益，而且能给其带来更大的市场空间和发展动力。中间商只有对企业和企业的产品认同，才能有与企业基本一致的对产品及市场的重视程度，才能树立起开拓市场、扩大销售的信心，将九阳的产品作为经营的主项，主动投入所需的人力、物力、财力。同时，对企业经营理念的认同，有助于经销商与企业的沟通和理解，自觉施行企业营销策略，与企业保持步调一致。这些是企业建立成功的网点和良好的合作关系的根本。

4.1.2 目标实现原则

“顾客在哪里，我们就把店开到哪里”，这是企业选择渠道成员最基本的原则。毋庸置疑，企业选择渠道成员的目标就是要将自己的产品成功地送达目标市场，让需要该企业产品的目标消费者可以方便、就近地购买本公司的产品。企业在选择渠道成员时，需注意所选择的渠道成员能否将企业的产品顺利的送达目标市场，能否方便目标消费者购买本公司的产品。

4.1.3 形象匹配原则

形象匹配原则就像俗话所说的“门当户对”，是企业选择渠道成员最普遍的原则。渠道成员的形象必然代表了生产企业的形象，因此在选择渠道成员时，企业所选择的渠道成员的形象应与企业的产品定位保持一致，尤其是高端品牌，更应该重视对渠道成员形象的考虑。一旦企业所选择的渠道成员的形象和企业产品定位不一致，将有损企业的形象和品质，造成销售滑坡，甚至危及企业的生存和发展。意大利的世界级品牌 GUCCI 就是非常典型的案例。

GUCCI 公司曾一度忽视分销对企业战略发展的作用，对渠道成员不加选择。有些零售商的档次、规模、知名度等与 GUCCI 的形象根本不相配，但公司仍然对它们的加盟敞开大门。到 1980 年，GUCCI 在全球的经销商竟发展至几千家。从数量上讲，公司的零售队伍得到扩大，但鱼目混杂的零售队伍非但没有给公司带来利润的增加，却给 GUCCI 的品牌形象造成负面冲击，致使许多老顾客“移情别恋”，因而引起销售量的急剧滑坡。痛定思痛，公司重新思考了分销战略的重要性，制定了新的渠道设计方案，大刀阔斧地将那些整体形象与 GUUCI 形象不相称的零售商从分销队伍中“砍”去，只保留了不到 500 家品质卓越的零售商。这一举措，在实施的当年就产生了可观的成绩——GUCCI 利润上升了 50%①。

GUCCI 案例的教训让我们认识到渠道成员的形象对于企业营销的重要意义，所幸的是 GUCCI 公司及早发现问题，及时取消整体形象与 GUUCI 形象不相称的零售商的代理资格，仅保留形象匹配的零售商，提高了企业的利润，顺利挽救了企业。

【阅读资料 4－1】　　拓扑制衣选择渠道成员的方法

拓扑制衣有限公司是一家成立三年的中美合资企业，其生产的“依逸”牌女装专为中国大陆市场度身定做，力求凸现东方女性独特的魅力和风范。公司采用先进的美国裁剪技术以及高度现代化的管理方式，生产的“依逸”服装款式新颖，质地精良，引领时尚的潮流。

“依逸”服装的目标市场是中国大陆，市场定位年龄在 24～34 岁之间、受过良好教育、有很强的自我意识、年家庭收入在 10 万元以上的白领阶层女性。

公司的服装只在中、高档专业类期刊上做广告，如《世界时装之苑》《大都市》《好》等女性杂志或服装杂志。由于公司十分注重渠道终端选择和销售终端的建设与管理工作，“依逸”品牌在进入中国市场第一年就创造了 5000 万元销售额的佳绩。

① 徐蔚琴等：《营销渠道管理》，电子工业出版社 2001 年版。

为了配合产品品牌形象，公司在设计渠道结构时确定在最初三年采取一级选择性分销方式，也就是说，渠道通路是公司——零售商店——顾客，其中零售商的形象必须能更好地服务于公司的市场定位。

基于这样的渠道设计，公司在选择和建立分销网络的问题上慎之又慎。在最初的五大城市——北京、上海、广州、重庆和大连的渠道成员选择上，公司层层严格把关，对渠道成员的信息收集工作既有案头调查又包括实地考察。经过几近挑剔的评判和缜密有序的遴选工作，公司在这些城市建立了少而精的“依逸”女装分销网络。事实证明，通过这些分销成员向顾客传递的公司品牌形象为品牌营销做出了积极的贡献。

资料来源：徐蔚琴等，《营销渠道管理》，电子工业出版社 2001 年版。

4.1.4 分工合作原则

分工合作的原则是指企业和渠道成员各司其职，各负其责。所选择的渠道成员应该在经营方向和专业能力方面符合企业希望他们所发挥的渠道功能，能够弥补生产企业在产品终端的销售劣势。例如，对于宝洁公司日用品渠道成员的选择，一般是在经营便利品和中低档商品方面具有优势的超市、大卖场等，而对于高端品牌 CHANEL 香水、衣服、腕表等产品所选择的渠道成员则位于大都市繁华的商业圈、高级百货公司。另外，某些企业产品的销售过程中还需要专门的知识和经验。例如，医药产品所选择的渠道成员，必须是拥有药品经营许可证，且具有依法经过资格认定的药学技术人员等条件的中间商；计算机所选择的渠道成员，必须是拥有一定技术实力和完备的售后服务的中间商。那些不具备相应知识和经验的经销商就不能被选择为经销商，如果勉强选用他们，不但会降低分销渠道的运行效率，还有可能损害最终消费者的利益。

4.1.5 提高效率原则

渠道效率是指一条营销渠道运行的投入产出比。渠道的运行效率主要体现在产品销量和市场覆盖两个方面，在很大程度上取决于渠道成员的管理水平、促销能力和“商圈大小”。企业在选择渠道成员时，不仅要考虑该渠道对企业产品销量和市场覆盖的贡献预期，还应该考虑该渠道的费用投入预期。渠道运行效率的高低关系到企业营销工作的成败，下面两大饮料企业在上海的例子就很好地说明了这一点。

【阅读资料4-2】 两大饮料企业在上海的渠道竞争

对于上海，一个不争的共识是：金口难开，开了口全是金子。因此，有人说上海是令人垂涎也令人心寒的“金矿”。国内著名饮料生产厂家D公司为了打开上海市场，花费了两年的时间，耗费了巨额资金，结果却没有取得什么效果，使公司从领导到员工的信心大受打击，公司的发展也受到严重影响。

为此，高层的营销领导和上海的负责人等纷纷建议暂时放弃上海市场。但是，公司老总不甘心，他决定亲自“出征”，采用“高密度电视广告+批发商大量铺货”策略，全力依靠原有销售渠道，大有不攻下上海决不罢休的架势。

半年下来，D公司的“大手笔”也只完成了不足30%的目标。可怕的是，预算却超出了130%！最终，D公司不得不悄然而退。

F公司是D公司的竞争对手，它没有采取轰轰烈烈的、大张旗鼓的进攻策略，而是采取了冷静分析、稳扎稳打的做法。F公司一方面密切关注D公司在上海的一言一行，总结、研究其经验和教训，寻找自己的进攻机会；另一方面，通过借助“外脑”（市场专业调查公司、渠道研究专家等）对上海饮料市场进行了全面的分析。结果显示：

（1）上海的超市、大卖场迅速崛起，客流量很大，能给消费者更多的利益诱惑，而且产品品种齐全，价格较低。在短时间里，大卖场、大超市的年销售额已占上海市商品零售总额的43%，成为上海商品流通的主要渠道。

（2）为确保质量和信誉，超市、大卖场直接和生产企业进行业务合作，而不与批发商开展业务，既保证了产品质量，更保证了产品的服务。对F公司来说，这是一个进入现代主渠道的好机会。

在掌握了充足的信息并进行科学合理的分析之后，F公司迅速做出决定。一方面与原有的批发商进行已有渠道的精耕细作，另一方面积极准备大举进攻大超市和大卖场，在商品配送、广告宣传和促销活动等方面都给予更多的支持。

在新旧两种渠道的共同作用下，F公司当年年底在上海的销售回款就比上年增长了4000多万元，其中69%来源于新开发的超市和大卖场。

资料来源：艾米莉，《渠道的革命》，北京工业大学出版社2006年版。

4.1.6 互惠互利原则

选择渠道成员，是为了长期较好的合作，而不是为了一笔生意或一桩买卖。营销渠道作为一个整体，制造商及各渠道成员之间的利益是“捆绑”在一起的，只有成员之间互惠互利、同舟共济，才有可能建立一个高效运转的营销渠道。在这方面，娃哈哈的经销商体系值得称道。

“渠道为王”，这是任何一个做快速消费品的企业都明白的道理。娃哈哈的经销商体系使其骄傲，经销商们紧紧地团结在娃哈哈周围。

在娃哈哈与达能交锋的日子里，娃哈哈的经销商们没有闲着，它们发布的声援娃哈哈的公开信和质问达能的公开信被网站四处转载。各地经销商大会上，经销商对达能的声讨如火如荼。尽管这些带有娃哈哈“群众路线”策略的嫌疑，但不可否认的是，很难再找出一家公司能团结如此庞大的经销商团体为自家造势。

娃哈哈从事营销的公司人员不超过 3000 人，而其产品 3 天之内就可以铺遍全中国，靠的就是经销商。娃哈哈从 1994 年开始建立了一个经销网络，经销商每年交给娃哈哈一笔保证金，先交钱再拿货，娃哈哈先付利息，销售结束后娃哈哈返还抵押款。娃哈哈靠着不多的营销人员，指挥着庞大的经销商团队打拼整个中国市场。

娃哈哈一直在努力维持这一体系，即便在大超市兴起的年代也一样。很多企业在超市方面都采取直销的模式，而娃哈哈向超市支付进场费后，依旧由经销商做超市这块业务，并与经销商、超市三方共同签订相关促销协议。娃哈哈负责超市的经销商也和别的经销商一样需要事先付保证金。同时，娃哈哈为经销商提供可观的利差，让经销商们有钱赚。

不过，娃哈哈这一体系过于倚重经销商，一旦经销商松动或者倒戈，那么对娃哈哈的伤害是不可估量的。但是，“七分生意，三分做人”，多年来娃哈哈已经和经销商们结下了很深的情意。

4.2 渠道成员选择的标准

4.2.1 渠道成员的能力

渠道成员的选择直接关系到生产企业渠道目标的实现。要选择合适的渠道成员，生产企业应采用科学的方法，从多个方面广泛搜集诸多渠道成员的经营水平、销售能力、信誉、财务状况等方面的信息，确定审核和比较的标准，对潜在渠道成员进行全面的考核。由于每个企业具有不同的目标和方针，企业需要根据自身实际情况制定一系列相应的具体标准。一般情况下，渠道成员的选择主要从以下几个方面考虑。

1. 市场覆盖范围

市场覆盖范围是选择渠道成员最关键的因素。毫无疑问，企业都希望通过经销商在最短的时间内将产品打入目标市场，并销售给最终消费者。因此，在选择渠道成员时，首先要分析潜在渠道成员的经营范围所包括的地区与产品销售计划中的地区是否一致。例如，CHANEL 公司的高级成衣和配饰只在北京、上海、杭州和广州四个城市销售，而腕表和高级珠宝的分销点只在北京和上海两个城市设立。因此，若想成为 CHANEL 公司的经销商，首要条件就是其经营范围必须包括 CHANEL 公司相应产品计划销售的地区。其次，生产企业所希望的潜在顾客必须包括在中间商的销售范围内。

2. 信誉

在选择渠道成员时，一般情况下生产企业不会选择没有良好信誉的中间商。中间商的信誉不仅直接影响企业的回款情况，还可能关系到市场的网络支持。选择了信誉不好的渠道成员来销售企业产品，会对生产企业的产品形象和企业形象带来不良影响。有一些企业提出了“道德第一，能力第二”的原则，正如固特异轮胎橡胶公司所说的：“中间商的经验和财务能力因素通常可以退而求其次，但是这些中间商的品质是绝对重要的和不容商量的。”对潜在渠道成员信誉度的考察，一般可通过同行口碑和同业口碑的途径获得。

【阅读资料 4-3】 信任来自信誉

广东某知名食品企业到成都选择代理商，在入围的六家企业中，有一家个体户相比之下起步较晚、规模较小，销售队伍人员也不多，但就是这家个体户取得了经营代理权！下面是企业老总的一段话，他告诉我们选择这家个体户真正的原因：“当初，以这家的实力连竞标的资格都没有。有一天，我在西南食品城看见他们夫妻俩服务态度很好，我让助理有意伪装成是专门推销冒牌产品的，如果他们愿意经销，我们可给其丰厚的利润回报，结果他们坚决不卖。这就是我为什么邀请他们参加竞标的原因。到产品发布会的那一天，他提前半小时就到达了宾馆，而有的商家却迟到了几十分钟，我看中的是他的个人信誉。”其结果正如他所料，那家个体户后来不但把市场做起来了，还成了成都有名的渠道成员，目前已是拥有一家数百万元资产的食品经贸公司。

资料来源：郑锐洪，《营销渠道管理》，机械工业出版社2012年版。

3. 财务状况

生产企业通常倾向于选择资金雄厚、财务状况良好的中间商，例如，中兴通讯要求经销商的注册资金不得少于50万元，财务状况良好，无不良经营记录和债务；“蓝猫”则对不同地域的中间商提出了不同的资金要求，在省会市场启动资金不少于150万元，在地级市场启动资金不少于60万元，在县级市场则不少于30万元，凡是达不到资金要求，一律免谈。企业之所以在招募渠道成员时对中间商的经济实力提出要求，是因为资金雄厚、财务状况良好的中间商不仅具备及时付款的能力，还有可能在必要时向生产企业提供一些财务上的帮助，如提供部分预付款，分担一些销售费用或者直接向顾客提供分期付款等资金融通方式，从而有助于扩大产品销路和生产发展。但如果经销商的财务状况不佳，则很有可能会拖欠货款，甚至可能发生破产而使企业蒙受损失。

4. 合作意愿

生产企业在选择渠道成员时，要注意分析渠道成员的合作意愿、价值观以及合作精神，以便选择到长期合作的伙伴。具体体现在以下两个方面。

（1）经销商对企业产品及经营理念认同。经销商只有对企业和企业的产品认同，才能有与企业基本一致的对产品及市场的重视程度，才能树立起开拓市场、扩大销售的信心。例如，宝洁公司选择中间商的首要条件就是中间商是否认同宝洁公司的产品及理念。

（2）经销商具有合作意愿和合作精神。营销渠道是一个整体，每个渠道成员及生产企业的利益是“捆绑”在一起的，来自于成员之间的彼此合作。只有每个成员都具有合作愿望及合作精神，才能精诚合作，长期共赢。

5. 产品线结构

中间商的产品线结构主要包括中间商承销的产品种类及产品组合情况，生产企业一般从以下四个方面对其进行考察。

（1）竞争性产品。一般情况下，生产企业尽量避免选择经销竞争产品的中间商，但如果本企业的产品比竞争性产品具有明显的竞争优势，选择出售竞争者产品的中间商反而有利。例如，大多数超市里，销售可口可乐饮料货架的旁边，往往摆满了百事可乐的产品。

（2）相容性产品。由于相容性产品不对企业产品构成威胁，因此可以寻找经营相容性产品的企业。例如宝洁公司的洗护用品与徐福记的糖点休闲食品。

（3）互补性产品。通过互补性产品，可以为顾客提供更全面的服务，因此渠道成员选择可以考虑经营互补性产品的中间商作为渠道成员。例如，销售电脑的中间商也常常销售金士顿内存条。

（4）产品质量。企业一般都不希望把自己的产品同“次品”“劣质”的产品放在一起销售，而愿意选择经营的产品质量比自己的好，至少不低于自己产品质量的渠道成员。

6. 中间商的经验

企业招聘员工时，常会考虑员工是否有从业经验及相关业绩，类似的，很多生产企业在选择渠道成员时，也通常会全面考察中间商以往的表现、盈利记录以及经营某种商品的历史和成功经验。选择对产品销售有专门经验的中间商，有利于打开产品销路，提高企业营销渠道的效率。例如，宝洁选择了全球最大的商业零售企业沃尔玛作为其日用品销售的主要渠道成员之一。一方面，沃尔玛具有丰富的历史经验和专业知识，即使在行情变动时，也能够掌握经营主动权，保持宝洁公司产品稳定销售，甚至可以乘机扩大宝洁产品的销售量；另一方面，沃尔玛本身早已为周围的消费者所熟知，拥有一定的市场信誉和一批忠实的顾客，成为周围消费者购物的首选之地，为宝洁日用品的销售提供了保障。因此，企业在选择渠道成员时，应尽量选择具有良好记录和丰富经验的中间商。

不过，该标准并非放之四海而皆准，企业应该根据自身的目标和具体情况选择适合企业本身的标准。例如，蓝猫淘气饮品公司在选择渠道成员时专门选择了非行业代理商。蓝猫认为，饮料行业内实力强的代理商一般对新产品重视程度低，不会将其作为重点产品推广；另外，蓝猫饮料的目标消费群是儿童，这就决定了与大众饮料在销售渠道的差异性，选择行业代理商会出现弊大于利的现象。最终，蓝猫选择非行业渠道成员，网络遍布全国，成功抢占儿童饮料市场。

7. 管理能力

中间商的管理水平是决定经销商发展潜力的重要因素，包括计划体系、组织结构、激励机制以及控制系统的完善程度及现代化水平。中间商经营管理是否规范、高效，关系到整个营销渠道的效率。比如，进货管理失去控制的中间商不是出现库满为患，就是出现货物短缺，这样的中间商在具体销售过程中往往会显得力不从心。

8. 区位优势

区位优势即位置优势。地理位置对零售商的销售尤为重要，理想的零售商的位置应该是目标消费者流量较大的地点。例如，家乐福选址的第一准则就是十字路口，同时还要交通方便，满足私家车、公交车、地铁、轻轨等各种交通要素的通达。这样的选址一般人口密度要相对集中，消费者流量较大。而对于批发中间商的选择，则要考虑其所处的位置是否利于公司产品的批量储存与运输，一般企业都选择处于交通枢纽的大中城市批发中间商作为渠道成员。

9. 综合服务能力

选择渠道成员时，生产企业还需要对中间商的综合服务能力进行准确评估。现代商业经营服务项目甚多，有些产品在销售中要求向顾客提供技术指导，有些产品需要中间商向顾客提供售后服务，有些产品还需要专门的运输存储设备。合适的中间商所能提供的综合服务项目和服务能力应与企业产品销售所需要的服务要求相一致。例如，生产饮用水的企业通常要求分销商具备较强的产品运输与存储能力，而 IT 制造商则要求分销商具备一定的行业背景和专业的售中、售后服务人员①。

10. 分销能力

中间商的分销能力是渠道成员选择的一个重要标准，主要通过销售队伍的数量和素质、促销手段、服务态度等加以评估。渠道成员的分销能力直接影响着整个营销渠道的销售规模和销售效率。TCL 空调事业部销售部长在国美电器总部与国美签下了空调亿元销售订单，此订单相当于 TCL 一年的营销任务。TCL 之所以与国美签此大额订单，主要源于国美强大的分销能力和良好的信誉。

【阅读资料 4-4】 “天地”选择区域经销商的条件

天地公司独特的目标市场定位以及目前的内部实际情况，使得它不可能像其他大公司那样广泛建立属于自己的区域销售公司，而是选择了与当地经销商合作的方式，来建立天地产品的分销体系。

---

① 陈涛：《营销渠道管理》，机械工业出版社 2013 年版。

要成为"天地"的区域经销商，必须满足以下条件。

(1) 备选对象要有相当的资信度，不会对公司产生过多地依赖，不会出现大量应收账款这种让公司头痛的事情。

(2) 在经营饮料、小食品方面有丰富的经验，能够为公司提供大量的信息支持和策略建议。

(3) 有比较成熟的客户网络，有助于天地产品迅速地渗透到市场中去。

(4) 要有一定的库存能力和配送能力（如配送人员、配送工具等），以保证天地产品能够及时、足量到达销售终端，满足消费者的购买需要。

(5) 在当地市场有一定的声誉，这是分销体系建设的重要基础资源。

(6) 在当地有良好的公共关系，能协助公司处理一些棘手的非经营问题。

尽管这些条件很苛刻，但经过如此筛选的经销商才有可能与之建立良好的合作关系，才能保证分销体系有牢固的基础。为进一步考察经销商的能力和可靠性，天地在选定经销商后首先与之签订初步协议书，允许其试经销 2 ~ 3 个月，之后根据其实际表现决定是否继续合作。

资料来源：张鹤，《渠道诊断》，京华出版社 2004 年版。

4.2.2　渠道成员的可控性

渠道成员的可控性是渠道成员选择风险最低的问题，要求渠道成员在一定时期内能够保证顺利实施企业的政策，减少失控风险。不同的企业可能对渠道控制的程度也不相同。比如，有的企业不但要控制渠道成员的数量、类型和地理区域分布，还要控制渠道成员的销售、促销和价格政策；有的企业则只是通过提供帮助来引导渠道成员的营销方式和营销行为。企业对渠道控制的程度越高，越希望所选择的渠道成员是可控的。渠道成员可控性的评估，可以从以下几个方面考虑①。

(1) 控制内容，即企业可以从哪些方面控制某一渠道成员。比如，企业可以控制或者影响渠道成员的哪些营销决策？企业可以控制或者影响渠道成员的哪些渠道功能？企业能否抑制渠道成员可能的投机行为？

① 庄贵军：《营销渠道管理》，北京大学出版社 2004 年版。

（2）控制程度，即企业可以在某一个方面控制某一渠道成员达到的程度。比如，渠道成员在产品的价格上是否会遵从企业的意见？渠道成员会在多大程度上接受企业在产品销售上所提出的建议？对于渠道成员可能的投机行为，企业是否有相应的处罚措施？

（3）控制方式，即企业在哪些方面可以用什么方法控制渠道成员。比如，企业可以通过渠道治理结构的某种安排控制渠道成员的投机行为吗？企业能够使用自己所拥有的渠道权力影响渠道成员在产品价格方面的决策吗？企业可以通过良好的关系或彼此之间的高度信任而相互影响和相互控制吗？

【阅读资料4－5】 海尔电脑的渠道开发

众所周知，海尔电器是全国闻名的品牌。但当海尔电器开始涉足电脑市场时，人们还是对它产生了怀疑的眼光。于是，海尔电脑对经销商的策略也做出了巨大的改变。海尔电脑认为，只有根据渠道经销商的实际需求，提供切实可行的渠道政策和相应的产品，才能真正为经销商的发展提供可靠的保证和前进的动力。因此，海尔电脑在充分考虑各地区、各行业需求的情况下，提出了六大方针。

1. 你的产品你设计

海尔电脑打破传统的新品发布节奏，加快了新产品推出的速度，以便为经销商提供更多的可选择产品和发展的机会。

过去，新产品发布大都集中在每年的4月和10月，各厂家推出的产品也都是大同小异。而2005年，海尔电脑却于年初率先推出了智能超人电脑，吸引了众多的经销商前来订购。在新产品发布的两天内，海尔电脑就收到了来自世界各地的3万多台的订单。同时，海尔电脑在智能超人电脑上市的时候，又推出了模块化定制的新销售方式。这样，经销商就可以根据自己的需求，在海尔电脑基本构架的基础上，自行选择产品的外观和功能，从而真正实现了“你的产品你设计”的思想。

2. 你的市场你掌控

在市场划分上，海尔电脑加大了对经销商扶持的力度，有针对性地为专业渠道的经销商们制定了12种营销政策。各地经销商可以根据本地区、本行业的特点任意选择相应的营销政策。为保证各区域、各行业经销商的利益，海尔电脑明确规定，严格遵循。

俗话说，“谁种树，谁摘果”。对于海尔电脑而言，这句话就是严禁异地销售，以维护本地经销商的利益。海尔电脑对于违规操作、异地销售、影响其他地区市场销售的经销商，将坚决地制止和予以严厉的惩罚，从而增强了经销商开拓市场的信心。

3. 你的利润由你定

产品的利润是经销商们最为关心的问题。海尔电脑在各地区制定了不同的价格政策，但每个渠道经销商都可以根据本地区、本行业的具体情况，在营销政策的范围内自行定价，使经销商可以自己确定利润空间，以便最大限度地调动和发挥每一个渠道经销商的积极性和主观能动性。

4. 你的质量我保障

海尔电脑充分发挥海尔中央研究院各环境测试实验室和严格质量管理与认证体系的作用，严把质量关，保证为每个渠道运营商提供的海尔电脑产品的质量都达到最高标准。同时，海尔保证以最快的速度无条件更换出现质量问题的海尔电脑，以保证海尔渠道运营商的良好信誉。

5. 你的服务我来做

海尔电脑的服务由海尔电脑的服务体系直接负责。海尔电脑完善的服务体系和高素质的服务队伍与渠道运营商进行全天候、多方位和高水平的主动式服务支持。海尔电脑的服务体系可以根据用户的要求提供定制的个性化服务，其拥有的全国最大的Call Center系统24小时接受用户的咨询和服务请求，接受过严格的专业训练的服务人员保证24小时内服务到位。这一切都为经销商解除了后顾之忧。

6. 你的发展我支持

对于经销商的发展，海尔电脑给予了大力的支持。以往，海尔的管理体系主要针对企业内部管理。从2005年开始，海尔电脑逐步将经销商的进销存纳入公司的运营体系，通过电子管理系统，实时掌控经销商的进销存情况，并把经销商的库存量纳入整个公司的库存管理之中，使整个渠道的库存动态保持在一个较低的水平上。同时，海尔电脑还大力扶持一些具有一定实力的专业渠道经销商，在它们所擅长的产品线上给它们提供更多的政策支持。例如，将一些成熟的产品或产品线交给它们来做。如果经销商做得好，海尔电脑甚至可以将整条产品线包给它们来做，以此帮助经销商迅速成长。

资料来源：江乐兴，《渠道为赢，没有渠道就没有出路》，中国致公出版社2009年版。

4.2.3 渠道成员的适应性

渠道成员的适应性包括渠道成员的抗冲击力和可变性，主要是分析和评价渠道成员对企业的营销渠道和环境变化的适应能力和应变能力。一般通过访谈等定性评价的方法对渠道成员的适应性进行评估。渠道成员适应性的评估主要包括以下内容。

（1）通过了解渠道成员的经营理念和发展思路，判断它融入企业营销渠道的难易程度。

（2）通过分析渠道成员的发展历史，判断它的危机处理能力和应变能力。比如，当外部环境发生改变时，渠道成员能否抵御外来的冲击，保持市场销量和价格的基本均衡。

（3）通过实地考察，了解渠道成员的基础设施和人员素质，判断它在基础设施和人员素质方面与企业要求相适应的程度。

4.3 渠道成员选择的方法

“得产品得天下”的时代已经一去不复返了，“渠道为王”“终端制胜”逐渐成为现代企业营销工作的重要指导思想。选择渠道成员，实际上是在选择成本、选择利润，因为每一个渠道成员的素质与行为都直接影响着合作效率。优秀的渠道成员不仅可以非常有效地完成分销任务，而且可以为公司以后的渠道管理打下良好的基础。然而，随着市场竞争的加剧与渠道关系的复杂化，渠道成员招募工作的难度也越来越大，如何选择优秀的渠道成员成为生产企业面临的一项重要任务。

4.3.1 寻找渠道成员的途径

对于实力雄厚、营销经验丰富的企业，很容易获得大量潜在渠道成员名单。例如，美国福特汽车公司曾轻松地为其生产的艾迪雪汽车招募到 1200 家新代理商。然而，对于大多数制造商，特别是那些刚刚创立的中小型企业，寻找合适的合作伙伴，却是一项比较困难的工作。一般来说，企业寻找渠道成员的途径主要有以下几种方式。

1. 销售组织

一些生产企业的销售人员长期处于市场的一线，在与中间商接触的过程中，能够了解有关中间商的基本信息。在选择渠道成员时，销售人员比生产企业其他成员更有发言权，能够清楚地知道谁最有可能成为优秀的渠道成员。

2. 商业渠道

商业渠道主要包括商业组织、商业展览会、出版物、电话簿等。通过商业渠道，生产企业可以方便地获得大量潜在渠道成员的信息，特别是一些大型展览会，会有很多中间商参与。

3. 中间商咨询

对于一些有实力、产品质量好的生产企业，常有中间商主动上门咨询，希望与生产企业进行合作，成为生产企业的渠道成员。例如，联想电脑由于产品性能好、顾客口碑好，因此与国内其他竞争对手相比，更容易获得中间商的青睐。

4. 顾客

顾客是接受中间商服务的最终体验者，通过正式或非正式的市场调研，了解消费者对中间商的服务满意度，从最终消费者的角度获得潜在渠道成员的优缺点，对于生产企业渠道成员的选择具有重要的参考价值。根据消费者的偏好选择的渠道成员，也更容易得到消费者的认可。

5. 广告

信息时代，媒体的传播受众数目巨大，在媒体上刊登广告是选择潜在渠道成员的一个很好的途径。刊登广告的渠道多种多样，如电视媒体、广播媒体、网络媒体、报纸、商业出版物、户外广告牌等。广告可以吸引大量有合作意愿的潜在渠道成员，企业可以从中选择合适的渠道成员。燃具制造公司华帝就是利用广告方式成功选择渠道成员非常典型的案例。

【阅读资料 4－6】　华帝如何找到经销商

华帝是一家燃具制造公司。1992 年，公司成立伊始，华帝就决定采用区域独家代理制方式建立自己的渠道体系：在每一区域只选择一家有实力、有诚信的一级经销商，通过一级经销商的网络优势发展二级代理商，直至终端销售。不过，在当时这仅仅是一个想法而已，对于华帝这样一个刚刚成立的、仅有 100 万元注册资金、既无核心技术又无品牌声誉的小公司来说，找到合适的代理商，并不是一件容易的事情。

华帝的老总黄启均，凭借着在百得（另一家燃具制造公司）已有的实战经验，知道怎样把有限的资金用在刀刃上——新创品牌的当务之急是得到消费者和经销商的认同。在广珠高速公路沿线，名牌家电企业云集，全国的经销商都必须沿着这条公路到厂家提货，被誉为家电销售的“黄金之路”。黄启均就在这条公路的前、中、后三段，在离燃具界巨头万家乐和神州厂门不远的地方，各树立起了一块硕大的广告牌，上面只写“华帝燃具”四个大字和销售热线。广告牌颜色简单明快，非常醒目，让前来提货的经销商们过目难忘。

京广铁路线是贯穿南北的经济大动脉，华帝又拿出七八万元钱，以当时每平方米1.8元的价格做沿线的民墙广告，从广州一路刷到沈阳。这些土办法起到了不小的作用，各地一些经销商开始要求代理华帝的产品。

另外，华帝在《羊城晚报》和《金融时报》连续刊登六次招商广告，向外发布企业发展的理念和思路，展示企业形象，诚聘各地经销商。当时，灶具行业的大多数厂家实行的都是在同一区域与多家经销商合作的渠道策略，并暗地里鼓励经销商之间相互竞争，炒作产品。华帝反其道而行之，率先实行了区域独家代理制，最终建立起了华帝独具特色的“华帝共同体”——华帝集团，华帝员工、消费者、经销商、供应商等一切与华帝有合作、依存关系的群体和个人都是“共同体”中的一分子，并与华帝利益共享、命运共同、共存双赢。

资料来源：庄贵军，《营销渠道管理（第2版）》，北京大学出版社2012年版。

6. 互联网

互联网凭借信息量丰富、更新速度快等优势，成为各中间商首选的传播渠道。很多品牌意识强、有实力及眼光长远的中间商都通过创建自己的网站来宣传自己，吸引生产企业及顾客的眼球。对此，生产企业在选择渠道成员时，可以充分加以利用，通过各种搜索引擎，在各网站上浏览各中间商的详细信息，初步判断中间商的资质，筛选潜在渠道成员。比如，东方医药网等网站设有专门的医药招商版块。

7. 销售现场或专业性批发市场

企业可到市场上各零售终端现场询问专柜组长或者采购人员，了解同类产品的进货渠道，调查各家中间商的实力、诚信度及业界口碑。另外，许多城市都设有专业性批发市场，大部分经销商为了扩大自己的知名度，会在门口或店内挂着“××地区总经销商”等招牌或横幅，生产企业可以进店咨询。

8. 其他方式

企业还可以通过一些专业服务网站、黄页，咨询同行、亲戚朋友、现有的中间商以及让现有中间商推荐等途径发现并选择新的合作伙伴。

4.3.2　渠道成员选择的策略

营销渠道成员的选择从某种程度上来说是一个双向互动的过程，它包括生产企业和中间商互相选择和被选择的过程。在选择渠道成员时，生产企业自身的因素也会影响到渠道成员的选择。因此，企业应该根据自身情况采用不同的策略来选择渠道成员。

1. 分两步走选择策略

对于一些刚刚成立的企业或者刚进入某一个区域市场的企业，在渠道成员的选择上肯定是比较困难的，较难做到一步到位，在这种情况下可以采取分两步走的选择策略。在建立渠道初期，可以选择一些略低于选择标准的渠道成员；等到时机成熟，企业招募渠道成员的能力增强后再选择达标的渠道成员。索芙特集团的“木瓜白”系列产品在渠道成员的选择上就是采用这种策略。

索芙特在选择渠道成员时，提出的策略是“一个原则，分两步走”。“一个原则”是要求渠道成员商业信誉良好，有较强的实力，销售网络细密而畅通；“分两步走”是指企业推出新产品伊始，由于缺乏消费者和中间商的认同感，优秀的经销商门槛太高或对其品牌不予理睬，因而，在这一阶段暂时降低选择渠道成员的标准。经过一段时间的市场推广，产品在市场上逐步树立了良好的形象，足以引起优秀经销商的兴趣时，企业适时更换渠道成员，选择实力更强、形象更好的中间商。

采取两步走的策略，上手快，容易打开市场——这种策略使得索芙特“木瓜白”系列产品仅在投放市场的第一年就获得了1.1亿元销售额的惊人业绩。但如果处理不当，容易给中间商造成该生产企业“过河拆桥”的感觉，降低中间商对企业的信任感，有损企业的声誉。为此，企业在最初选择渠道成员时最好慎重选择有发展潜力的中间商，之后对其进行辅导，争取让渠道成员尽快成长起来，满足企业的选择标准。

2. 竞争性选择策略

竞争性选择策略是指跟随竞争者选择渠道成员的一种策略，适用于实力较强、有竞争力的制造商。很多企业利用这一策略选择中间商，即竞争者的产品在哪里出现，企业的产品就在哪里出现。例如，快餐业相互竞争的麦当劳和肯德基，在有肯德基的地方几步开外就可以找到麦当劳；饮料行业中的可口可乐和百事可乐也常常并排出现在同一个超市的货架上。

3. 逆向拉动选择策略

逆向拉动选择策略是指生产企业通过消费者的感受，刺激消费者，由消费者拉动市场，进而拉动终端渠道与之合作，从而帮助其逐步建立整套渠道体系。该策略适用于那些踏踏实实耕耘市场的市场追随者厂商。

4. 重点突破策略

该策略是指生产企业为了实现更好的分销商组合，对这个组合中占据重要地位、起到示范作用的分销商，实施重点突破，以此来带动组合内的其他分销商的一种策略。比如，在目前的零售业格局中，诸如沃尔玛、家乐福、北京华联、世纪联华等在全国拥有大量连锁终端的大卖场、连锁超市，对日用商品的分销能力十分强大。一旦某种产品进入这样的场所，厂家再招募其他分销商就相对容易很多。例如，徐福记由外销转为内销时，专攻大陆各大卖场，打出了“专柜集中摆卖”的方式。自 2000 年起，沃尔玛、家乐福等国际级大卖场进驻中国后，徐福记随即挥师北上、东征，迅速和各国际大卖场结盟。徐福记在市场上开始“领跑”后，代理商们纷纷主动上门要求代理徐福记的糖果。

5. 逐步推进策略

逐步推进策略包括两个方面：一是从渠道上下游关系上对分销商选择，实行自上而下或自下而上的逐步推进的策略。二是从区域市场的空间范围上对分销商选择，实行由近及远或由易到难逐步推进的策略。“荣事达”牌太阳能热水器在市场开发过程中对分销商的选择，遵循的就是典型的逐步推进策略。

“荣事达”牌太阳能热水器诞生在安徽合肥。在其诞生之前，本地市场上同类产品的知名品牌有好几个，如“皇明”牌、“丽光”牌、“华扬”牌等。由于其掌门人原来就是经销太阳能热水器出身的，他对该类产品的分销特点有着更加特殊的理解，所以在其向市场推出“荣事达”太阳能产品时，首先是从原来熟悉的同行处入手，即邀请本地原先与他一起经销上述知名品牌产品的经销商来经销自己研发、制造的“荣事达”牌太阳能热水器，可想而知，为开发市场而选择分销商，与那些原先的同行打交道要比其他的制造商有着更加便利的人脉关系。正是这样，从合肥附近的市场开始，然后是整个安徽市场，再逐步扩大到江西、河南、湖北、山东等地的市场。到目前，“荣事达”牌太阳能热水器的市场覆盖已经超过 20 多个省市，使得该品牌的太阳能热水器，自诞生之日起，在不到 5 年的时间内，已经成为全国太阳能热水器行业中的一个有着相当影响力的厂家①。

4.3.3 渠道成员确定的方法

在掌握了一定数量的渠道成员的信息后，企业需要对其进行评估，以确定所要选择的渠道成员。正确的评估方法，可以帮助企业更科学地选择潜在渠道成员。选择渠道成员的方法很多，比较常用的有评分法、销售量分析法、销售费用分析法等。

1. 评分法

评分法是指对拟选择作为合作伙伴的每个渠道成员，就其商品分销的各项能力和条件，用打分法来加以评价选择。由于不同评价指标对营销渠道功能建设的重要性程度具有差异性，应该对各个评价指标分别赋予一定的权重。然后计算每个渠道成员的总得分，依照总分对渠道成员进行排序，为渠道成员的选择提供指导。该方法主要适用于在一个较小地区范围的市场，去建立精选的营销渠道网络而选择合适的渠道成员。

例如，一家生产企业决定在某地区采用精选的一阶分销渠道模式，即生产企业直接把自己的产品销售给零售商，再由零售商卖给普通消费者的渠道模式。经过初步考察后，筛选了三家候选中间商作为备选。该生产企业希望选择的零售商能占有理想的地理位置，能够有一定的经营规模，较大的固定消费者流量，具有良好的信誉、合作精神，能主动和生产企业进行信息沟通，并及时做好账款结算工作。这三家备选中间商都在某一方面具有一定的优势，但没有一家中间商能够十全十美，完全符合该企业的要求。因此，该生产企业决定采用评分法对备选中间商进行综合评价，评分结果见表 4－1 所示。

---

① 居长志等：《分销渠道设计与管理》，中国经济出版社 2008 年版。

表 4－1　应用评分法选择渠道成员

评价指标	权重	备选中间商 1		备选中间商 2		备选中间商 3	
		打　分	加权分	打　分	加权分	打　分	加权分
地理位置	0.2	75	15	90	18	70	14
经营规模	0.15	85	12.75	70	10.5	85	12.75
消费者流量	0.15	90	13.5	85	12.75	85	12.75
市场信誉	0.10	75	7.5	90	9	85	8.5
合作精神	0.15	80	12	65	9.75	75	11.25
信息沟通	0.05	75	3.75	70	3.5	90	4.5
货款结算	0.2	70	14	85	17	65	13
总分	1.00	550	78.5	555	80.5	555	76.75

注：打分时，每个指标的打分区间为 0～100 分；加权分＝打分×权重。

从评分结果中分析，备选中间商 2 和备选中间商 3 的打分总和是相同的，但由于各评价指标的权重不同，最终的加权总分不同。渠道成员的选择应该根据加权总分进行排序，其中，备选中间商 2 的加权总分最高，因此，该企业可以考虑选择备选中间商 2 作为当地的分销商。

2. 销售量评估法

该方法是通过实地考察中间商近年来的顾客流量、销售额水平、销售额每年增长情况等相关指标，分析该中间商的实际分销能力，并判断其是否适合担当本企业渠道任务，然后选择最佳渠道成员。

3. 销售成本评估法

在营销渠道日常管理和运作过程中，生产企业是必须付出一定成本的，主要包括谈判和履约监督的费用、市场开拓费用、让利促销费用以及货款延迟支付造成的经济损失等。这些费用构成了销售费用或流通费用，减少了生产企业的净收益。因此，渠道销售成本的分析对生产企业来说显得格外重要。一般来说，分析方法主要有总销量成本比较法、单位产品销售成本比较法、成本效率分析法三种方法，见表 4－2 所示。通过以上方法，对备选中间商进行排序，选择最佳渠道成员。

表4-2 销售成本的评估方法

分析方法	具体操作
总销量成本比较法	在分析备选中间商的营销战略、市场信誉、可控性、顾客流量、销售记录的基础上，预估各个备选中间商作为渠道成员执行渠道任务的总费用，然后，选择费用最低的中间商作为渠道成员
单位产品销售成本比较法	当销售成本一定时，产品销量越大，单位产品的销售成本越低，渠道成员的效率越高。因此，在评价备选中间商的优劣时，需要把分销商的预期总销售成本与该分销商能够实现的商品销售量之间进行比较，选择比值最低者作为销售渠道成员
成本效率分析法	依据销售业绩与销售成本的比值选择渠道成员。成本效率的计算公式为：成本效率=某渠道成员的总销售额/该渠道成员的总销售成本

4.3.4 渠道成员的选择流程

由于各个生产企业的具体情况不同，因此，渠道成员的选择方法及策略也不相同。一般情况下，企业渠道成员选择的流程可以概括为以下4个基本步骤，见图4-1。①通过渠道成员寻找的多种途径，并根据企业自身的实际情况采用合适的策略寻找渠道成员。②应用选择标准及选择对潜在渠道成员进行初步筛查。③选用合适的评估方法对备选渠道成员进行评估。④确定渠道成员，与渠道成员谈判签约。

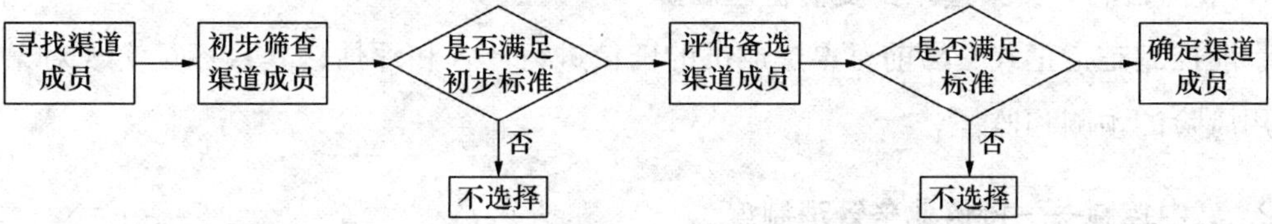

图4-1 渠道成员选择的流程

4.4 渠道成员资信评估与信用管理

随着社会经济活动的不断发展，企业间的市场竞争日趋激烈，赊销不可避免地成为企业获取市场竞争力的必要手段，企业的信用风险控制也随之成为极其突出的问题。加强渠道成员资信管理是企业从源头降低赊销风险的重要手段。

4.4.1 渠道成员资信管理概述

渠道成员资信管理是企业信用管理的重要组成部分。我国目前常用的信用管理方式是全程信用管理模式，将资信的风险管理由“事后管理控制”提前到“事前管理控制”及“事中管理控制”。下面我们来看一下全程信用管理的主要内容（见图4－2所示）。

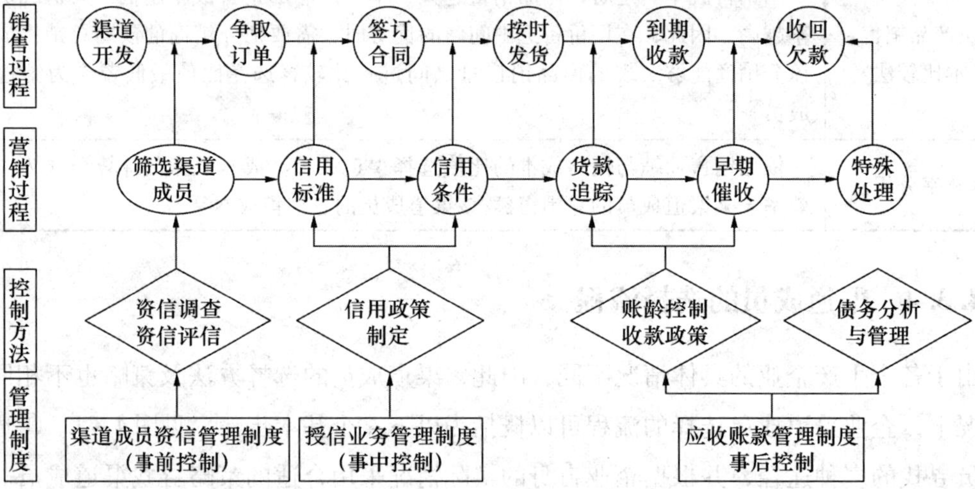

图4－2 全程信用管理流程图

1. 事前控制——渠道成员资信管理制度

事前控制是指正式交易前对渠道成员的资信进行调查和评估，其目标是实现对渠道成员信用风险的预测和监督。

2. 事中控制——授信业务管理制度

事中控制是指交易过程中对渠道成员信用额度的控制。企业之所以在交易过程中产生信用风险，主要是由于销售部门或相关部门在销售业务管理上缺少规范和控制造成的，其中较为突出的问题是对渠道成员的赊销额度和期限的控制。一些企业在给予客户的赊销额度上随意性很大，销售人员或者个别管理者说了算，结果往往是被客户牵着鼻子走。一旦客户的资信出现问题，企业的应收账目将很难追回。

3. 事后控制——应收账款管理制度

事后控制是指对应收账款的管理及逾期账款的有效处理，主要应在账龄控制、货款追收与债权管理等方面进行制度设计。

企业全程信用管理模式中，渠道成员资信管理作为“事前管理”，具有重要的作用，与“事中管理”和“事后管理”密切相关。在实际当中，渠道成员资信管理工作已经延伸到企业“销售—回款”业务流程的事中和事后阶段，例如信用额度制定、渠道信用风险监督以及账款回收过程等都离不开对渠道成员资信管理工作。企业应该高度重视对渠道成员资信的管理，渠道成员的资信较差，则很有可能导致企业的应收账款无法回收，使企业遭受严重的经济损失。下面江苏的一个公司就是由于未对渠道成员的信用进行分析，最后自酿苦果，遭受了巨大的损失。

【阅读资料 4-7】 一起外贸诈骗案

江苏某公司的业务员在香港的一次展销会上认识了美国一家私人有限责任公司的总裁。事隔两年后，该公司与江苏的这家公司取得联系，要求江苏公司就箱包产品报价，并要求以放账 60 天付款交单的方式结算。在此期间，美国公司派人到江苏公司洽谈贸易，自称年营业额为 300 万～500 万美元。通过此次接触，江苏公司认为该公司有较强的实力和诚意，增强了与之做贸易的信心。在随后的一年半时间中，江苏公司多次向美国公司发运货柜，但美国公司每次都只支付部分货款，江苏公司甚至被迫让步，将原来的 100% 付款交单方式改为承兑交单付款，但美国公司仍迟迟不履行支付义务，还在期间开过 5 张空头支票欺诈江苏公司。截止到双方谈判破裂，美国公司拖欠江苏公司货款共计 40 多万美元，给该公司带来巨大的损失。据调查，该美国公司已从原址迁出，去向不明，追逃难度非常大。而且，这家美国公司在与江苏公司联系前就已经开始有计划地拖欠其他中国外贸企业的货款 300 多万美元，被拖欠的中国企业达 8 家。

资料来源：宋清华，《信用管理概论》，中国财政经济出版社 2010 年版。

4.4.2 渠道成员资信调查

俗话说“知己知彼，方能百战百胜”。商场如战场，当生产企业选择渠道成员时，必须对备选中间商进行必要的资信调查和评估，才能防患于未然，避免造成日后无法挽回的损失。取得真实可靠的渠道成员征信数据，是对渠道成员进行信用管理的基础。

1. 渠道成员资信调查内容[①]

（1）客户的法人信息。主要包括客户的名称、注册及经营地址、注册日期及经营年限、企业性质、经营范围及所属行业、注册资金到位情况、股东、内部组织机构及企业管理者等方面的信息。在企业准备与客户建立正式的交易关系之前必须从以上几个方面核实清楚客户是否是合法的经营实体以及是否具备基本的履约能力。

（2）客户的财务信息。主要通过分析客户的财务报表——从流动比率、速动比率、已获利息倍数、现金流动负债比率、资产负债率等指标来了解客户的偿债能力，从总资产周转率、流动资产周转率、存货周转率、应收账款周转率等指标来了解客户的营运能力，从销售利润率、总资产收益率、净资产收益率、盈余现金保障倍数等指标来了解客户的盈利能力，从销售增长率、利润增长率、资本积累率等指标来了解客户的发展能力。

（3）客户的产品信息。主要包括客户产品的生产情况、品质情况、市场需求情况、竞争性、用户群等方面的信息。

（4）客户的信用信息。主要包括客户有无不良付款记录、不良贷款记录、诉讼记录、不执行生效判决记录等方面的信息。

2. 渠道成员资信调查方法

（1）直接要求客户提供。企业可直接要求客户提供必要的信息，例如营业执照、税务登记证、公司简介、最近三年经审计的财务报表、股东名单、主要负责人名单、验资报告、公司章程等。

（2）通过网络、广播、电视、报纸、杂志等大众媒体来搜集。由于公共媒体常报道中间商的正面形象，从公共媒体得到的信息可能具有一定的片面性。

（3）通过税务、工商、统计等政府部门、行业协会、银行等官方信息渠道收集信息。武钢实业公司就是利用外经贸部门对法国合作者进行信用调查，避免了经济损失。下面我们来看一下该案例的具体过程。

1999 年 7 月，武钢实业公司收到一封法国阿普洛德国际集团的来函。信中称，该集团的注册资金为 23 亿美元，是一个在欧美拥有众多投资企业的大型跨国集团，1997 年其营

① 刘延辉："通过客户资信管理降低企业经营风险的途径"，载于《沈阳农业大学学报（社会科学版）》2007 年第 3 期。

业额高达 35 亿美元，并正以年均 20% 的速度递增。该集团希望和武钢实业公司合资开发纸塑复合袋项目，条件是在 600 万元人民币总投资中，双方各投资 50%，由法方负责购买设备并返销全部产品。然而，经过几轮谈判，武钢怀疑了：为什么法方坚持生产设备必须要从法国进口，而且价格如此高呢？通过外贸部门的调查得知，法国工商登记处根本没有该公司的登记，其提供的地址是一家与该公司无任何关系的小餐馆的地址。

外经贸部门是社会信用体系的重要组成部分，他们拥有有关企业资信状况的数据库，拥有遍布世界各地的资信调查人员，可以低成本地为需要信用信息的企业提供专业的信息服务，预防失信行为的发生或使失信者遭受惩罚。该案例中，如果没有信用服务机构或没有这些信用数据库，武钢很可能会和对方签订合同，其结果是不堪设想的。

（4）由企业信用管理部门委托资信调查公司、资产评估公司、律师事务所等第三方进行调查或从资信管理公司购买相关资信调查报告。例如，渤海玻璃厂就是通过资信公司快速取得爱克司公司的资信调查报告，发现了爱克司公司的资信问题。在两年内，爱克司公司曾经四次向渤海玻璃厂订购标准规格的平板玻璃，每次交易方式都是现金交易，平均交易额约 2 万元。在某月的一个星期一，爱克司公司的供应处副处长打电话给渤海玻璃厂的销售部，希望允许爱克司公司在周末先提走价值人民币 3.2 万元的货，待下月爱克司公司有钱进账时即付货款，并同意与渤海玻璃厂签订一个类似赊购形式的购货协议或打一个欠条。渤海玻璃厂的有关管理制度规定，凡交易形式属于赊销性质的，统一由信用管理部门进行审批。因此，销售部门立即将爱克司公司的请求以简单的书面形式转给信用管理部门，并附上了爱克司公司供销部门经理的名片。信用管理部门立即通过某信用管理公司的征信数据库对爱克司公司进行资信调查。网上送来的资信调查报告显示，该公司的海外母公司近一年经营状况不佳，不断走下坡路，破产风险极大，并在当地法院有一桩经济案件未了，其客户风险指数值比较高。信用管理部门将调查结果和客户评价通报给销售部门，由销售部门以厂的管理制度为由，委婉地拒绝了爱克司公司的这次请求，并请它按照程序向本厂申请赊购信用。

（5）对客户进行实地调研。通过实地考察使考察者有机会与客户的经理、董事或其他管理人员进行交谈，以增强考察人员的感性认识和直觉判断力。另外通过实地考察，可以了解到客户的管理层构成情况，主要领导的姓名、履历及工作风格，办公楼及厂房的新旧程度、规划布置，生产规模、秩序、效率，工人的精神面貌，企业文化等。这种直观观察对日后企业的信用决策起到关键的作用。

（6）从生产企业和渠道成员的交易记录中获取渠道成员对具体交易环节的态度和做法，尤其是对偿付货款的一般做法。

4.4.3 渠道成员资信评估

在进行了大量的渠道成员资信调查后，需要对渠道成员资信进行评估。根据我国企业的现实情况，常采用特征分析模型和5C评估法实施渠道成员资信评估和信用限额计算。

1. 特征分析模型

特征分析模型是指从影响渠道成员的各种特征进行综合分析研究，从而判断渠道成员资信状况的一种技术。该技术的实施涉及三个方面的重要内容：选择渠道成员特征、对特征指标进行评估、根据评估结果对渠道成员的资信状况做出综合分析。

导致渠道成员资信风险的因素很多，特征分析模型将渠道成员资信评估因素划分为三类：①渠道成员自身特征：主要反映渠道成员表面的、外在的、客观的特点，比如渠道成员的表面印象、产品与市场状况、经营状况等。②渠道成员优先性特征：主要是指企业在挑选客户时需要优先考虑的因素，如交易利润率、交易条件、可替代性等。③信用及财务特征：主要指能够直接反映客户信用状况和财务状况的因素，如银行信用、付款记录等。

为了将特征分析模型有效地运用到我国企业的信用分析工作中，针对我国企业当前的经营管理特点，选择了能够较全面地反映中国企业资信状况的特征，见表4－3所示。

表4－3　渠道成员资信评估特征分析因素

特征类别	具体特征因素					
客户自身特征	表面印象	组织管理	产品与市场	市场竞争性	经营状况	发展前景
客户优先特征	交易利润率	对产品的要求	对市场吸引力的影响	对市场竞争力的影响	担保条件	可替代性
信用及财务特征	付款记录	银行信用	获利能力	资产负债表评估	偿债能力	资本总额

利用特征分析模型分析计算的过程较为简单快捷，具体过程如下。

首先，根据各项特征指标在渠道成员资信评估过程中的重要度，对各项特征指标设置不同的权重，并令每项特征指标的权重分别乘以10，计算出可能得到的最大评分值，然后进行求和，得到最大可能值的和。

其次，根据预先制定的评分标准，用1～10评分法，对各项特征指标进行评分，再将评分值乘以权重得到加权评分值并进行求和。当缺少某项特征信息资料而无法评分时，该项指标的评分为零。

再次，加权评分值的和除以最大可能值的和，得出百分率，该百分率即综合地反映了该客户的资信状况。综合评估的计算过程可通过表 4－4 的例子加以说明。

表 4－4　　某渠道成员的综合分析

特征	客户自身特征						客户优先特征						信用及财务特征						合计
评分值	5	4	6	8	5	8	9	6	7	6	8	7	7	6	5	6	7	8	
权重	3	5	6	7	5	8	6	5	5	4	8	6	8	5	7	5	7	7	
最大值	30	50	60	70	50	80	60	50	50	40	80	60	80	50	70	50	70	70	1070
加权评分值	15	20	36	56	25	64	54	30	35	24	64	42	56	30	35	30	49	56	721
百分率(％)	64						73						66						67

根据上述特征评估的结果，可以将不同的百分率列入不同的资信等级，得到渠道成员的资信评定结果。将百分率从 0～100％划分为 6 个等级，即 CA_1 到 CA_6，分别表示渠道成员的资信状况的程度，CA_1 最好，CA_6 最差，见表 4－5 所示①。

表 4－5　　渠道成员资信评级

百分率（％）	等级	信用评定	建议提供的信用限额（大小与具体行业有关）
86～100	CA_1	极佳：可以给予优惠的结算方式	大额
61～85	CA_2	优良：可以迅速地给予信用核准	较大
46～60	CA_3	一般：可以正常地进行信用核定	适中
31～45	CA_4	稍差：需要进行信用监控	小量－需要定期核定
16～30	CA_5	较差：需要适当地寻求担保	尽量不提供信用额度或极小量
0～15	CA_6	极差：不应与其交易	根本不应提供信用额度
缺少足够数据	NR	未能作出评定－－数据不充分	对信用额度不做建议

根据表 4－4 计算得到的评估结果，该渠道成员可以评为 CA_2 级，信用优良，企业可以迅速地给予信用核准，提供较大额的信用额度。

① 郑锐洪：《营销渠道管理》，机械工业出版社 2012 年版。

2. 5C 信用评估法

5C 信用评估法是指考察客户信用和偿付能力的 5 个方面：品行（Character）、能力（Capacity）、资本（Capital）、抵押（Collateral）和经济环境（Condition）。由于 5 个方面的英文单词首字母都是 C，故称为 5C 评估法，其具体内容如下。

（1）品行：是指渠道成员愿意履行偿债义务的可能性。渠道成员的品德因素是资信评估首先要考虑的因素，其品德的好坏主要根据渠道成员过去的信用记录来确定。

（2）能力：是指渠道成员支付货款及服务费的能力。这主要根据客户的经营状况、流动资产状况来判断。

（3）资本：是指渠道成员的财务状况。资本状况可以通过企业的财务报表和比率分析得到。

（4）抵押：是指渠道成员用其资产对所承诺的付款进行的担保。这对于新的渠道成员和没有信用记录或有不良信用记录的渠道成员来讲，以一定的合法资产作为抵押是尤为重要的。对于有足够资产抵押的渠道成员，可以考虑向他们提供相应的信用。

（5）经济环境：是指可能对渠道成员的偿付能力产生影响的经济环境。例如，2007 年，由美国次贷危机引起的金融危机导致很多中间商的付款能力下降，使企业的应收账款无法回收。

4.4.4 渠道信用风险控制

在营销渠道运行中，要想有效地实施对客户的信用风险控制，必须根据渠道信用政策制定一套全面的风险控制方案和措施。有效的风险控制措施能够最大限度地减少客户可能给企业带来的损失。

1. 控制发货

信用部门应始终监控运输单据的制作与货物的发运过程，在下列两种情况下信用部门应命令有关人员停止发货。

（1）付款迟缓。当客户拖延付款时，信用部门可以通过信函、电话等方式提示客户。如客户仍拖欠不还，一旦超过规定的贸易暂停期限，就应停止发货。各企业对于贸易暂停期限应有明确规定，一般来讲信用期越长，贸易暂停期限越短。

（2）交易金额突破信用限额。信用限额是依据客户的财务状况和信用等级综合评定出来的。交易金额超过信用限额，会给企业自身带来坏账风险，尤其在信用限额是由于客户延期支付而被突破的情况下，控制发货措施就很必要。将客户按照不同的资信程度进行管理，不仅有利于信用风险防范，更有利于企业销售业绩的提升。

2. 监督和检查客户群

监督制度是指对正在进行交易的客户进行适时的监控，密切注意其一切行动，尤其是付款行为，对于高风险客户或特别重要的客户还要予以多方面的监督。检查制度是指不断检查与更新客户原有的信用信息。在这方面，广州白云山制药股份有限公司推行的全面信用管理的做法值得我们学习借鉴。

广州白云山制药股份有限公司是我国一家著名的制药企业。由于我国医药行业近十几年来 90% 以上的市场交易都是采用信用方式进行的，因此客户资信以及应收账款问题成为该公司历年来一个最大的管理难点。从 1990 ~ 1998 年，公司的逾期应收账款逐年增加。为了解决这一问题，公司从 1999 年开始实行规范的信用管理。

信用管理的第一步便是规范客户资信管理工作。以往客户信息大都分散在业务员手中，难以全面评价客户的信用程度和价值，由于客户数量很大，很难都建立起相互信任的结算关系，客户关系很难控制。为此，该公司在推行全程信用管理之初，首先将原有的全部客户资信状况和销售能力进行了全面调查分析。结果发现，有相当一部分客户的销售业务并没有真正给公司带来应有的利润。于是，公司决定重新筛选大客户，将原来分布在全国各地的 800 余家大客户减少到 400 余家，整整减少一半。这项管理方案开始实施时，许多人担心减少大客户数量会影响销售额。事实证明，实行这项方案后，公司的销售额不仅没有下降，反而得到了大幅度的上升。销售额每年上升 30% ~ 40%，而逾期应收账款却每年下降。

3. 信用额度审核

信用管理人员应对授予信用额度的客户适时定期审核，一般情况下一年审核一次，对正在进行交易的客户和重要客户的信用额度最好能半年审核一次。每一次审核都要严格地按程序进行，信息收集工作尽量做到全面、及时、可靠，不能因为是老客户就放松警惕，或者习惯性地凭以往的认识分析其信用状况。

4. 贸易暂停

当发现客户有不良征兆时，首先考虑的措施就是贸易暂停，停止发货或者收回刚发出的货物，只有这样才能避免损失的进一步发生。例如，娃哈哈在联销体渠道结构和特约二级批发商网络的基础上实行销售区域责任制，对所有经销商队伍逐个进行考核筛选。公司从原有的经销商中挑选出销售业绩和信誉较好的企业，继续与他们保持合作关系，终止与那些业绩差、信誉不好的经销商的业务往来。

5. 巡访客户

在危机发生时，销售部门与信用部门都应各自与客户进行会谈，以收集客户的信息。在可能的条件下，销售部门与信用部门应该联合巡访客户，以期达到评估客户的生存能力、就付款安排达成协议、确定以后的交易额度的目的。

6. 置留所有权

置留所有权是指企业在商品售出后保留它的所有权，直到客户偿付货款为止。理论上讲，这是一项无任何额外成本又能有效避免风险的措施，它使得企业在得不到偿付时可以恢复其对商品的所有权。但在实际作用中，它并不能完全规避信用风险。因为商品的所有权虽掌握在企业手里，但鉴于企业未实际占有或使用货物，也就不能进行有效控制①。

7. 坚持额外担保

如果客户处于危机中但仍有回旋余地时，客户可能会要求继续交易以维持运转，此时便应坚持额外担保。最低限度的担保是开立商业票据，一旦不能兑现时便可立即停止交易。最高程度的担保即是预付货款。

4.5 选择渠道成员的误区

“得渠道者行天下”，企业只有获得优秀的渠道成员才可以“行天下”。如果渠道成员选择不当，可能会造成较大的投资失误，甚至关系到企业的生死存亡，因此企业必须避开渠道成员选择的误区，科学、合理地构建渠道。

4.5.1 中间商的实力越强越好或越弱越好

俗话说“大树底下好乘凉”，但凡事有利有弊，中间商实力越强，其发言权也越大，

① 侯忠义：《渠道手册》，中国纺织出版社 2005 年版。

跟企业的讨价还价能力也越强。实力强大的中间商往往会提出苛刻的经销条件，有些甚至令企业难以接受，企业很有可能失去渠道控制权。另外，实力较强的中间商一般经营的品种也较多，有很多大品牌，对知名度低的新品牌不会全力经营。翔宇公司选择经销商的案例就是一个典型的教训。

翔宇化妆品公司想进入 A、B 两地市场，在对两地进行大量的综合调研后发现，A 市场的经销商是一个刚刚成立一年的专职营销公司，几个年轻的合伙人原来从事广告行销工作，资金上比较紧张，目前仓库、办公营业场地都是租赁的，但几个人努力实干；而 B 市场的经销商则是当地最大的百货公司，由老百货站几位经理承包经营，目前经销、代理十来个知名品牌化妆品，公司有专业的仓储、店面、运输车辆，年销售额近一个亿元，在当地无人不知无人不晓。

翔宇公司仔细评估两地的经销商后决定都予以采用，但让厂家没有想到的是，本来十分看好的 B 地经销商，开发半年后，回款额却一直低于同期开发的 A 市场。2003 年下半年，A 市场回款 480 万元，B 市场回款 120 万元；2004 年上半年，A 市场的回款额同期增长了 6%，而 B 市场却同期减少了 2%。

无论是从人口数量、密度、经济生活水平，还是从投入的广告促销费用及同类竞争品状况，B 市场都比 A 市场有绝对优势，但为什么 A 市场回款总额比 B 市场高出几倍呢？通过两地市场销售人员的工作报告，不难知道这种现象不是偶然的，而是因为两地经销商的营销作为不同所致。

A 地经销商虽然规模较小，但发展壮大的愿望非常强烈，他们把销售公司化妆品视为一次机遇，业务运转和厂家融为一体。他们经常协同厂家业务员一起到现场促销，扩大销售，而且送货及时，节假日不休息，结果使 A 市场铺货覆盖率高达 95% 以上。

B 地经销商虽然规模很大，但由于其经销、代理的品牌多，并没有把翔宇公司的产品作为主要的盈利点。B 地经销商认为翔宇公司的产品价高市场不大，铺货覆盖率不能超过 50%，经常顾不上送货不说，还总是提出一些无理要求，而且稍有不满意就有情绪。针对这种状况，厂家与经销商协商多次，一直没有改善。

因此，企业寻找经销商时，并不是实力越强的中间商越好。但同时，企业也不宜选择实力太弱的中间商，因为这样的中间商没有足够的能力把产品铺到终端。在选择渠道成员时，企业应该选择与自己实力匹配，可以接受自己的经营理念、全力经营企业产品的中间商为宜，正所谓“不买贵的，只买对的”。

4.5.2 中间商越多越好或越少越好

"分销商越多，推销的人越多；销量越大，利润越丰厚"，这是很多厂家的逻辑。例如，某些连锁公司征求加盟商店，只要能缴出保证金，就可以成为他们的渠道成员。然而，"人海战术"并非灵丹妙药。一般来说，区域市场容量是有限的，过多的中间商容易形成"僧多粥少"的情形，企业也很难对众多的中间商进行统一的、规范化的管理，从而导致中间商恶性竞争、降价、窜货等现象，使中间商利润锐减。在这种情况下，中间商容易失去经营的积极性，甚至会放弃合作转向经营竞争对手的产品。

然而，中间商的数量也并非越少越好。如果中间商的数量太少，就有可能导致中间商对市场争夺的实力不够，有可能使企业失去市场机会及竞争优势。同时，如果中间商数量太少，企业容易受到中间商讨价还价的压力而失去渠道的控制权。

企业选择渠道成员数量的多少，应该综合考虑该地区市场的容量、中间商对企业目标市场覆盖范围、中间商对市场区域的控制力度、中间商的信誉以及全面考虑企业自身的资源和渠道管理的策略等多方面因素，不能简单得出结论。

4.5.3 零售覆盖面积越宽越好

一般企业认为，覆盖面积越宽，企业触角越长，越能伸向全国各地，因此常听到一些企业说："我们的销售网络覆盖面很广，连偏僻的乡村小店都有我们的货"。然而，一个分销网络的成败，在很大程度上取决于分销网络中的各处关键性节点。不同的网络，其节点的数量、位置、连接方式不同，过多的节点不仅会耗费大量的人力、财力、物力，而且物流、信息流、资金流很难同步；同时，覆盖面的盲目拓展很容易出现纰漏，造成连锁反应，给竞争对手留下攻击的空间。

4.5.4 选择好中间商，企业就可高枕无忧了

营销界曾流传着这么一种说法："选择好了中间商，厂家就可以高枕无忧。"其实，中间商的选择只是"万里长征"的第一步，是渠道建设的一个环节，能不能把这个环节的优势转化为整个营销渠道的竞争优势，还需要企业和中间商的共同努力。另外，如果部分中间商受利益因素的驱使，出现"变节"行为，放弃与企业的合作，投向竞争对手的营地，将会给企业带来重大损失。因此，企业应当正确地与中间商建立战略伙伴关系，同心协力

开拓市场，同时还需要对中间商进行有效的监督和控制。

4.5.5　急功近利

选择渠道成员时，很多厂家太急功近利，只要是对企业的产品感兴趣的商家，一律抓过来谈代理、谈经销。对于一些刚刚成立的企业，由于较难找到合适的渠道成员，好不容易找到一个愿意销售产品的经销商，就急于签约。如果企业只是单纯地考虑建立渠道，而不考虑企业销售的良性发展，盲目地拓展经销商，将会给企业以后的工作带来很多阻力，增加企业的机会成本。更有甚者，因为管理跟不上，经销商管理不力而受经销商摆布的事情也常有发生。

本章习题

一、单选题

1. 在选择渠道成员时，(　　) 是最关键的因素。

A. 市场覆盖范围　　B. 分销商声誉

C. 分销商财务状况　　D. 分销商促销能力

2. 对于那些刚进入某行业不久或刚进入某一区域市场的企业来说，由于其产品在该行业或该区域市场上有一个熟悉与适应的过程，比较适宜采用的渠道选择策略是（　　）。

A. 分两步走选择策略　　B. 竞争性选择策略

C. 逆向拉动选择策略　　D. 重点突破选择策略

3. 将分销商的预期总销售成本与该分销商能够实现的商品销售量之间进行比较，选择比值最低者作为销售渠道成员。这种评估渠道成员的方法是（　　）。

A. 销售量评估法　　B. 单位商品销售成本比较法

C. 总销售成本比较法　　D. 成本效率分析法

4. 5C 系统判别客户的公式是：品行 + 能力 + 资本 = （　　）。

A. 理想的信用　　B. 良好的信用

C. 较低的信用　　D. 有限的信用

5. 选择渠道成员，应当（　　）。

A. 中间商的实力越强越好

B. 中间商的数量越多越好

C. 零售覆盖面积越宽越好

D. 结合企业实际情况，综合考虑中间商资金、合作精神、经营能力等因素

二、多选题

1. 企业在选择渠道成员时，应当遵循以下原则（　　）。

A. 目标实现原则　　B. 形象匹配选择

C. 提高效率原则　　D. 相互认同原则

E. 互惠互利原则

2. 企业在选择渠道成员时，应当遵循的标准有（　　）。

A. 渠道成员的能力标准　　B. 渠道成员的控制性标准

C. 渠道成员的规范性标准　　D. 渠道成员的规模性标准

E. 渠道成员的适应性标准

3. 生产企业寻找渠道成员的主要途径有（　　）。

A. 销售组织　　B. 中间商咨询

C. 顾客　　D. 互联网

E. 广告

4. 企业信用流程管理模式强调全过程信用管理，将企业信用管理流程划分为(　　)。

A. 直接管理　　B. 间接管理

C. 事前管理　　D. 事中管理

E. 事后管理

5. 企业对渠道成员信用风险进行控制的正确措施有（　　）。

A. 当客户拖延付款时，企业信用部门对客户进行提示后，如客户仍拖欠不还，一旦超过规定的贸易暂停期限，就应停止发货

B. 对正在进行交易的客户进行适时的监控，密切注意其一切行动，尤其是付款行为，对于高风险客户或特别重要的客户还要予以多方面的监督

C. 信用管理人员在选择渠道成员时对其进行资信审核后，在后续合作过程中可以不再进行资信审核

D. 当发现客户有不良征兆时，首先考虑的措施就是贸易暂停，停止发货或者收回刚发出的货物

E. 如果客户处于危机中但仍有回旋余地时，客户可能会要求继续交易以维持运转，企业应当坚持额外担保

三、名词解释

1. 渠道效率　　2. 逆向拉动选择策略　　3. 销售量评估法

4. 竞争性选择策略　　5. 5C信用评估法

四、简答及论述题

1. 渠道成员选择应该遵守哪些原则？
2. 寻找营销渠道成员的主要途径有哪些？
3. 试论述如何对渠道成员资信进行调查？
4. 试论述渠道信用风险控制的措施。
5. 试论述企业选择渠道成员的误区有哪些？

案例讨论

九阳公司经销商的条件

济南九阳电器有限公司是一家从事新型小家电研发、生产与销售的民营企业。公司设立于1993年下半年，起步资金仅几千元。1994年12月份推出产品豆浆机后，市场连年大幅度扩大，公司已发展成全国最大的家用豆浆机生产厂家，市场遍及除西藏、贵州、甘肃、新疆以外的大部分省市。虽然近年来消费品市场一直处于低迷状态，但1998年该产品市场销量仍保持了50%的增长率。这样一家品牌知名度并不高的中型企业，6年来把豆浆机从无到有，做成了一个产业，创造了每年近百万台的市场需求。虽然现在市场上有了100多家生产豆浆机的企业，但无论从产品性能还是市场营销上，他们还不能对九阳构成真正的威胁。九阳公司销售总经理许发刚说，九阳有技术优势，但与技术上的领先优势相比较，九阳在市场营销上更为成功。特别是在全国160多个地级城市的营销网络，不仅是实现销售和利润的渠道，而且是构筑自身的安全体系，锤炼企业核心竞争力的“法宝”。

通过160多个地级市场的建设，九阳形成了一套寻找和管理经销商的思路。九阳公

司根据自身情况和产品特点采用了地区总经销制。以地级城市为单位，在确定目标市场后，选择一家经销商作为该地独家总经销。为达到立足长远做市场、做品牌、共同发展的目标，九阳公司对选择总经销商提出了较严格的要求。

1. 总经销商要具有对公司和产品的认同感，具有负责的态度，具有敬业精神。这是选择的首要条件

一个好的产品，不仅能给经销商创造一定的经营效益，而且能给其带来更大的市场空间和发展动力。经销商只有对企业和企业的产品产生认同，才能有与企业基本一致的对产品及市场的重视程度，才能树立起开拓市场、扩大销售的信心，将九阳的产品作为经营的主项，主动投入所需的人力、物力、财力，同时，对企业经营理念的认同，有助于经销商与企业的沟通和理解，自觉施行企业营销策略，与企业保持步调一致。这些是企业建立成功的网点和良好的合作关系的根本。九阳销售人员注意在帮助经销商分析认识企业的发展前景和产品的市场潜力，培养经销商的这种认同感方面做工作。负责的态度是指经销商要对产品负责、对品牌负责、对市场负责，这是经销商完成销售工作的保障。唯有如此，经销商才能尽心尽力地推广产品，努力将市场做好，也才能不断提高企业网点的质量，提高企业品牌和市场美誉度。九阳公司在开发重庆市场时，曾有一家大型国有批发企业提议担任总经销，公司在对其全面考察后，认为其虽然具备较强的实力，但缺乏这种负责的态度，不利于公司市场发展的需要，否决了这项提议。敬业精神是推动一个企业不断发展的重要动力，具备敬业精神的经销商能够积极主动地投入市场销售与拓展，克服销售障碍，协助企业开展各项市场活动，充分发挥能动性和创造性，通过自身的发展来带动企业销售业绩的提升及市场占有率的扩大，巩固销售网络基础，提高销售网络水平。

2. 总经销商要具备经营和市场开拓能力，具有较强的批发零售能力

这涉及经销商是否具备一定的业务联系面，分销通路是否顺畅，人员素质高低及促销能力的强弱。企业选择总经销商，就是要利用其开拓市场、扩散产品的能力。总经销商的市场营销能力直接决定着产品在该地市场能够在多大范围和程度上实现其价值，进而影响到企业的生产规模和生产速度。在一种新产品进入一个新市场时，如果经销商不具备经营及开拓的能力以打开市场空间，仅靠企业一方的努力是不足以取得成功的。同时，总经销商作为企业产品流通中的一个重要环节，不仅要能够实现一部分终端销售，掌握第一手的市场消费资料，更重要的是要具有经销产品的辐射力和批发能力，拓宽产品流通的出路。

3. 总经销商要具备一定的实力

实力是销售网点正常运营、实现企业营销模式的保证，但是要求实力并不是一味地求强求大。九阳公司在如何评价经销商实力上，采用一种辩证的标准，即只要符合九阳公司的需要，能够保证公司产品的正常经营即可，并不要求资金最多。适合的就是最好的，双方可以共同发展壮大。适用性原则扩大了选择的余地。

4. 总经销商现有经营范围与公司一致，有较好的经营场所

如经营家电、厨房设备的经销商，顾客购买意向集中，易于带动公司产品的销售。由于经销商直接面对顾客，它的形象往往代表着企业的形象和产品的形象，对顾客心理产生影响，所以对经销商的经营场所亦不能忽视。九阳公司要求总经销商设立九阳产品专卖店，由九阳公司统一制作店头标志，对维护公司及经销商的形象产生了积极的作用。

九阳公司的业务经理们对于开拓市场首先树立了三个信心：第一，提供的是好产品，满足了消费者的生活需要，有市场需求。产品质量过硬，售后服务完善。第二，公司的一切工作围绕市场开展，考虑了经销商的利益，拥有先进的营销模式。第三，坚信有眼光的经销商必定会和九阳公司达成共识，进行合作。这三个信心保证了业务经理在同经销商的谈判中积极主动，帮助经销商分析产品的优势和市场潜力，理解并认同公司的经营理念和宗旨；认识合作能带来的近期及长远利益，研究符合当地市场特征的营销方案，并且在谈判中坚持公司对经销方式的原则要求，在网点选择上不做表面文章，奠定了整个网络质量的基础。

九阳公司与其经销商的关系，不是简单的立足于产品买卖的关系，而是一种伙伴关系，谋求的是共创市场、共同发展，因而公司在制定营销策略时，注意保证经销商的利益，注重的是利益均衡，不让经销商承担损失。如公司规定总经销商从公司进货，必须以现款结算，一方面保证公司的生产经营正常进行，另一方面可促使总经销商全力推动产品销售。那么，如何化解经销商的经营风险？一是公司的当地业务经理可以协助总经销商合理确定进货的品种和数量及协助到货的销售，二是公司能够做到为经销商调换产品品种，直至合同终止时原价收回经销商的全部存货，通过这些措施解除经销商的疑虑。

资料来源：汤定娜等，《中国企业营销案例》，高等教育出版社 2001 年版。

思考讨论题

你对九阳公司选择经销商的条件如何评价？为什么？

第 5 章

渠道冲突与合作管理

本章导读

本章主要内容包括渠道冲突的基本概念、类型；渠道冲突形成的原因；渠道冲突的解决方法以及窜货的控制等。通过本章学习，读者可以了解渠道冲突的形成，并能够解决实际中的渠道冲突和窜货问题。

知识结构图

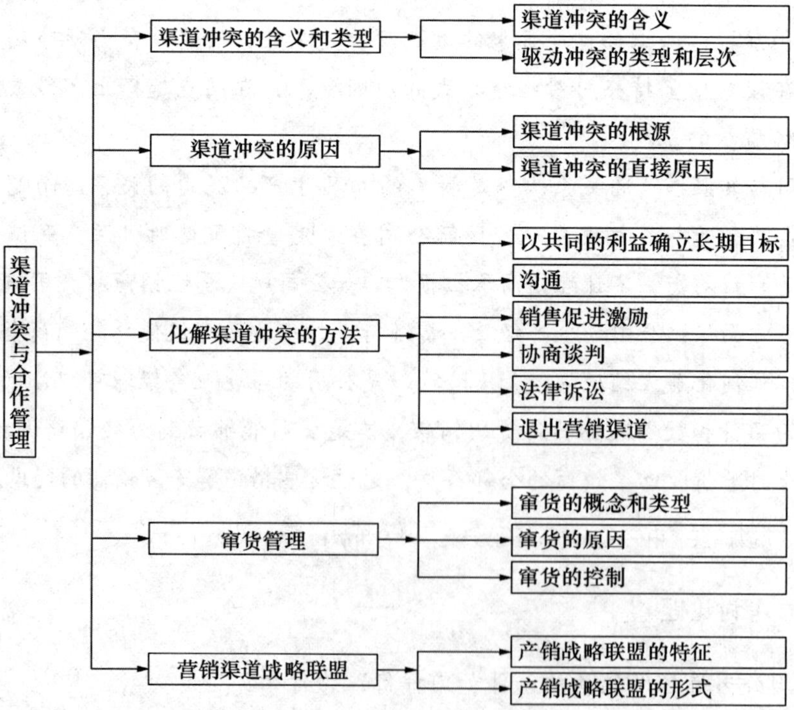

【开篇引例】 O2O模式与线上线下渠道冲突

随着电子商务的发展，O2O模式已然不可遏制，但它对企业营销渠道管理的威胁也逐渐显现。尽管越来越多的企业在试水O2O模式，但相应的治理机制仍处于摸索阶段，不少企业因为难以兼顾线上线下渠道成员的决策目标、利益及感知差异而出现了严重的线上线下渠道融合冲突。比如红星美凯龙、居然之家等19家连锁或区域大卖场在2013年“双11”联合签署文件抵制天猫家居O2O活动。导致冲突的根本原因在于O2O这种试图将线上打造成为交易平台、线下转型为体验平台的做法触动了传统渠道的利益。无独有偶，类似的现象在医药、家电、汽车等行业也相继发生了。

本质上，渠道冲突是渠道成员之间利益博弈的一种过激表现。正如家居卖场抵制天猫家居O2O时所提到的：“不能变相让卖场成为电商的线下体验场所，不能让经销商成为电商的线下搬运工。”除此以外，通过对O2O模式下渠道冲突表现的分析，可以发现这一渠道冲突不仅仅只是利益的冲突。

当前，在进行O2O模式尝试时，不少企业是为了抓住电子商务未来发展的趋势，以期获得先入优势。因此，建立知名度、培育消费者的网购习惯成为线上渠道发展的优先目标，而对销量、赢利等的考虑则较少。然而，线下渠道不同，它在较长的一段时间内仍会是企业的利润中心，其主要职能始终还是销售。当企业为了扶植线上渠道而要求线下渠道提供信息咨询、顾客发展、产品或服务交付等各方面的支持时，或多或少地会要求线下渠道妥协，甚至牺牲其主要目标。

一般而言，当线上线下渠道同时需要某种内部或外部资源来实现其目标时，分歧就会产生，并且所需资源越相似，或资源越稀缺，分歧就越大。这主要体现在人力资源、产品资源、顾客资源三个方面。首先，人力资源上，线下渠道的销售人员配置是有限的。当销售高峰期时，他们只能优先完成自己的销售任务，而无法同时兼顾线上渠道的订单。其次，产品供给具有稀缺性。线上渠道由于没有展示空间或库存的限制，其销售的商品种类繁多，但线下渠道则不然。另外与各渠道主体客户群的特征相关，线上线下渠道销售的主力产品存在差异。以网络购药为例，中老年人群首选实体店，青年人首选网店，两者买的药品差别很大，实体店在备货时难以兼顾。再次，顾客资源是实体店经营的根基，网店没有空间的限制，两者的顾客资源几近重叠，一个地区的顾客资源是有限的，当他们变成更便捷、实惠的网店的顾客后，实体店也就面临消亡了。

由于线上线下渠道成员对于彼此所扮演的角色有着不同的期望和认知，从己方的期望出发，他们对对方的行为及周围环境信息有着不同的解读。例如，当实体店不能及时配送网店的订单时，可能是由于人手有限或存货不足，但线上渠道商可能并不这么认为，而会主观地认为是实体店员工刻意拖延。再如，网店有时也能为实体店的顾客提供信息咨询服务，或为实体店吸引客流，但实体店员工常常忽略这一点，而更多地认为自己义务提供产品交付及售后维护等服务是替他人作了嫁衣裳。这常常是缺乏频繁、及时、有效沟通的结果，包括领导层和业务层的沟通。

由于O2O模式既为企业带来了利益，又给企业渠道管理造成了潜在的威胁，因此有必要制定相应的治理策略以趋利避害。调和、解决O2O过程中线上线下渠道矛盾的关键是找到新的利益分配模式。显然，无论是采取线上向线下支付服务费用的方式，抑或是行政命令的方式，都容易使线上和线下各自独立运行，其结果可能是更严重的冲突。因此，将两者组成利益共同体，允许线下实体店与线上网店共享利润分成的方式是相对更可行的。当利润共享后，实体店消极配送、消极宣传、抢夺客户资源等问题都将迎刃而解。

资料来源：作者根据相关资料整理。

5.1 渠道冲突的含义和类型

5.1.1 渠道冲突的含义

渠道冲突是指渠道成员意识到另一个成员正在从事会损害、威胁其利益，或者以牺牲其利益为代价获取稀缺资源的活动，从而引发他们之间的争执、敌对和报复的行为。例如，某个二级代理商会因为生产商给其相邻区域代理商的广告支持更大或某种规格产品的供货价更低而产生不满；又如，甲地区的分销商不执行分销协议等预先约定，低价倾销或窜货，同样会引起乙地区分销商的不满、愤怒。渠道冲突本质是渠道主体利益、行为和心理上的冲突。冲突和竞争往往被混淆。实际上，冲突和竞争是有区别的。

从渠道关系来看，当一个渠道成员需要跨越的障碍是另一个渠道成员而不是市场时，该成员就面临着冲突。在分销渠道中，成员之间的适度竞争不仅不会产生消极影响，而且有可能使顾客获得更好的产品和服务，有利于整个渠道组织绩效的提高。如果竞争发展到竞争双方相互诋毁、不择手段时，竞争就会演变成冲突。

5.1.2　渠道冲突的类型和层次

渠道冲突的种类繁多，其中按冲突主体的不同，可分为水平渠道冲突、垂直渠道冲突和多渠道冲突三种。

1. 水平渠道冲突

水平渠道冲突是指存在于渠道同一层次的成员公司之间的冲突。在美国的芝加哥，一些福特汽车经销商对该城市的另外一些福特汽车经销商感到不满，埋怨他们在价格和广告方面过于进取。比萨公司的一些特约经营商店抱怨另外一些比萨公司的特约经营商店，说它们在配料上弄虚作假，服务质量低劣，损害了整个比萨公司的形象。在这些例子中，制造商必须建立明确的、可实行的政策，迅速采取行动控制冲突的发生。

2. 垂直渠道冲突

垂直渠道冲突是指同一渠道中不同层次之间的利害冲突，这类冲突较为常见。例如，数年前，通用汽车公司为了实行有关服务、价格和广告方面的一系列政策，和它的经销商发生了矛盾。某些汽车生产商与他们的经销商也产生了冲突，它们不满经销商把同样类型的汽车卖给汽车租赁商，结果使汽车进入了有利可图的旧车市场。可口可乐公司和它的装瓶商发生摩擦，因为后者也为佩帕公司装瓶。

3. 多渠道冲突

多渠道冲突产生于在制造商已经建立了两个或更多的渠道，并且它们互相在推销给同一市场时发生的竞争中。当固特异开始把它的畅销的品牌轮胎通过大众化市场零售商，如沃尔玛和折扣轮胎店出售时，代销其产品的独立经销商就异常愤怒（最后，为了缓和他们的不满，提供给他们其他零售点不销售的某些特许轮胎模型）。当一个渠道的成员或者降低价格（在大量购买的基础上），或者降低毛利时，多渠道冲突会变得特别强烈。

渠道冲突是不可避免的，它像渠道影响力一样是由于渠道成员间在功能上相互依赖。不过，渠道成员也需要彼此合作，因为他们彼此依赖才能实现各自单独的目标。渠道冲突可分为以下五个阶段。

第一阶段，潜伏冲突——冲突的深层诱因。

第二阶段，察觉冲突——冲突只是能察觉到。

第三阶段，感觉冲突——紧张、焦急和不满的感受。

第四阶段，公开冲突——产生阻碍另一渠道成员目标实现的行为。

第五阶段，冲突余波——冲突后的行为。

在上述五个阶段中，只有公开的冲突直接影响一个渠道成员对另一个渠道成员的行为。

【阅读资料5-1】 雅芳渠道冲突的原因

雅芳在美国具有100多年的直销化妆品的历史，1990年进入中国市场，以直销方式开展业务。1998年中国政府开展第一次直销整顿时，雅芳响应政府号召，向“有店铺，无店外销售人员”的传统销售模式转型，着手在中国广泛地建立专卖加盟店和柜台等形式，向传统渠道靠拢。到2005年，雅芳的加盟专卖店数量达到了6400余家，专柜也有1700多个，此时的雅芳在中国已经从过去的一家直销公司变成了一家纯粹的日化企业。与同时进入中国市场的其他直销公司，如安利、仙妮蕾德等公司相比，雅芳的转型是非常彻底的。安利、仙妮蕾德事实上都只是象征性地开了几家“专卖店”，然后在所谓“店铺经营”的幌子下继续开展改头换面的多层次传销。

随着中国直销试点的展开，雅芳顺利地通过国家的直销试点，并在随后拿到了中国商务部颁发的直销牌照。但雅芳取得直销“通行证”后所采用的“店铺+直销员”模式，却使雅芳面临着一个两难的境地。

雅芳原本计划将遍布在全国各地的6000多家专卖店转变成公司在各地的服务网点，利用网点数量的优势甩开安利等竞争对手的追赶。事实上，安利、玫琳凯等竞争对手的专卖店数量都远远少于雅芳，如果专卖店能够顺利转型为服务网点，直接利用这些服务网点招募直销商，那么雅芳就拥有了其他竞争对手无法比拟的优势。

但随后这些雅芳专卖店的店主称，雅芳从2004年起就要求各专卖店招募直销员，直销员拿到的折扣甚至比专卖店还低。由于这些直销员多是兼职人员，不需要开支房租、水电费和加盟金等固定成本，因此，直销经营相比店铺经营就具备了更大的利润空间，而众多直销员的加入也对加盟店的利益产生了极大的冲击。因此，雅芳专卖店希望得到雅芳总部保护它们利益的承诺，还要求总部解决以往遗留的压货问题，让经销商轻装上阵。

正因如此，从雅芳取得试点资格以来，雅芳专卖店针对雅芳的“店铺 + 直销员”模式的反对和抗议活动就从来没有停止过，退货、补偿之声此起彼伏。这对雅芳而言，无疑是个挑战。自 1998 年雅芳由“雅芳小姐”转型到“店铺经营”后，雅芳中国 70% 的收入都来自于雅芳专卖店之手。这些经销商是雅芳第一次转型成功的最大功臣，也是雅芳得以生存的根基。专卖店至今仍对雅芳具有举足轻重的作用，而“店铺 + 直销员”的模式无疑伤了这些功臣的心。它们动摇、转行或者抗议，使得雅芳军心动荡、人心不稳，表现在业绩上就是雅芳销售收入和利润的同步下滑。

雅芳曾经做出过“维护现有专卖店体系不变”和“维持专卖店原有业务不变”的承诺，同时将保健品和内衣通过专卖店渠道专售，并且增加收费美容项目使之成为专卖店一个新的利润增长点，力图说服专卖店经销商们，专卖店渠道将比直销拥有更强的竞争力。但是，店铺经营和直销之间的矛盾是客观存在的。根据雅芳所公布的试点方案，专家认为，雅芳在推行“店铺 + 直销员”模式中仍将面临三个难题。

难题一：雅芳的试点方案采用单层计酬模式。单层计酬的直销方式与传统直销有根本性差别。1990 年雅芳刚进入中国市场时采用的是金字塔形的多层直销方式，靠发展下线来获利，类似于通常所说的传销，只不过一般的传销完全摆脱了对产品的依赖，变成了“拉人头”的骗局，而雅芳有自己优质的品牌产品。多层次的直销薪酬体系对销售人员具有极大的吸引力，如果采取单层计酬模式，对直销人员就会毫无吸引力，雅芳能否招聘到理想的直销队伍就是一个未知数了。

难题二：直销人员没有与消费者建立联系的有效渠道。雅芳的直销人员如何迅速地找出有效的客户并把产品送到客户手中是一大难题。如果靠直销人员一对一地发展客户，则成本巨大无比，甚至可能会亏本。通过客服中心或公司网站倒是与客户建立联系的有效渠道，但这样一来直销人员可能就变成了送货员，原来的奖励机制就完全失效了。这已经不是原来意义上的直销了。

难题三：雅芳的直销方式与原来经销商会发生直接冲突。直销的最大好处是减少中间流通环节，降低成本，以低价吸引消费者。然而，如果雅芳的直销产品价格低于经销商的售价，雅芳经销商的生意肯定会受影响。经销商的损失该如何处理呢？如果两者售价相同，则意味着雅芳可能在直销中获取了超额利润，失信于消费者。雅芳现在该如何处理与 6400 多家专卖店、1700 多个专柜之间的关系呢？

资料来源：德全，“雅芳直销能走多远”，《市场导论》，2005 年第 5 期。

5.2 渠道冲突形成的原因

冲突的根源在于渠道成员之间与生俱来的相互依赖性，如果成员之间的相互依赖性越强，那么在实现目标时受到其他渠道成员干涉的机会就越多，产生冲突的可能性也就会越大。一般而言，适度的冲突是一种强大的推动力量，迫使管理层积极地审视管理工作，想方设法提高其活动效率。但是过多的冲突不利于渠道系统的和谐发展，甚至有可能产生灾难性的后果，给企业造成无法弥补的损失。因此，在渠道成员之间存在矛盾时，管理者应该采取相应的措施解决冲突。

5.2.1 渠道冲突的根源①

导致渠道成员之间的冲突原因很多，最基本的可以归纳为以下几个方面。

1. 渠道成员目标不一

渠道中的每一个成员都会有自己独特的，而且常常是与其他成员不一致的目标，这就可能产生冲突。目标不一是引起渠道冲突的最普遍、最常见的原因。渠道成员中的供应商与经销商至少在财务目标、市场覆盖目标和经营的产品线目标等方面存在差异。

2. 观念上的差异

面对同样的市场环境，渠道成员所关注的焦点往往是不同的。厂商和上游供应商更倾向于关注其产品的制造和分销过程，而处于下游的经销商则更关注自己的功能和消费者的反应。

3. 期望上的差异

这里所说的期望包括两个方面的含义：一是对环境条件的预期。如果厂商对外部经济趋势和市场发展的预期比较乐观，而经销商比较悲观，则厂商自然会要求经销商销售更多的产品，而经销商则可能拒绝厂商的要求。二是指一个渠道成员对于其他成员行为的预期。如果一个渠道成员对其他渠道成员可能采取行为的预期错误，其也会采取错误的行为。

---

① 胡介埙：《分销渠道管理》，东北财经大学出版社 2012 年第 2 版。

4. 角色不相称

渠道中的每一个成员对于自己和其他渠道成员究竟“应该做什么”和“应该怎样做”产生差异时，渠道冲突自然就发生了。首先，如果某一渠道成员未能承担起其他渠道成员认为他应该起到的功能，如售前售后服务、存货功能时，渠道冲突就不可避免。其次，某些渠道成员的角色模糊不清时，渠道成员间的功能就会重叠，既造成渠道资源的浪费，又容易引起投机机会。凡是有利可图和容易做的事就抢着做，而无利可图又难做的事相互推脱。不管哪一种情形，渠道冲突都会发生。

5. 争夺稀缺资源

供应商和经销商如果都试图占有更多的稀缺资源，也会引起渠道冲突。如厂商为了保证自己的礼仪，总是试图把市场上那些规模大、业绩好的零售商保留做为自己的直销客户，以便加以重点控制。但各类经销商自然反对这样做，认为不公平。这样就难免发生冲突。

6. 对决策权认识的误区

渠道成员都会试图谋求自己拥有更多的决策权，所以，在像特许经营这样的渠道中，特许合同会非常明确地规定渠道各方所拥有的决策权力。但是，在那些传统的、由独立公司所组成的松散的渠道中，每个渠道常规能源都会试图获得更多的决策权。因此，决策权往往是有争议的。在涉及究竟哪个渠道成员拥有制定这一决策的权力时，常常引发冲突。

7. 沟通上的障碍

渠道成员之间的紧密合作需要渠道成员之间经常而良好的沟通。如果沟通中存在障碍，则原本良好的合作关系也会迅速转化为冲突。

5.2.2 渠道冲突的直接原因

1. 价格或折扣的原因

这是引起冲突的最常见原因之一。制造商常抱怨分销商的销售价格过高或过低，从而影响其产品形象与定位；而分销商则抱怨制造商给自己的价格无利可图。折扣是渠道政策中比较常用的一种，企业总是希望尽可能地实现自己的利润目标，而只给分销商以较低的折扣率；而分销商也要求利润最大化，因而要求企业给予更优惠的条件和更高的折扣率，冲突也由此产生。

2. 存货水平

由于季节性原因，企业产品的销售往往存在淡旺季的问题。如北方市场的冷饮、空调等，在旺季时，分销商往往要求企业大量供货，提供供货保证，缩短供货周期，以防止产品的“脱销”。而在淡季时，企业则往往要求分销商多囤货，因为这样既能占用分销商的资金，防止竞争性产品进入，又为旺季实现高铺货率、占领市场做好准备。而此时分销商则不愿意投入资金进行大量的存货，而是希望将资金投入到其他热销产品的经营中，以获取更大的利润，厂商与分销商之间的矛盾也由此产生。

3. 大客户原因

制造商与分销商之间存在着的持续不断的矛盾来源是制造商与最终用户建立的直接购销关系。这些直接用户通常是大用户，交易量大，是企业的重要客户资源。而且工业品市场需求的 80/20 规则非常明显，分销商担心其大客户直接向制造商购买而威胁分销商自身的生存，从而产生了冲突。

4. 销售回款

在渠道管理中，企业往往希望分销商尽快回款，以加快资金的周转，同时缓解企业的资金压力；而分销商则希望尽量延期付款，最好等到其下一级分销商回款之后再付款，以便使自己承担的风险最低。通常的情况是，企业的分销商都是在支付定金或在完全依靠信用的基础上，先行提货，待货物售出后，再付清全部货款。但总分销商通常又以同样的方式将货物转让给其下级分销商，依此类推，构成了一个很长的回款链条，使货款很难付清。而且一旦链条中的某一个环节出现了问题，都会把风险转移给制造商，从而使企业蒙受损失。

5. 技术咨询与服务问题

分销商不能提供良好的技术咨询和服务，因而常被制造商作为采用直接销售方式的重要理由。对某些用户来说，一些技术标准比较固定的产品，仍需要通过技术咨询来选择最适合其产品性能的渠道。

6. 分销商经营竞争对手产品

制造商显然不希望它的分销商同时经营竞争企业同样的产品线。尤其在当前的工业品市场上，用户对品牌的忠诚度并不高，经营第二产品线会给制造商带来较大的竞争压力。另一方面，分销商常常希望经营第二甚至第三产品线，以扩大其经营规模，并免受制造商的控制。

7. 渠道调整

由于市场环境的变化或者企业分销目标的调整，企业有时不得不对分销系统进行调整，如对分销系统成员的增加、减少或者更换。其中，增加渠道成员可能会引起现有成员的不满，而减少渠道成员则可能导致渠道忠诚度的降低，从而诱发渠道冲突。

8. 渠道的控制与反控制

分销渠道中，渠道控制权将最终取决于各成员渠道实力的大小，实力相对较大的一方将能够获得对整个渠道的控制，而处于被控制的一方又会千方百计地增强自身的渠道权力来与之抗衡。由于厂商之间渠道权力分布的不均衡，渠道的控制与反控制便永远不会停止，从而导致冲突。

5.3 化解渠道冲突的方法

渠道冲突的存在是一个客观事实，不能消灭，不能根除，只能辩证分析，区别对待。要知道，并非所有的冲突都会降低渠道效率。低水平的渠道冲突可能对分销效率无任何影响，中等水平的渠道冲突有可能会提高渠道的分销效率，而高水平的渠道冲突才会降低渠道的分销效率。适当冲突的存在会增强渠道成员的忧患意识，刺激渠道成员的创新。例如，尽管多渠道销售产品会增加产生冲突的可能性，然而这一策略也可能使各渠道之间互相竞争，从而带来销售额的最大化，使顾客购买更加便利以及迫使渠道成员不断创新。所以，我们应该把渠道冲突控制在一个适当的可控范围之内，善加利用。同时，坚决制止会导致渠道成员关系破裂的高水平渠道冲突。

当渠道成员发生冲突时，应当及时地分析渠道形成的原因、类型，以适宜的方法来处理，消除不良影响。

5.3.1 以共同的利益确立长期目标

渠道成员除了自己的局部利益外，可以找到渠道成员的共同利益，如生存、市场份额、高品质、消费者满意度等。这种情况经常发生在渠道面临外来威胁时，比如出现了强有力的竞争渠道、立法或政策的改变、消费者需求的改变等。紧密合作则能够战胜这些威胁，保护成员的共同利益，也为保护自己的局部利益打下了基础。通过对共同利益的共识，可以建立渠道成员长期目标，为共同的长远价值合作，而不是为短期局部利益斤斤计较。

5.3.2 沟通

保证渠道畅通的一个重要条件就是要实现渠道成员之间的良好沟通。因此，处理冲突的一个有效方法就是促进渠道成员之间的相互理解、信赖乃至紧密合作。渠道成员之间的沟通主要有以下两方面。

（1）信息沟通。在现代市场经济条件下，掌握信息的快慢、多少及其可靠程度往往关系到企业的生死存亡。因此，企业应建立相关的沟通机制，以实现渠道中的信息共享。

（2）人际沟通。一种比较有效的人际沟通方法发生在两个或两个以上的渠道成员之间。例如，制造商的管理人员可以派驻分销商处工作，而分销商的管理人员也可以在制造商营销部门工作。通过这种人员交换，能让交换的人员接触对方的工作和观点，从而增加双方的相互了解，更容易从对方的角度考虑问题。另一种有效的方法便是合作，这里的合作是指一个渠道成员为赢得其他成员的支持所做的努力，包括邀请他们参加咨询会议、董事会议等，使他们感到他们的建议被认真倾听并受到了高度重视。有效的合作能够减少冲突，因为这种合作可以促进信息沟通，达成一致的协议。

5.3.3 销售促进激励

要减少渠道成员的冲突，有时渠道的领导者不得不对其政策、计划进行折中，对以前的游戏规则进行修改。这些折中和修改，是为了激励成员，以物质利益刺激他们求大同、存小异，大事化小、小事化了，如价格折扣、数量折扣、付款信贷、按业绩的奖励制度、分销商成员的培训、成员的会议旅游等。

5.3.4 协商谈判

协商谈判是为解决冲突而进行的讨论沟通。成功的、富有艺术的协商谈判能够将原本可能中断的渠道关系引上新的成功之路。协商谈判是营销渠道中的常有之事。有效的谈判技巧是非常有用的，首先它是渠道成员自我保护和提高自己地位的手段。如果掌握了这一艺术，在面临冲突或解决问题时保持良好的关系的可能性就会大大增加，甚至许多对手也会因一次成功的谈判而成为长久的合作伙伴。

5.3.5　法律诉讼

当分销渠道中产生冲突时，一方成员可能会要求用法律手段来解决其合法权益所受到的侵害。比如在特许经营体系中，特许商认为特许总部不断新添的加盟商侵蚀了他们的利益，违反了加盟合同中的地理区域限定，这时就很可能采用法律手段来解决这一问题。当一方成员向有管辖权的法院起诉时，另一方就必须应诉。由于法律诉讼有一定的强制性，在解决矛盾时，双方成员关系紧张，有伤和气，导致双方的冲突不断增加，使关系日益恶化。因此，法律诉讼只能是解决冲突的最后选择。

5.3.6　退出营销渠道

解决冲突的最后一种方法就是退出该营销渠道。事实上，退出某一营销渠道是解决冲突的普遍方法。一个企图退出渠道的企业应该要么为自己留条后路，要么愿意改变其根本不能实现的业务目标。若一个公司想继续从事原行业，必须有其他可供选择的渠道。对于该公司而言，可供选择的渠道成本至少不应比现在大，或者它愿意花更大的成本避免现有矛盾。当水平性或垂直性冲突处在不可调和的情况下时，退出是一种可取的办法。从现有渠道中退出可能意味着中断与某个或某些渠道成员的合同关系。

5.4　窜货管理

5.4.1　窜货的概念及类型

窜货又称倒货或冲货，是经销网络中的公司分支机构或中间商受到利益驱动，使所经销的产品跨地区销售，造成市场价格混乱，从而使其他经销商对产品失去信心，消费者对品牌失去信任的营销现象。

按窜货的性质来划分，可以分为恶性窜货、自然性窜货和良性窜货。

恶性窜货是指经销商为谋取非正常利润，蓄意向非辖区倾销货物。恶性窜货给企业造成的危害是巨大的：搞乱了通路价格体系，使得通路利润大大下降，经销商没有积极性，企业辛辛苦苦建立起来的销售网络毁于一旦。

企业还必须警惕另一种更为恶劣的窜货现象：经销商销售假冒伪劣产品。假冒伪劣产品以其超低的价格诱惑着销售商铤而走险。销售商往往将假冒伪劣产品与正规渠道的产品混在一起销售，掠夺合法产品的市场份额，或者直接以低于市场价的价格进行倾销，打击了其他经销商对品牌的信心。

良性窜货是指企业在市场开发初期，有意或无意地选中了流通性较强的市场中的经销商，使其产品流向非重要经营区域或空白市场的现象。例如，某企业通路规划中以中原区域为精耕细作区，在河北廊坊（流通型市场）选一家经销商，结果该区域的产品销售量流向东北及辽西、内蒙古等区域。于是，企业在可以增加销售量的绝对值的同时，还可以节省运输成本；并在空白市场没投入一分钱的情况下就提高了产品品牌的知名度，但通路价格体系处于自然形态，等到重点经营时再进行整合。

自然性窜货指经销商在获取正常利润的同时，无意中向自己辖区以外的市场倾销产品的行为。这种情形一般不可避免，只要有市场的分割，就会有此类窜货。它主要表现为相邻辖区的边界附近互相窜货，或是在流通型市场上，产品随物流走向而倾销到其他地区。

【阅读资料5-2】 诺基亚“窜货”门风波

诺基亚对手机产品制定分区域销售原则，如果本地经销商对代理的手机进行跨区域销售，这种交叉销售行为即属于“窜货”。从2008年开始，诺基亚开始对销售“窜货”的经销商进行处罚，引起一些经销商的强烈不满。

“窜货”商是一群活跃于诺基亚销售网络中的特殊群体，它们嗅觉灵敏，以投机出名，同一款货，只要看到哪个区域有差价，便利用发达的物流系统迅速将货转移到当地销售，赚取其中的差价。而正是这种被称为“窜货”的行为，违反了诺基亚禁止跨区域销售的渠道管理规定。

其实，在很多行业，“窜货”的行为都由来已久，厂商们由于要控制产品利润的流失，往往会对“窜货”行为实行相应的管控。不过，生产厂商和经销商之间通常有着微妙的关系，强势的一方往往掌握着话语权，“窜货”在这时候也变成了一把双刃剑，弱势的厂商往往会对经销商“窜货”睁一只眼闭一只眼，毕竟“窜货”也可帮助它们增加市场的占有率。

不过，诺基亚却不同，这些年，它几乎占据了中国手机业的半壁江山，根据诺基亚的财报和赛迪的分析，它至少占到40%的市场份额，是排在第二名的三星公司的两倍之多，这也是它打击“窜货”的一个充足理由。

根据经销商们的说法，几年前，诺基亚对于“窜货”的处罚还比较温和，“罚款额度不高，每台机器只罚几百元，再加上那时手机利润也比现在高，大家普遍遵守诺基亚制定的游戏规则”，而近一两年，罚款额度逐年提高，从三四千元到六七千元，乃至一万元……开始时，他们只是心怀不满，也不敢公开叫板诺基亚，毕竟要靠对方吃饭，然而随着手机业的竞争越来越激烈，“卖手机就像卖大白菜一样”，利润越来越低，经销商们终于坐不住了。

诺基亚经销商刘洪就因为不堪巨大的“窜货”罚款压力，退出了售卖诺基亚手机的行列。他说，2008年第二季度，他共得到销售返利18万元，但与返利同时光顾的还有高达38万元的罚单，一下子倒欠上级经销商20万元，后经申请退还了18万元，现在账户上还欠着2万元。

山东济南的40多名经销商干脆打出“拒卖诺基亚”的抗议口号。此后，上海、杭州、长沙等地部分经销商也加入了拒卖诺基亚的行列。

一时间，这家公众形象向来良好的跨国巨头面临一场前所未有的渠道危机，这也是国内手机市场首次出现经销商与厂商公开的大规模冲突。不过，对于这场“起义”，诺基亚始终给人以“泰山崩于前而色不变”的强势姿态，不与经销商进行任何形式的谈判。直到8月4日，就在诺基亚在北京召开全国经销商大会的同时，数名对诺基亚渠道政策不满的经销商向有关部门举报诺基亚涉嫌价格垄断及偷税漏税，才引起了诺基亚的警觉。次日，诺基亚便向社会发布一份声明，称这些经销商对诺基亚的指控毫无根据，实属不负责任的编造。

“窜货”潜规则

有意思的是，经销商们一边跟“老东家”打得不可开交，一边为诺基亚手机给他们带来的销量而激动，就在接受《南都周刊》记者采访的现场，一些经销商的手机每隔几分钟就响起“什么货、什么价格、多少台?”手机价格每时每刻都在变，现在想要赚钱，就要争分夺秒，反应迅速才行。

经销商们心里很清楚，他们并不是要扳倒诺基亚，也知道扳不倒诺基亚。“诺基亚太大了，只想诺基亚和我们沟通一下，想出一个办法来解决问题。”刘洪说：“有时候客户指明要诺基亚手机，不做诺基亚的生意还不行。”然而，高额的“窜货”罚款却令他们陷入了困境，既不能放弃又不愿被“盘剥”，所以不得不使出浑身解数出来反抗。

所谓“违反《反垄断法》和存在偷税漏税行为”，就是他们挖空心思想出来的两个武器，“如果能有钱赚，不影响生计，我们也不会闲着没事儿出来打官司，实在是被逼无奈。”刘洪说。而且，在他看来，诺基亚手机“窜货”也并非经销商造成的，诺基亚过于强势的渠道政策才是问题的根本，有时候他们是被诺基亚和市场共同逼“良”为“娼”，把他们从经销商推向了“窜货”商。

诺基亚的多元化渠道被认为是手机厂商中最复杂的，也是诺基亚在中国制胜的武器。它的划分包括：全国代理商是诺基亚部分机型的全国各级代理分销商；省级直控分销商是诺基亚其他部分机型的省级资金物流平台；指定二级代理商是诺基亚指定的国代商和省代商的下家，负责向乡镇农村市场分销；还有直供零售商，比如国美、苏宁等。另外，诺基亚专卖店和省级移动定制的机型也是两个单独的渠道。

按道理，如此脉络清晰的渠道管理，应该不会发生“窜货”，然而事实并非如此。根据刘洪的讲述，在诺基亚与代理商的交易中，如果经销商能完成当月规定的销售量，就能拿到相应的返利，然而，近两年市场竞争越来越惨烈，诺基亚向经销商压的任务也越来越重，所以一到月底，没完成任务的经销商会想方设法从各种渠道出货，比如亏本出货或向其他区域低价甩货，“窜货”便自然而然地发生了。

除此之外，还有一种“窜货”，钻的是价格保护的空子。诺基亚对于代理商刚拿到的手机，提供四周的价格保护期。期间，如果遇到诺基亚调价，代理商可获得相应的价格补偿。一些经销商往往对猜测诺基亚在保护期内是否调价乐此不疲，他们一旦认为某款手机即将降价，便会预先低价甚至亏本向各个区域市场甩货。如果猜对了调价，他们就可以从诺基亚的调价补偿中赚得一笔差价，这被业内称作“赌价保”。这同样也就造成了“窜货”。

“只要有差价，就会有窜货，这是市场规律。”然而一旦被发现“窜货”，经销商们就会收到诺基亚的罚款单，并且，为了保证收缴罚款的便利，诺基亚也采取了相应措施。经销商们透露，如果想成为诺基亚的经销商，就必须承担三个风险——先打货款，后打返点，还要承担窜货罚款。完不成任务量就拿不到返点，就算拿到返点也不能返回自己手里，而是直接冲抵下个月货款，而发现有“窜货”行为，罚款从返点中直接扣除，有时候返点甚至不足以交罚款，就从下个月的货款中扣除。因此，很多不堪忍受罚款重压的经销商只得退出诺基亚经销商的行列。

萎缩的利润

一些以“窜货”为生的、规模较小的经销商也向记者表达了他们朴素而简单的逻辑，认为“窜货”其实是福泽了消费者，可以用更低的价格买到更好的产品。

然而，对于一家庞大的世界级公司来说，事情却远非这么简单，诺基亚也有它的苦衷和理由，它需要较高的利润来维持运行，需要更多的投入继续保持它作为通讯技术和市场引领者的地位。再加上，诺基亚2009财年第二季度财报显示，公司未能摆脱全球经济不景气对手机业的冲击，当期实现净利润3.8亿欧元（约合5.35亿美元），同比大幅下降66%。而同期手机出货量为1.032亿部，同比下降15%，压力之大可想而知。

这种压力简单传导到渠道中去，再加上行业利润空间的不断萎缩，最终引爆了这场渠道经销商与强势厂商之间的利益之争。

资料来源：《南都周刊》2009年8月13日。

5.4.2 窜货的原因

“窜货”，即“越区销售”，之所以非常普遍且屡禁不止，很大程度上在于利益驱使。跨区销售行为与市场发育程度具有十分密切的联系。一般来说，越是市场行情看好、销售量不断扩大的产品领域，越是可能发生跨区销售行为；市场容量越大，发生跨区销售行为的可能性也越大。跨区销售行为与厂家建立销售网络的目的是背道而驰的，它不仅会扰乱销售网络内部正常的市场行为秩序，而且最终会使销售网络毁于一旦。“越区销售”是由管理失控及以下几方面的原因造成的。

1. 价差

价差如流水，产品也总是从价格低的地区流向价格高的地区。生产企业如果存在价格体系控制问题，就有可能导致差价太大，主要存在以下价格差别。

（1）地区价差太大，使产品从价格低的地区流向价格高的地区。

（2）季节价差太大，导致一些代理商趁淡季屯货。

（3）调价前后的价差。价格变动前信息控制不严，造成一些经销商或者个人囤积货物，等涨价后，他再低价出货牟利。

（4）大小客户价差。大客户销量大，因此可以拿到更低价格。促销政策导致的价差，有些企业看似公平，但对不同市场促销返利太大，导致实际上的价差，使得代理商有价格操作空间。

2. 销售管理政策失误

（1）年销售目标任务过高，经销商和企业自己的区域销售经理和业务员都感到完不成任务，只有一起窜货，甚至贴现窜货。

（2）年终为完成销售任务，为了个人业绩，区域经理要求经销商压货，并以其他促销支持（变相降价）为条件，第二年经销商无奈窜货。

（3）商业单位奖励制度设置不合理，奖励随任务成几何基数增加时，导致经销商为拿奖励而窜货。

（4）年终返利太高，使商业单位为了年终的高额返利而铤而走险，大肆窜货。如果奖励采取货物方式，当代理商区域市场容量达到极限时，想套现，必然低价窜货。

3. 代理商、经销商和业务员缺乏诚信，想不劳而获，抢夺他人的利益

商业单位和业务员不讲信誉、缺乏诚信，缺乏职业道德，为了不费力气就拿到利润，不惜降低出货价，销到异地。尤其是销量大、终端促销做得好的地区。当资金困难需要套现时，也会不惜低价倾销。

5.4.3 窜货的控制

1. 调整营销策略

（1）产品策略。产品策略上企业可以考虑不同的销售区域采取不同的包装形式。通过对产品不同外包装的识别，可以在一定程度上控制窜货。实现产品外包装区域差异化的主要措施有：一是实行产品代码制；二是产品商标颜色差异化；三是通过文字标示，即在每种产品的外包装上印刷“专供某某地区销售”的字样。产品包装差异化能准确地监控产品的去向，使得经销商在窜货上会有所顾忌，不敢贸然行动。即使发生了窜货行为，企业可以追踪产品的来龙去脉，为企业处理窜货时间提供真凭实据。

（2）价格策略。建立完善、公正的价格体系是控制窜货最有效的手段，这是因为现实

中的窜货最容易由于价格存在利润空间而形成。一些企业在制定价格策略时，由于考虑不周，隐藏了许多可导致窜货的隐患。企业在制定价格时，可将销售网络内的经销商分为总经销商、二级批发商、三级零售商，分别制定总经销价、出厂价、批发价、团体批发价和零售价等。在确保销售网络中各个层次各个环节的经销商都能获得相应利润的前提下，根据经销商的出货对象，规定严格的价格，控制好每一层级的利润空间，以防止经销商跨越其中的某些环节进行窜货活动。

（3）促销策略。企业开展促销活动时要制定完善的具有持续激励作用的折扣、促销、返利等激励政策。制定现实的营销目标，没有必要急功近利，避免寄希望于巨奖、人海战术、广告轰炸等战术来打开市场。防止一促销就窜货，停止促销就销不动的局面发生。制定的促销政策应能协调厂商与各地总经销商之间的关系，为各地总经销商创造平等的经销环境。奖励措施应当充分考虑合理的促销目标、适度的奖励措施、促销时间的控制、严格的兑奖制度和市场监控，确保整个促销活动是在受控之下进行的，不会出现失控的现象。

（4）分销策略。合理的区域规划和专营政策也是控制窜货的一个有效措施。区域专营政策制定的关键是法律手段的完备。企业在制定专营政策时，要对跨区域销售做出明确的规定，制定相应的政策来约束相应的行为，并使其在法律上生效，产生法律效力。另外，还应认真考虑规划相关联的价格政策、返利政策等。实行专销商制度或成立地区销售公司也是可行的选择。

2. 强化渠道管理和市场维护

（1）严肃协议和惩罚措施，加强监督，提高窜货成本。用合同来约束总经销商的市场行为，在合同中明确加入“禁止跨区销售”的条款，将总经销商的销售活动严格限制在自己的市场区域之内。设立市场总监，建立市场巡视员工作制度，把制止跨区销售行为作为日常工作，常抓不懈。对发生跨区销售行为的总经销商按跨区销售行为的严重程度分别给予警告、停止广告支持、取消年终返利和取消经销权等处罚，对窜货行为起一个惩戒的作用。另外，还可以将业绩考核与窜货挂钩。

（2）实行助销、服务等支持，降低窜货收益。厂家多提供一些助销、售后服务等援助，解决经销商的后顾之忧。

（3）客情关系维护，提高忠诚度。定期拜访经销商，及时了解经销商的实际情况，及时沟通，做好客情关系的维护工作，提高经销商对厂家的忠诚度。

（4）建立有效畅通的信息反馈机制和物流信息系统，及时监控产品的流向，实施物流的监控和管理，减低窜货动因。

3. 加强营销队伍的建设与管理

营销队伍是营销制胜的保证与根本。为防止营销人员窜货，应加强营销队伍的建设与管理。严格人员招聘、选拔和培训制度，制定合理的绩效评估和酬赏制度，建立目标分解体系、责任区域和合理激励机制。引导建立经销商团队和协调沟通平台。厂商之间及时沟通，互相信任，共同塑造良好平等的销售环境。

【阅读资料 5-3】 窜货的控制

1. 弄清货物流向

弄清自己企业的产品的月份销量（注意：非回款量）。

弄清自己企业产品的季节、促销等销量变化情况。

彻底弄清自己企业的货物流向，这是分析市场潜力、增加销量和防止窜货的前提，也是开发二级市场优先顺序的依据之一。

计算自己产品的安全库存量，建议在采购时按照建议量采购，但同时注意季节变动情况。

弄清自己企业产品在同类产品中的市场份额，打压其他产品的进货量和扩大其进货周期。

控制好自己企业产品的价格体系。

通过以下几点弄清货物流向。

（1）通过经销商的采购、配送、批发人员来了解。

（2）通过经销商的可观人员来了解，或者到仓库去查。

（3）定期察看经销商的进销存账目。

（4）通过渠道促销活动掌握批发（非连锁配送）货物流向。

（5）通过物流流向费用、准确上报物流及时发货、送给经销商最新的货物进销存管理设备和软件来查看。

2. 合理划分区域和市场

改变原来的销售区域，方法有以下三点。

(1) 按照商圈划分市场区域。目前，大多数生产企业在大多数情况下市场区域划分时都是采用商圈和行政区划重叠的方式，习惯成了自然，没有人对此提出质疑。企业市场区域的划分，做好考虑商圈的重复问题。例如，河南信阳、湖南岳阳商圈上属于武汉，如果硬要按照行政区划，窜货很难避免。

(2) 按照经销商（代理上）已经形成的网络覆盖实力范围划分。经销商在长期经营中已经形成了自己的覆盖网络范围，应该承认这一现实。通过多方协调、相互妥协，最后让双方认可新的区域，允许相互交叉覆盖。

(3) 按照渠道划分经销商。如批发、连锁及零售、超级大卖场。

3. 制定合理的价格政策

(1) 价格体系尽可能全国一致、大小一致，对于重点市场采取其他措施帮助，而不是价差。即使有价差，也应使两地价差的获利小于两地运输成本，尽量缩小价差。

(2) 尽可能制定统一的出货价和零售价，强力维护价格体系。

(3) 做好调价后的保密工作、安抚工作和解释说服工作，杜绝调价前囤货。一般在同一天内用正式文件通知，并给予适当比例（大家按照各自的销量和同一比例来配货）的原价货物，但必须按照提高后的价格卖出，保证给经销商得到补偿的利益。

(4) 不搞降价促销。

4. 制定合理的激励政策

年终返利不要呈几何基数增加，如果年终返利幅度大于正常销售利润水平时，代理商就可能窜货。一般应该低于5%。

年终奖励不奖货物。

激励不能变相降价或者本质上降价。

不给经销商直接操做广告，以防其用此费用降价。

多用过程返利，少用销量返利，比如铺货率、售点生动化全品项进货、安全库存、遵守区域销售、专销（不销竞品）、积极配送和守约付款等。过程返利既可以提高经销商的利润，从而扩大销售，又能防止经销商的不规范运作。并可以设置以下奖励：

(1) 铺货陈列奖。在产品入市阶段，厂家协同经销商主动出击，迅速将货物送达终端。同时，厂家根据铺货给予经销商以奖励作为适当的人力、运力补贴，并对经销商将产品陈列于最佳位置给予奖励。具体设定几个量化陈列指标予以定期与不定期考核。

（2）终端渠道维护奖。为避免经销商的货物滞留和基础工作滞后导致产品销量萎缩，厂家以“渠道维护奖”的形式激励经销商维护一个适合产品的有效、有适当规模的渠道网络。设定客情关系、定期拜访、POP传播等几个定量指标，予以定期或不定期考核。

（3）分销流向上报奖。按时上报每月分销流向。

（4）价格信誉奖。为了防止经销商窜货、乱价等不良行为，厂家在价格设计时设定了“价格信誉奖”，要求遵守价格规定出货，作为对经销商的管控。

（5）合理库存奖。厂家考虑到当地市场容量、运货周期、货物周转率和意外安全储量等因素，设立“合理库存奖”，鼓励经销商保持适合的数量与品种。

（6）经销商协作奖。为激励经销商的政策执行、广告与促销配合、信息反馈等设立协作奖，既强化了厂家与经销商的关系，又是淡化利益的一种有效手段。

5. 制定合理的目标任务

目标销售任务制定科学有依据，增加的销售目标任务要有增长点和具体增加销量的方法措施，保证代理商努力后在自己的区域内能完成，同时厂家业务经理协助经销商努力在自己的区域完成。不可盲目增加，一旦任务完不成时，经销商和业务经理都会想到用窜货的方法。年终不要给经销商压太多的货物。

6. 设立窜货保证金制度

让经销商拿出一定金额的钱作为不窜货保报证金，如果年终考核没有窜货，则给予高出银行利息两倍的利率，窜货则利率和保证金全部没收。可在年终奖励中拿出一部分作为保证金。

7. 设立市场秩序奖励基金

拿出一定金额基金，要求各经销商每笔回款都附有货流流向清单，流向清晰、进销存与流向和回款清晰、配合公司调查货物流向者，则给予物质奖励和精神奖励。

8. 加强监控力度

（1）采用模糊数码控制或者流水工号控制，便于查出货物流向。技术上，这些方法可以做到每盒货物、每件货、每批货物数码唯一，发货时通过电脑记录，举报后马上可以查出货物来源。

（2）采用特殊记号。比如在包装盒上画线、做特殊记号等。

（3）快速反应，有举报马上查处，辨明真伪。

9. 加强处罚力度

（1）当月处罚法。一般可以先不动声色，在下月回款后，拿出确凿证据，扣押窜货保证金和部分货款，并且在全国予以通报。

（2）年终模糊返点法。即暗返扣方式，返点的比例可以很高，也可以没有，大家事先设定执行标准。把这一做法事先公布，把窜货作为考核的最重要指标之一，并告知中间不通报，但年终返利时把窜货证据拿出，扣发的奖金扣回、降低信用等级等。

10. 加强教育引导

（1）自己业务经理心态调整。心态决定一切，自己耕耘好自己的市场才有收回。把控制窜货作为省级经理的考核指标之一。

（2）培养诚信意识，诚实做事与做人，抨击侵占他人劳动成果的做法。用各种手段教育经销商不要窜货。代理商只要一心想着窜货，就一定会有方法、途径窜出去；如果不想窜，就一定能控制住不窜货。

（3）协助经销商精耕细作、做深做透自己的市场，让销量从自己的市场产出。

资料来源：医药商务网 2010 年 4 月 11 日。

5.5　营销渠道战略联盟

解决渠道冲突的根本办法是建立营销渠道战略联盟，渠道成员通过一定的形式结成战略合作伙伴关系，通过关系型营销渠道——联盟体，渠道成员之间互相信任、及时沟通、信息共享，从根本上解决渠道冲突问题，这是解决渠道冲突的长远战略。

为改善生产商与中间商的关系，不少大型企业正在致力于建立和加强产销之间的战略联盟，将分销渠道内部的博弈转变成共同对外的市场博弈。所谓产销战略联盟，是指处于同一分销渠道的两方或多方成员（供应商与中间商）之间通过签订协议的方式，形成风险—利益联盟集团，按照商定的分销策略和游戏规则，共同开发市场，共同承担市场责任和风险，共同管理和规范销售行为，并共同分享销售利润的一种战略。这里所指的供应商，是指渠道经销商的概念，可以是制造商，也可以包括制造商的供应商；而中间商则是指分销渠道中的各类中间商。

5.5.1 产销战略联盟的特征

为适应激烈竞争和谋求长期利益而建立的产销战略联盟具有以下特征。

1. 产销战略联盟是一种关系营销

过去企业采用的分销方式，是一种传统的交易营销，供应商在顾客服务和发展与保持顾客忠诚度方面不够重视。而中间商也主要是通过供应商之间的相互竞争以取得价格优势和供货的持续性。产销战略联盟则强调与中间商之间的相互合作和相互信任，通过系统和完整的销售、服务和信息反馈措施，使双方建立良好的关系。西方的有关营销管理书籍将产销战略联盟称为伙伴营销。传统分销方式与产销战略联盟分销方式的特点比较见表5－1。

表5－1 传统分销方式与联盟分销的特点比较

传统分销	联盟分销	传统分销	联盟分销
双方关系不稳定	关系稳定发展	追求每一次交易的获利	探索长期问题的解决
强调单个交易	强调多个交易	不断获取新顾客	争取保持现有顾客
合作时间较短	合作时间较长	双方信任程度低	双方信任程度高
满足顾客方式单一	满足顾客方式较多	双方合作内容少	双方合作内容多
重点在于一次性交易	重点在于中间商的忠诚度	双方信息反馈少	双方共享资源多
供应商的数量较多	供应商的数量较少		

2. 产销战略联盟具有长期性

之所以把产销战略联盟称为战略联盟，是因为这种联盟是从长远角度来协调供应商与中间商之间的关系。不同于交易营销中只重视一次性交易的得失，产销战略联盟强调长期的相互理解、相互尊重、经常联系、诚实反馈、荣辱与共、共同发展。按照美国战略管理大师迈克·波特的观点，分销状况反应的是买方与卖方讨价还价的能力，是企业战略竞争的五大因素之一，如果买卖双方长期合作，将给企业形成竞争优势。

3. 产销战略联盟是一种约束力较强的契约行为

传统的交易营销的分销渠道也是一种契约行为，但契约主要涉及每一次交易的权利和义务，契约的焦点在于以价格为核心的利益分割，契约涉及面窄，对双方的约束力也不够强，所以双方迫不得已履行合同或干脆不履行合同的情况经常发生。与此相反，产销战略联盟的契约涉及面较宽，双方或多方在自愿的基础上进行多方面、多层次的合作，契约对大家的约束力较强。

5.5.2 产销战略联盟的形式

产销战略联盟具有方式灵活、层次多样的特性，所以产销双方在实行联盟时有从低到高的多种形式。

1. 会员制

这是产销战略联盟的一种初级形式，各方通过协议形成一个俱乐部式的联盟，互相遵守游戏规则、互相协调、互相信任、互相帮助、共同发展。一般来说，生产企业为俱乐部的核心，负责制定游戏规则，而经销商是会员，可参与游戏规则的制定，产销双方均要遵守规则。根据企业之间的合作程度，会员制的形式可分为保证与特许专营两大类。

所谓保证会员制，是指销方企业向供方企业缴纳一定额度的保证金或签订具有较强约束力的保证协议，从而取得会员资格的一种形式。通常，供方企业实力比较强大，企业声誉好，其产品在市场上有较强的竞争力，且产品寿命周期较长。供方企业利用自己的优势，并通过销方完善的销售网络实现竞争优势。这种形式的会员制度具体又分为两种：一是保证金会员——当供方企业的产品供不应求时，供方企业往往会要求其分销渠道的成员交纳一定额度的保证金来获得销售其产品的资格。二是协议会员——在市场竞争激烈的情况下，如果供方企业要求销方企业交纳数额较大的保证金，有可能会导致销方企业转向自己的竞争对手，所以通常以协议形式来建立分销渠道中的联合关系。在协议型保证会员制中，供销双方企业主要的工作是制定保证协议。除无需保证金外，其运作方式与保证金会员制基本相同。

特许专营是指供方企业将自己的产品制作技术、无形资产、管理方式、经营诀窍以及教育培训方式等专门传授给销方企业，准许销方企业按照双方协议规定从事供方企业的同类行业的一种制度。特许专营的供方称为授权人或特许人，销方则称为接受人或者受许人。例如，麦当劳快餐连锁店就是这种形式的典型代表。

2. 销售代理制

该形式比会员制更具有紧密结合性和长期战略性。企业的分销渠道通常可采用经销或代理的方式，但作为产销联盟的一种销售代理制，与一般意义的销售代理相比有不同的特点。首先，作为产销战略联盟的销售代理制，一般是制造商的独家代理形式或地区的独家代理形式，而非联盟代理既可以是独家代理，也可以是多家代理。其次，产销战略联盟的销售代理制一般采用的是佣金代理形式，而非联盟代理可以是佣金代理，也可以是买断代理形式。再次，产销战略联盟的销售代理制的代理商与企业之间的代理协议约束力较强，涉及的内容较多，而非联盟代理协议的约束力较弱，涉及的条款内容较少。产销战略联盟的销售代理制下产销双方合作的期限较长，合同期限可长达 10 年以上，而非联盟代理的合作期限较短，通常 1 年续签一次合同。

3. 联营公司

这是更高层次的产销战略联盟。所谓联营公司，是指产销双方企业利用各自的优势以各种方式按照法律程序联合经营体制，这些方式包括合资、合作和相互持股等。形成联营公司的产销双方在利益上更趋向一致性，更具备共担风险、共享利益的特性，从而合作的基础也更牢固。

从产销战略联盟的角度来说，双方联营看中的是对方的生产优势或销售优势。联营公司通常有以下三种形式。

第一，合资经营。合资经营是指双方企业共同出资、共同经营、共同管理、共担风险和共享利润的一种联营形式。通过合资经营，双方可以把各自的优势资源投入到合资企业，从而使其发挥单独一家企业所无法发挥的作用。

第二，合作经营。合作经营是指合作双方按照契约规定履行义务与享受权利的一种联营形式。合作并不要求双方进行共同管理，但双方各自具有的优势是双方合作的前提。

第三，相互持股。相互持股是指供销双方企业为加强相互联系和合作，而持有对方一定数量股份的一种联营形式。这种战略联盟中的双方关系相对更加紧密，双方可以进行更为长期密切的合作，形成了“你中有我，我中有你”的关系。与合资经营不同的是双方资产、人员不进行合并。

产销战略联盟是竞争中的合作。合作与竞争是一对互相依存的矛盾，为了适应竞争，企业需要进行合作；在合作当中，又存在着竞争。产销战略联盟是开放体系中的一个系统，作为系统本身，产销战略联盟具有自己的稳定性，这就是成员之间的合作。因此，产销战略联盟更加强调竞争中的合作。

1997 年 11 月，格力在湖北成立了第一家湖北格力销售公司。该销售公司是以资产为纽带、以品牌为旗帜的区域性销售公司，由格力出资 200 万元控股，其余 4 家经销商——武汉“航天”“中南航运”“国防科工委”“省五金”各出资 160 万元组建而成，从而开创了独具一格的厂商合作的专业化销售道路。这种公司式的合伙关系可以消除厂家和商家为追求各自的利益而造成的冲突，厂家与商家结成利益共同体，共同致力于市场营销网络的运行效率，由于优势互补，减少重复服务而增加经营利润。

总体而言，渠道成员间的沟通越充分，在日常事务方面就越能紧密合作；反之，越是合作，就越能够增进渠道成员间的相互信任，它们在共同关心的诸如市场计划的制定等方面的问题上一起计划与工作，所以能够更快更牢固地建立起信任的基础。

本章习题

一、单选题

1. 下面属于水平渠道冲突的是（　　）。

A. 连锁店总公司与各分店之间的冲突　B. 某产品的制造商与零售商之间的冲突

C. 玩具批发商与制造商之间的冲突　D. 同一地区麦当劳各连锁分店之间的冲突

2. 在美国的芝加哥，一些福特汽车经销商对该城市的另外一些福特汽车经销商感到不满，埋怨他们在价格和广告方面过于进取。这种冲突属于（　　）。

A. 水平渠道冲突　B. 水平渠道竞争

C. 垂直渠道冲突　D. 渠道系统竞争

3. 玩具制造商想越过批发商直接销给玩具零售商，结果造成批发商不合作的现象叫（　　）。

A. 渠道竞争　B. 垂直渠道冲突

C. 水平渠道冲突　D. 水平渠道竞争

4. 在渠道面临外来威胁时，如出现了强有力的竞争渠道，渠道成员采取何种策略消除渠道冲突（　　）。

A. 激励　B. 沟通

C. 密切合作　　D. 协商谈判

5. 解决渠道冲突的根本办法是（　　）。

A. 退出营销渠道　　B. 以共同的利益确立长期目标

C. 法律诉讼　　D. 建立营销渠道战略联盟

二、多选题

1. 渠道冲突的种类繁多，其中按冲突主体的不同，可分为（　　）三种。

A. 厂商冲突　　B. 水平渠道冲突

C. 垂直渠道冲突　　D. 多渠道冲突

E. 经销商冲突

2. 产生渠道冲突的根源有（　　）。

A. 渠道成员目标不一　　B. 期望上的差异

C. 角色不相称　　D. 观念上的差异

E. 争夺稀缺资源

3. 产生渠道冲突的直接原因有（　　）。

A. 产品的价格或折扣　　B. 存货水平

C. 对大客户的争夺　　D. 观念上的差异

E. 争夺稀缺资源

4. 化解渠道冲突的方法有（　　）。

A. 沟通　　B. 销售促进激励

C. 协商谈判　　D. 法律诉讼

E. 政府调解

5. 产销战略联盟中联营公司形式有（　　）。

A. 合资经营　　B. 独立经营

C. 合作经营　　D. 相互持股

E. 收购与兼并

三、名词解释

1. 渠道冲突　2. 水平渠道冲突　3. 垂直渠道冲突　4. 窜货　5. 良性窜货

四、简答及论述题

1. 何谓垂直渠道冲突？

2. 营销渠道冲突产生的直接原因是什么？
3. 试论述窜货产生的原因。
4. 试论述产销战略联盟的特征。
5. 论述解决渠道冲突的方法。

案例讨论

格力与国美的渠道冲突与合作

2004 年 2 月底，成都国美为启动淡季空调市场，擅自将格力一款原本零售价为 1680 元的 1P 挂机降为 1000 元，原本零售价为 3650 元的 2P 柜机降为 2650 元。格力对被动卷入价格战十分不满，要求国美“立即终止低价销售行为和给个说法”，并决定停止向国美供货。3 月 9 日上午国美北京总部做出反应，发出了一份“关于清理格力空调库存的紧急通知”，要求国美各地分公司在 10 日中午 12 点之前将格力空调库存及业务清理完毕。从表面上看，双方争的是要不要降价的问题，但其根本上却是产品的进货渠道问题。家电生产企业的产品销售在不同时期有不同的路径，经过演变，从 20 世纪 90 年代末起基本有两种模式占主导地位：一种是产品从生产厂家出来，经过销售公司和分公司的分销，到零售商，最后到客户模式；另一种是产品从生产厂家出来，直接进入城市的连锁零售商，然后到客户的模式。格力和国美则分别是这两种模式的代表者。

格力从 20 世纪 90 年代中期开始就建立了当时深为各家电生产商羡慕的“格力渠道模式”。格力采取在每个省与当地经销商合资建立销售分公司的办法，将经销商的利益与自己利益捆绑在一起。格力生产总部统一对各省级销售公司发货，各省级销售公司再向一级经销商发货，这样一层管一层，销售路径十分清楚。这个模式在当时起到了积极作用，然而，随着连锁超市在城市的兴起和产品利润的不断降低，超市的直接采购开始改变着原来的销售通路。不经过分销商，直接从生产商那里进货，这就是国美要求的模式。帕勒咨询公司董事罗清启认为：“当前国美与格力的矛盾反映出中国家电目前渠道变革中的矛盾，更确切地说应该是中国一级家电市场中渠道变革的矛盾。格力是行业中渠道模式调整比较慢的一个，这场战争随着格力区域代理制的调整在不长的时间内将很快结束。另外，再有一到两年时间国美等连锁企业在全国的一级城市铺完自己的网络，渠道的战争将从大城市转移到二、三级市场，新连锁与制造品牌的矛盾不再是在渠道模式上，而是集中在供应链环节更改与对接上。”

十年后的2014年，国美与格力再次握手。“消费者需要格力空调，国美就要提供消费者想要的产品。”消费者需求，是国美打破与格力十年不合作僵局的原因所在，昔日傲慢的姿态已经变成了主动合作，向供应商索取返点的模式在改变。

与供应商修好，与对手展开合作，与地方商超合作。悄然间，国美正在低头。近20年来，国美、苏宁与各供应商一直都是采用合同制合作。供应商的销售返点加进场费，构成了国美的毛利率。国美走的是“商业地产物业管理模式”，只负责卖场统一的管理和营销，产品、销售都由厂家来做，国美不是经营产品，而是经营规模。

也是这种模式让国美、苏宁树立了强势的地位，延长账期、提升入场费用、强制打折等举措让供应商苦不堪言，当年格力撤出国美便是一个矛盾激化的典型。2004年，因不满国美擅自降低空调售价，格力从此从国美全国门店撤出，自建专卖店渠道，拒绝家电连锁业的“盘剥”。

没有永远的敌人，只有永远的利益。谁会想到，十年后的今天，会是“霸气”的国美主动与格力“重修旧好”。双方决定在渠道拓展、产品定制、市场推广、增值服务等方面全面展开深入合作，并且一同在节假日进行“空调大促销”。国美成为与格力战略合作的唯一连锁卖场，格力产品也逐渐从苏宁撤出。

修好背后，是国美在尝试向掌握定价权的“商品经营”模式转型。

思考讨论题

试分析格力与国美为什么会从冲突走向合作?

第 6 章

营销渠道中的信息与物流管理

本章导读

营销渠道功能的顺利实现离不开渠道中的信息管理和物流管理。本章首先介绍了渠道信息及其管理的相关内容；继而介绍了渠道物流管理的内容，包括物流的概念与特点，商品运输及主要的运输方式，商品的储存及养护的相关知识及配送中心的概念和功能等。通过本章的学习，可以使读者对营销渠道的信息管理和物流管理有一个较为全面地理解和认识，从而为以后学习和工作开拓思路。

知识结构图

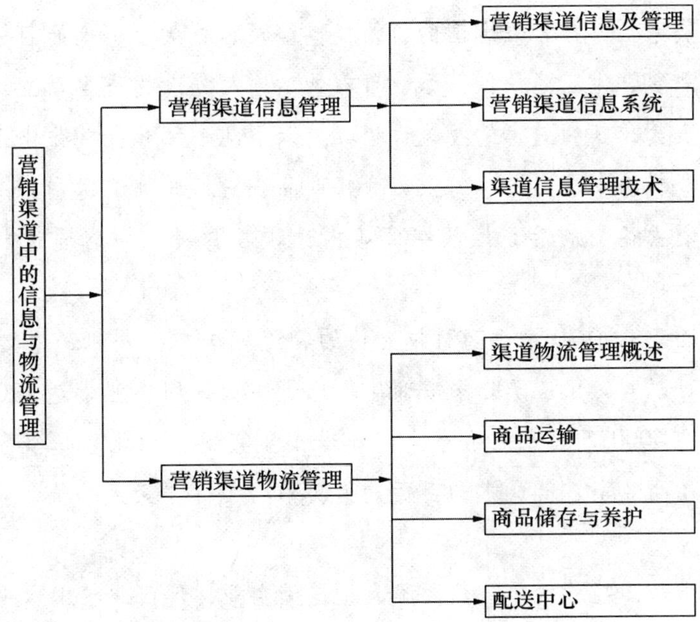

【开篇引例】 沃尔玛的信息系统与物流系统

沃尔玛所有的成功都是建立在其利用信息技术整合优势资源，信息技术与零售业整合的基础之上。通过采用最新的信息技术，沃尔玛将最古老的销售技巧与最现代化的高科技联系起来，使其能够以最低的成本、最优质的服务、最快速的管理反应进行全球运作，达到提高生产率和降低成本的目的。

沃尔玛在高科技和电子技术的运用方面，投入了大量资金，因此始终在这方面处于世界领先地位。沃尔玛投资4亿美元由美国休斯公司发射了一颗商用卫星，实现了全球联网。在全球的4000多家门店通过全球网络，可以在一小时内对每种商品的库存、上架、销售量全部盘点一遍。所以在沃尔玛的门市店，不会发生缺货情况。

目前，沃尔玛正在应用的信息系统主要由以下几个部分组成：企业资源管理系统、供应链管理系统、客户关系管理系统、数据库管理系统、联合预测补货系统、射频技术、RFID（Radio Frequency Identification）技术、有效客户反馈系统、快速反应系统、电子自动订货系统、销售时点数据系统、管理信息系统、自动补货系统、视频会议系统、公司卫星中心控制系统及电子数据交换技术等。

沃尔玛对物流的要求是以优质和高效的工作程序将商品运送到各个营运单位，及时地将商品陈列在货架上，并且以合理的价格提供给顾客。沃尔玛拥有百分之百完整的物流系统。由信息系统、供应商伙伴关系、可靠的运输及先进的全自动配送中心组成的完整物流系统遍布全美，其高效率的物流过程具有以下几个环节：首先由采购员向供货商采购商品，通过资料输入发出订单→供应商将商品统一地送到配送中心→配送中心经过处理之后由卡车运去各个商店，摆放在商店内让顾客购买→商店通过电脑系统要求补货。如此不断地循环。

沃尔玛在美国建立了70个由高科技支持的物流配送中心，配送中心面积一般在10万平方米左右，可以同时供应700多家商店。配送中心每周作业量达120万箱，每个月自理的货物金额在5000万美元左右。全部配送作业实现自动化，是当今公认最先进的配送中心，实现了高效率、低成本的目标，为沃尔玛实行“天天平价”提供了可靠的后勤保证。

零售业尤其是跨国经营的零售集团和大型连锁企业，现代化管理水平的提高主要依赖高科技的运用。信息收集和传播、销售数据、商品分类管理、库存和商品盘点、供应链的管理，都要靠高科技电子技术才能高效率地完成。大型零售商、跨国零售集团如何形成以最终需求为导向、以现代化交通和高科技信息网络为桥梁、以合理分布的配送中心为枢纽的完备的和现代化的物流配送系统，沃尔玛为我们上了生动的一课。

资料来源：改编自沃尔玛信息化案例介绍，http：//blog. sina. com. cn/s/blog_ 7efbbd5801015b74. html；沃尔玛成功方略，http：//finance. sina. com. cn/leadership/mqdgl/20070720/6213805262. shtml。

6.1 营销渠道信息管理

6.1.1 营销渠道信息及其管理

1. 营销渠道信息

企业在营销渠道中可以获取包括需求变化、竞争对手信息、产品生产技术发展趋势等多种与企业生产经营息息相关的信息资料，这些信息资料的获取、分析与运用是企业做出正确的生产经营决策的基础。营销渠道信息是指在特定时间和环境下，与企业的营销渠道相关的各种事物的现状、发展趋势及其对企业作用的综合表现。

这些信息资料主要包括以下方面。

（1）市场相关信息。

①市场需求信息。市场需求信息既包括市场总体现阶段对某产品的需求在质和量上的表现及对该产品需求未来变化的趋势，如用户对产品质量、品种规格、价格、需求数量、交货期的要求及其变化趋势等；也包括特定消费者群体对该产品特定的要求、使用后对产品的评价、需求的变化等信息。

②竞争信息。竞争信息主要包括市场总体竞争状况的信息和具体竞争对手及产品信息两个层面。市场总体竞争状况反应的是市场的总体竞争格局，如行业中企业的总数量、行业集中度等。然而，对于生产企业而言，更重要的是了解和掌握主要竞争对手的动向及其产品的相关信息。

③产品信息。产品信息是指有关产品的消息、情报、数据和知识等。产品信息包含的范围非常广泛，包括产品的产地信息、质量信息、价格信息、技术信息等很多方面。生产

企业要在市场上长期生存和发展，更要关注相关产品未来变化方向的信息。

④市场开发信息。企业的生存与发展是建立在目标市场基础上的，因此企业还应时刻关注目标市场的动向，捕捉与企业目标市场的发展和变化相关的信息。

⑤顾客档案信息。了解顾客是企业销售产品并使其成为长期客户的关键，企业为了销售的顺利达成及维护客户关系，就必须掌握顾客的相关信息，并合理的使用这些信息。

（2）营销渠道成员的信息。企业在选择和管理渠道成员时都需要掌握营销渠道成员的相关信息。这些渠道成员信息主要包括其市场覆盖范围、规模大小、分销经验、合作意愿、销售业绩、资信状况、服务能力等。

2. 营销渠道信息管理

营销渠道信息都是零散的存在于营销渠道的各个角落，企业要对这些信息进行管理，才能把这些信息变成能为企业决策提供依据的信息。营销渠道信息管理即企业对分散的渠道信息进行收集、整理及分析，使其成为企业决策依据的活动过程。

企业对营销渠道信息进行管理，是为企业有效地组织商品生产、分销，乃至整个市场营销活动提供真实、可靠、充分的信息资料。其作用主要表现在以下两个方面。

第一，为企业建立和管理营销渠道提供依据。企业在建立营销渠道时要选择渠道成员，营销渠道开始运行之后还需要对渠道成员进行管理，这就要求企业掌握有关营销渠道成员的各种信息，以保证企业营销渠道成员的选择和管理的高效性。渠道成员的信息通常包括营销渠道成员的市场覆盖范围、规模大小、分销经验、合作意愿、销售业绩、资信状况、服务能力等种种信息，全面了解这些信息才能充分掌握渠道成员的经营状况，以客观、公正的对渠道成员开展评估。

第二，为企业制定正确的生产经营决策提供依据。企业营销渠道信息涉及的范围广、数量大，因此营销渠道信息不仅仅用于企业营销渠道的建立和管理，还可以全方位地应用于企业生产经营的各个方面，如产品开发决策、定价决策、促销决策和服务决策等方面。

6.1.2 营销渠道信息系统

企业的营销渠道信息系统一般由硬件及网络、信息数据系统两部分构成。

1. 硬件及网络

营销渠道信息系统的硬件和网络是指营销渠道成员之间的计算机系统及网络的组合。

硬件及网络能够使企业所需的信息用电子处理方式在渠道成员之间进行传递。

营销渠道信息系统的硬件及网络部分主要包括制造商的硬件和网络、分销商的硬件和网络及交互式多媒体。交互式多媒体能将各种类型的信息转变为计算机语言，并通过电话线、光纤等简单的通道传送到电视或个人电脑上。

2. 信息数据系统

（1）内部报告系统。内部报告系统主要是指来自企业内部的信息，通过企业内部的财务系统、生产管理系统及销售信息系统等的结合形成内部报告系统。内部报告系统能为企业提供订货、库存、销售费用、现金流量、应收款、应付款等方面的数据。

（2）渠道调研系统。渠道调研系统包括情报系统和调查系统。情报系统是企业市场研究人员日常搜寻与企业生产经营相关的市场营销资料的来源和程序。情报的来源十分广泛，如书报、行业杂志、销售人员、经销商、行业统计年鉴及竞争对手等。调查系统是企业就开展营销活动所面临的某特定问题，收集相关信息的系统。通常，企业需要组织专门力量或委托企业外部的专业组织进行有关信息系统的搜集和整理。

（3）信息分析系统。信息分析系统是用一些先进的技术或方法对前期搜集的市场信息加以分析，以帮助企业制定更为适当的经营决策。信息分析常用的统计方法有相关分析、因果分析、趋势分析等。这些方法可以帮助企业分析和预测未来的经营状况及销售趋势，以便企业做出正确的生产经营决策。

6.1.3　渠道信息管理技术

1. 电子数据交换技术（Electronic Data Interchange，EDI）

（1）EDI 的含义。EDI 即电子数据交换。美国国家标准局 EDI 标准委员会对 EDI 的定义是："EDI 是在相互独立的组织机构之间所进行的标准格式、非模糊的具有商业或战略意义的信息的传输。"联合国 EDIFACT 培训指南对 EDI 的定义是："EDI 是在最少的人工干预下，在贸易伙伴的计算机应用系统之间的标准格式数据的交换。"

EDI 是通过电子方式，采用标准化的格式，利用计算机网络进行结构化数据的传输和交换。EDI 将贸易、运输、保险、银行和海关等行业的信息，用标准格式，通过计算机通信网络，使有关部门和企业之间进行数据处理与交换，并完成以贸易为中心的全部业务过程。

（2）EDI 的优点。

①节约时间。采用了 EDI 技术后，在国际间发送一份电子文件通常只需几秒钟，数据也能得到立即处理，生产和流通周期大大缩短，减少了库存成本。EDI 实现了数据标准化及计算机自动识别和处理，消除了人工干预和错误。

②降低成本。采用 EDI 技术可以节约纸张，缩短生产和流通周期，节约库存成本等，因此可以大大地降低生产和流通成本。联合国组织的一次调查显示，一次进出口贸易，双方平均交换 200 份左右文件，其纸张、行文、打印及差错可能引起的总开销等大约为货物价格的 7%。据统计，美国通用汽车公司采用 EDI 后，每生产一辆汽车可节约成本 250 美元。

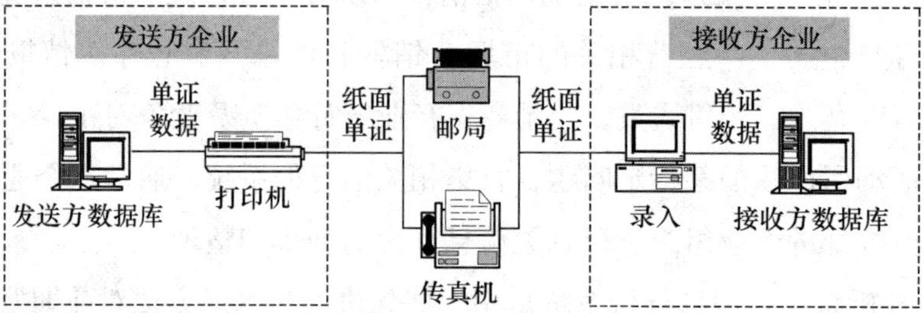

图 6－1　手工条件下的贸易单证传递方式

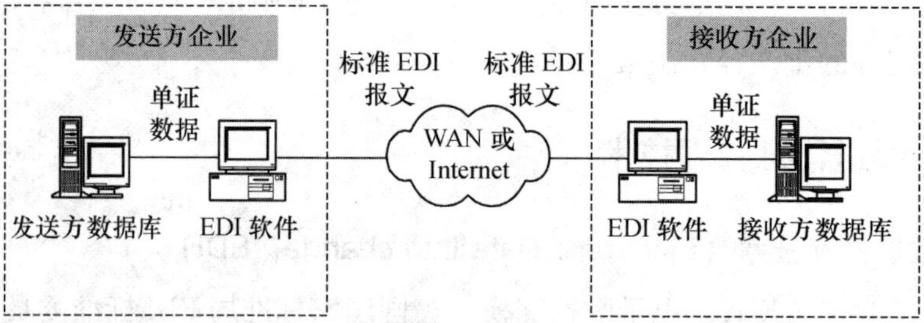

图 6－2　EDI 条件下的贸易单证传递方式

③改善贸易双方关系。提高客户服务水平。EDI 是一种改善对客户服务的手段，贸易各方之间便捷的数据交换巩固了贸易伙伴之间的关系，提高了办事效率，加快了对客户需求的反应。

（3）EDI 系统的构成。

①数据标准。EDI 标准是国际上制订的电子数据交换共同标准，可以使各组织之间的不同文件格式通过共同的标准，获得彼此之间文件交换的目的。EDIFACT 是由联合国欧洲

经济委员会（UN/ECE）制定颁布的《行政、商业和运输用电子数据交换规则》的英文缩写，是目前较为通用的EDI国际标准。

②EDI软件和硬件。EDI软件将用户数据库系统中的信息翻译成EDI的标准格式，以供传输交换。EDI软件主要包括转换软件、翻译软件、通信软件。构成EDI系统的硬件设备主要有计算机应用系统、调制解调器及电话线。

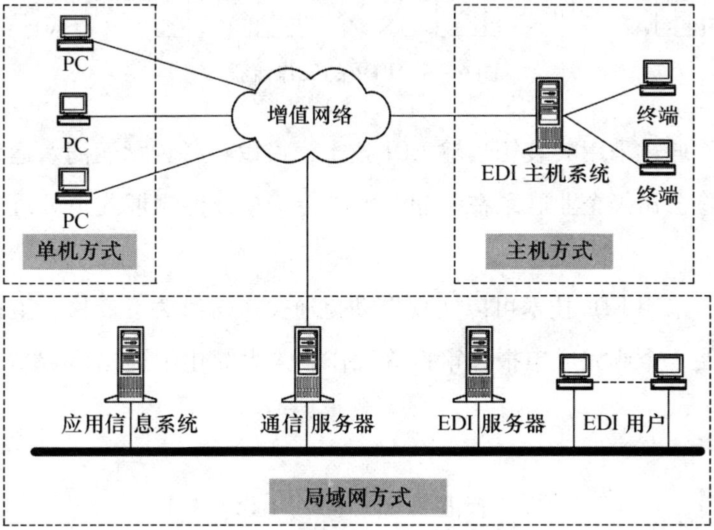

图6-3　局域网方式下的EDI结构

③通信网络。通信网络是实现EDI的手段。EDI通信方式有多种，目前常见的主要有点对点方式、一点对多点方式、多点对多点方式和增值网络方式。点对点方式即EDI按照约定的格式，通过通信网络进行信息的传递和终端处理，完成相互的业务交往。早期的EDI通信一般都采用此方式，但当EDI用户的贸易伙伴数量很多时，这种方式很费时间，这时就可以选择一点对多点方式或多点对多点方式。增值网络方式是增值数据业务公司利用已有的计算机与通信网络设备，增加EDI的服务功能。VADS公司提供给EDI用户的服务主要是租用信箱及协议转换。

（4）EDI的应用。

20世纪90年代初，EDI主要应用于国际贸易。目前，EDI在各行各业都得到了广泛的应用，如商检、税务、邮电、铁路、银行等领域。

在贸易领域，EDI技术可以将各个贸易伙伴之间的供应、生产、销售、物流等有机地结合起来，使这些企业节约成本，利润获得大幅提升。贸易领域的EDI业务适用于那些规模较大、具有良好计算机管理基础的制造商和销售商。

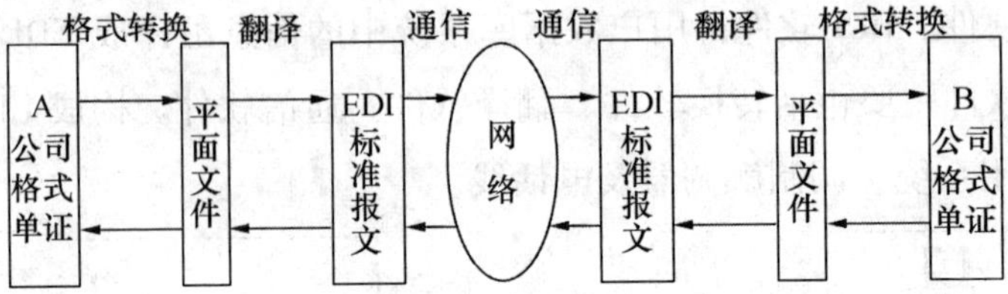

图6-4 EDI的工作流程

在运输领域，通过采用集装箱运输EDI技术，可以将各种承运商、运输代理商、港口码头、仓库、保险公司等企业联系在一起，解决传统单证传输模式下处理时间长、效率低下等问题。

在外贸领域，采用EDI技术可以实现自动化通关，将海关、商检、卫检部门与企业紧密地联系起来，便于企业完成申报、审批等工作，大大简化了进出口贸易程序，提高了货物通关的速度。

【阅读资料6-1】 香港Trade link/CETS

Tradelink是由6个与贸易相关的大公司组成的合作体，成立于1989年，目的在于推动EDI在香港的使用和发展，其EDI系统名称为CETS（Community Electronic Trading System），是在UN/EDIFACT报文标准上开发的世界上第一个主要的EDI系统。CETS开发的第一阶段始于1988年，初期由Tradelink投资1400万港币，该阶段于1989年9月完成。之后，Tradelink又向政府部门提交了进一步发展EDI的提议，于是1990年3月开始了第二阶段工作，该阶段被称为SPEDI（Shared Project for EDI），由政府和Tradelink共同投资900万港币。

国外在推行EDI过程中，多是政府出面，或是由一些中立组织、港口、海关牵头，成立专门机构，进行组织协调，并制定有关EDI的专门法律，作为推行EDI的法律保障。例如，新加坡港推行EDI到“必行”阶段时，如企业仍不采用EDI，港口对其进出港箱货采取罚款措施，到“封闭”阶段，如还不采用EDI，则不允许其集装箱进出港口；澳大利亚的悉尼港，海关对采用EDI报关的不另外收取费用，而对采用纸面单证报关的则收取附加费用，并规定用户的文件需按海关提供的格式标准化后，才能把信息传输到海关。可见，这些国家在推行 EDI 时，都把港口和海关等卡口作为强制的制约手段。

资料来源：节选自 http：//www. ciotimes. com/industry/dz/electron20100106641. html。

2. 电子自动订货系统（Electronic Ordering System，EOS）

（1）EOS 的含义

EOS 即电子订货系统，是不同组织间利用通信网络和终端设备，以在线连接方式进行订货作业与订货信息交换的体系。EOS 能处理从新产品资料的说明直到会计结算等所有商品交易过程中的作业，涵盖了整个物流过程。

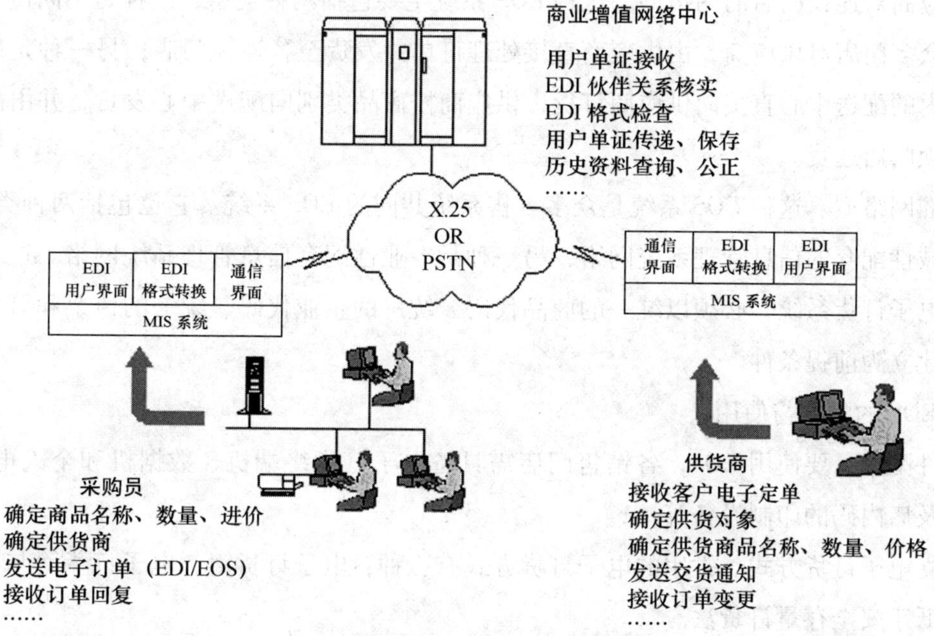

图 6－5 电子订货系统

（2）EOS 的组成。

EOS 系统是指企业间利用通信网络和终端设备以在线连接方式进行订货作业和订货信息交换的系统。因此，一个 EOS 系统必须有供应商、零售商、计算机系统和网络。供应商主要包括某具体商品的制造者或供应者，如产品生产商、产品批发商等。零售商是指商品的销售者或需求者。计算机系统用于产生和处理订货信息。网络被用于传输订货信息，如订单、发货单、收货单、发票等。

（3）EOS 的特点。

EOS 系统是对企业内部计算机网络应用功能的完善。采用 EOS 系统，能及时产生准确的订货信息，并迅速实现零售商和供应商之间的信息传递。EOS 是多个零售商和供应商组成的整体运作系统，电子订货系统在零售商和供应商之间建立起了一条高速通道，使订货过程的周期大大缩短，保障了商品的及时供应，加速了资金的周转。

（4）EOS 的类型。

①连锁体系内部的网络型。这种 EOS 系统通常存在于大型连锁机构内部，通过连锁总部的接单电脑系统和连锁门店的电子订货设施传输订货信息。

②供应商对连锁门店的网络型。这种 EOS 系统主要包括两种类型，一种是不同连锁体系下属的众多门店对供应商，由供应商直接处理订单并发货至各连锁门店；另一种是以各连锁体系内的配送中心直接向供应商订货，供应商按商品类别向配送中心发货，并由配送中心向连锁门店送货。

③标准网络型。这种 EOS 系统是众多零售系统共同的 EOS 系统。它也包括两种类型，一种是区域性配套的信息管理系统网络，另一种是专业性配套信息管理系统网络。这是高级形式的电子订货系统，必须以统一的商品代码、统一的企业代码、统一的传票和订货规范标准的建立为前提条件。

（5）EOS 的配置与使用。

①硬件配置。要使用 EOS，各销售门店需具备电子订货终端机、数据机和个人电脑、价格标签及店内码的印制设备等。

②确立电子订货方式。常用的电子订货方式有三种：电子订货簿、电子订货簿与货架卡并用、低于安全存量订货法。

3. 销售时点信息系统 POS（Point of Sale）和条码技术

（1）POS 系统。

POS 系统即销售时点信息系统，是指通过自动读取设备在销售商品时直接读取商品销售信息（如商品名、单价、销售数量、销售时间、销售店铺、购买顾客等），并通过通信网络和计算机系统传送至有关部门进行分析加工以提高经营效率的系统。POS 系统最早应用于零售业，以后逐渐扩展至其他如金融、旅馆等服务行业，利用POS系统的范围也从企业内部扩展到整个供应链。

POS主要有消费POS和转账POS两种类型。消费POS主要具有消费、预授权、查询支付名单等功能，主要用于特约商户受理银行卡消费。转账POS主要具有财务转账和卡卡转账等功能，主要用于单位财务部门。

POS系统是由前台POS系统如扫描器和后台MIS（Management Information System）系统构成的。POS系统的使用，简化了作业流程，提高了数据收集能力，同时还大大地提高了运营水平，使作业更为合理，从而对提高商业企业的服务质量也有很大的帮助。

（2）条码技术。条码技术是在计算机应用的基础上产生和发展起来的一种自动识别技术，是现代物流企业最主要的识别手段，是一种对物流中的货物进行标识的方法，在第三方物流企业中得到广泛的应用。除此之外，条码技术还被广泛地应用于制造企业的供应链管理、库存管理、配送等涉及产品流转的各个环节。条码的使用大大提高了企业的物流信息化水平，加快了商品流通的速度。

图6－6　条码图

图6－7　工业用自动扫描器

图6－8　手持扫描器

条码技术具有使用简单、信息采集速度快、可靠性高、设备结构简单、使用成本低、灵活实用等优点，因此是目前世界上应用最广泛的自动识别技术。

【阅读资料6－2】　　二维码技术的发展

二维码（Two-dimensional code）是用特定的几何图形按一定规律在平面（二维方向）上分布的黑白相间的图形，是所有信息数据的一把钥匙，在现代商业活动中的应用十分广泛，如产品防伪/溯源、广告推送、网站链接、数据下载、商品交易、定位/导航、电子凭证、车辆管理、信息传递、名片交流、wifi共享等。如今，智能手机扫一扫（简称313）功能的应用使得二维码更加普遍。

国外对二维码技术的研究始于20世纪80年代末，在二维码符号表示技术研究方面已研制出多种码制，常见的有PDF417、QR Code、Code49、Code16K、Code One等。这些二维码的信息密度都比传统的一维码有了较大提高，如PDF417的信息密度是一维码CodeC39的20多倍。在二维码标准化研究方面，国际自动识别制造商协会（AIM）、美国标准化协会（ANSI）已完成了PDF417、QR Code、Code49、Code16K、Code One等码制的符号标准。国际标准技术委员会和国际电工委员会还成立了条码自动识别技术委员会（ISO/IEC/JTC1/SC31），已制定了QR Code的国际标准（ISO/IEC 18004：2000《自动识别与数据采集技术—条码符号技术规范—QR码》），起草了PDF417、Code16K、Data Matrix、Maxi Code等二维码的ISO/IEC标准草案。在二维码设备开发研制、生产方面，美国、日本等国的设备制造商生产的识读设备、符号生成设备已广泛应用于各类二维码应用系统。二维码作为一种全新的信息存储、传递和识别技术，自诞生之日起就得到了世界上许多国家的关注，美国、德国、日本等国家不仅已将二维码技术应用于公安、外交、军事等部门对各类证件的管理，而且也将二维码应用于海关、税务等部门对各类报表和票据的管理，商业、交通运输等部门对商品及货物运输的管理，邮政部门对邮政包裹的管理，工业生产领域对工业生产线的自动化管理。

我国对二维码技术的研究开始于1993年。中国物品编码中心对几种常用的二维码——PDF417、QRCCode、Data Matrix、Maxi Code、Code49、Code16K、Code One的技术规范进行了翻译和跟踪研究。随着我国市场经济的不断完善和信息技术的迅速发展，国内对二维码这一新技术的需求与日俱增。中国物品编码中心在原国家质量技术监督局和国家有关部门的大力支持下，对二维码技术的研究不断深入，在消化国外相关技术资料的基础上，制定了两个二维码的国家标准：二维码网格矩阵码（SJ/T 6349—2006）和二维码紧密矩阵码（SJ/T 6350—2006），从而大大促进了我国具有自主知识产权技术的二维码的研发。

资料来源：节选自 http：//baike. baidu. com/view/132241. htm。

6.2　渠道物流管理

6.2.1　渠道物流管理概述

1. 物流及其特征

（1）物流的概念。

“物流”一词最早出现于美国。早在1915年，阿奇·萧在《市场流通中的若干问题》一书中就提到了“物流”一词。在第二次世界大战中，围绕战争供应，美国军队建立了“后勤”理论，其中的“后勤”是指将战时的物资生产、采购、运输、配给等活动作为一个整体进行统一安排，力求战略物资补给的费用更低、速度更快、服务更好。后来“后勤”这一理念在企业经营中得到广泛应用，此时的“后勤”即包含了生产过程和流通过程的物流。

对于物流的定义，不同的国家、不同的机构在不同的时期也是有所不同的。

美国物流管理协会的定义是：物流是以满足客户需求为目的，为提高原料、在制品、制成品以及相关信息从供应到消费的流动和储存的效率和效益而进行的计划、执行和控制的过程。

2002年，日本标准学会以日本工业标准的形式，对与物流相关的词汇做了两个明确的定义：一个是物质资料从供应者到需求者进行的时间的、空间的移动过程的活动，一般认为是将包装、输送、保管、装卸搬运、流通加工以及与此相关的情报等各项功能进行综合管理的活动，在不同的对象领域有特定的不同称呼，如供应物流、生产物流、销售物流、回收物流等。第二个是将物流活动的目标定位于充分满足需要，同时要解决保护环境等方面的社会问题，在此前提下追求高水平的、综合的完成包装、输送、保管、装卸搬运、流通加工以及相关情报等各项工作，以谋求将供应、生产、销售、回收等各个领域实现一体化、一元化的经营活动。

我国2001年颁布的《中华人民共和国国家标准物流术语》中对物流的定义是：物品从供应地向接收地的实体流动过程。根据实际需要，将运输、储存、装卸、搬运、包装、流通加工、配送、信息处理等基本功能实现有机结合。

目前，物流业已经发展成为一个复合型服务产业，融合了传统的运输业、仓储业、货代业和信息业等产业，是国民经济的重要组成部分。物流业涉及领域十分广泛，其相关行业包括交通运输业、港口经营业、仓储业、部分产品加工承揽行业、分拣包装行业、物流设备维护行业、商检部门、咨询服务业等。

（2）现代物流的特征。

在传统物流中，由于通信及信息技术的落后，物流各环节间信息难以共享和沟通，物流运作只有一系列独立的功能性作业，比如运输、仓储、装卸搬运等，且主要应用于流通领域。随着市场需求的不断发展，物流业获得了质的飞跃，当今的物流业被称为现代物流业。现代物流业与传统的物流业相比通常具有如下特征。

①物流反应快速化。激烈的市场竞争使得生产企业要求物流环节在服务水平，尤其是物流速度上再上新台阶。物流服务提供者对上下游的物流、配送需求的反应速度越来越快，前置时间及配送间隔越来越短，物流配送速度越来越快，商品周转次数也越来越多。

②物流功能集成化。现代物流着重于将物流与供应链的其他环节进行集成，包括物流渠道与商流渠道的集成、物流渠道之间的集成、物流功能的集成、物流环节与制造环节的集成等。物流功能的集成包含生产、管理和商务等方面，是一项综合性的系统工程。

③物流技术现代化。物流业的快速发展依赖于先进的技术与设备的使用和现代化管理手段的应用。计算机技术、通讯技术、语音识别技术等在物流业中得到普遍应用，实现了物流系统的自动化、机械化、无纸化和智能化。此外，由于计算机信息技术的应用，物流服务的需求方与供给方之间的联系愈加密切，物流过程中的库存积压、延期交货等问题大量减少，从而大大提高了物流活动的效率。例如，条码技术、EDI 技术、自动化技术、网络技术、智能化和柔性化技术的运用等，运输、装卸、仓储等也普遍采用专业化、标准化、智能化的物流设施设备，这些现代技术和设施设备的应用大大提高了物流活动的效率，扩大了物流活动的领域。

④物流活动国际化。经济全球化的发展，使企业面对的不再是地区的、国内的市场，而是面向全球的市场，在全球范围配置资源和销售产品与服务。因此，其物流的需求与选择也超出了国界，放眼于全球市场范围。

2. 物流系统

（1）物流系统的概念。

物流业是复合型产业，物流系统是由运输、储存、包装、装卸搬运、配送、流通加工、物流信息处理等多个相互独立却又相互制约的服务环节有机结合而成的，是以商品为工作对象，为完成商品的运输、仓储等流通活动为目的的有机结合体。物流系统是由运输、仓储、包装、装卸搬运、配送、流通加工及物流信息等子系统中的一个或几个有机地结合而成。在这些子系统中，每个子系统又可以分成若干个更小的子系统。

物流系统输入的是运输、仓储、装卸搬运、包装、配送、流通加工、物流信息等子系统在运转过程中所消耗的人的劳动、机器设备、材料等资源，经过系统的处理转化，变成物流系统的输出，也就是物流服务。物流系统运转效率的提升要靠系统整体优化来实现，使整个系统的输入少、输出高，即在减少资源的耗费、降低物流成本的基础上实现物流整体服务水平的提高。

按照物流系统的职能可以将其分为物流作业系统和物流信息系统，二者之间是紧密联系、互相依赖、不可分割的。物流作业系统与物流信息系统的有机结合，可以使物流效率大大提升。物流作业系统的中心在物流中心，物流信息系统的中心在公司的物流信息中心。物流作业系统由运输、仓储、包装、装卸搬运、配送、流通加工六个子系统中的一个或几个有机地结合而成。物流信息系统是各个物流网点之间的物流信息的产生、制作、加工、储存和传递构成的系统。物流信息系统是由人员、计算机硬件和软件、网络通信设备及其他办公设备组成的人机交互系统，其主要功能是进行物流信息的收集、存储、传输、加工整理、维护和输出，为物流管理者及其他组织管理人员提供战略、战术及运作决策的支持，以达到组织的战略优化，提高物流运作的效率与效益。

（2）物流系统的功能。

物流系统的基本功能包括运输、仓储、包装、配送、装卸搬运、流通加工及信息处理等。

除了提供上述基本服务之外，还可以提供部分增值服务。物流增值服务是在物流基本服务基础上的延伸。物流系统可以为客户提供的增值服务主要包括便利性服务、快速化服务、降低成本的服务及延伸服务等。

（3）物流系统的目标。

物流系统在运行过程中的主要目标可以归纳为：为客户提供更高水平的物流服务、物流服务的快捷性、有效的利用资源、合理的生产规模及降低物流成本。

①为客户提供更高水平的物流服务。物流服务水平的提高要求物流企业能够为用户提供高水准、系列化、全流程的一体化增值服务。

②物流服务的快捷性要求将货物按照用户指定的地点和时间迅速、安全、准确的送达，因此需要综合考虑物流设施的选址问题及如何有效地利用运输工具和合理的配送计划等手段。

③有效的利用资源。物流系统输入的资源是多种多样的，物流管理者需要考虑如何有效地对各种资源进行利用，使之产生更大的效益。比如在20世纪90年代，我国形成了一股“物流热”，各地纷纷上马物流项目，缺乏全局性的统筹规划。此外，土地是稀缺资源，尤其是城市，土地资源的有效利用是必须要考虑的问题，因此应逐步发展立体化设施和相关的物流机械，使空间得到更加有效的利用。

④合理的生产规模。物流企业的规模直接影响着其成本与效益，因此，物流企业应考虑物流设施集中与分散的问题是否适当，机械化与自动化程度如何合理利用，以及物流信息系统的集中化所要求的电子计算机等设备的利用等。

⑤降低物流成本。物流被称为“第三利润源泉”，物流成本的降低对全社会的意义是十分重大的。降低物流成本的角度是多方面的，如减少商品库存、提高运输效率、有效利用空间等，各个地区及物流企业应按照自身的特点寻找适合自己的物流成本降低途径。如浙江省近年来为交通物流搭起了“空中高速”信息平台，通过这一平台连通各类物流信息平台、企业生产作业系统，面向全社会的公共物流信息服务网络，使得浙江省一年降低物流成本5.5亿元。

【阅读资料6-3】 京东商城的自建物流

京东商城是中国B2C市场较大的3C网上购物专业平台，是中国电子商务领域最受消费者欢迎和具有影响力的电子商务网站之一，是集电脑、数码通讯、家用电器于一身的网上购物商城，开展包括数码、家电、手机、电脑配件、网络产品等上万种商品的直销。自2004年成立以来，京东惊人的发展速度让业界大为感叹，并在短时间内积累了广泛的顾客群体和良好的口碑。

配送及售后服务一直被业内人士认为是电子商务发展的瓶颈所在，而京东持续高速的发展正是得益于其在配送及售后等方面的主动提升。京东敢于和其他电子商务企业展开“血拼”的力量正是来源于对物流体系的自信。京东在华北、华东、华南、西南建立了四大覆盖全国各大城市的物流中心；在天津、苏州、杭州、南京、深圳、宁波、无锡、济南、武汉、厦门等40余座重点城市建立了配送站。京东网上商城还推出了“26限时达”配送服务，即每天6点前下订单，下午送达；23点前下订单，次日上午送达。目前，该承诺的服务地点已经由最初的4个城市增加到12个。正是因为背后有强大的物流系统作为支撑，“26限时达”才能不断地延伸。

京东自建的物流体系不仅为用户提供了更好的服务，更重要的是缩短了供应链流程，大大缩减了运营成本。商品从厂商生产基地到京东库房，再到配送站，最后送达客户，只经过三个环节，而且没有店面，成本降低，用户也得到了更大的实惠。以“满足用户对电子商务的需求”为根本的物流体系，为用户提供了优质的配送服务，它已成为京东的一大竞争力。

资料来源：中国电子商务研究中心，http：//b2b. toocle. com/detail－5683023. html。

6.2.2　商品运输

1. 运输及其功能

（1）运输的概念。

现代物流实用词典对运输的解释为：用设备和工具，将物品从一地点向另一地点运送的物流活动，是物品借助于运输力量在空间上所发生的位置移动，从而实现物流的空间效应。运输是扩大市场范围、稳定市场价格、促进社会分工等社会经济功能实现的基础，交通运输的发展对一个国家和地区发展经济、提高国民生活水平有着十分重大的意义。

（2）运输的功能。

①“物流”实现的保障。现代商品社会对物品流通的要求很高，一方面，组织生产的原材料来自于四面八方，另一方面，企业生产出来的产品也将销往五湖四海，甚至跨越国界。交通运输是实现现代商品社会对物品流通要求的基础。

②社会再生产的必要条件。交通运输是社会再生产的过程持续不断进行的必不可少的条件。交通运输活动是连接生产与再生产、生产与消费环节的纽带，连接着国民经济的各个生产及流通部门，连接着城乡，也连接着全世界的各个国家和地区。

③创造“地点效用”。不同地区的物产有很大的区别，因此，这些产品在不同的地区就会有不同的价值实现。如蔬菜、水果在产地的价格相对较低，而在非产地则价格偏高；海产品在沿海地区价格便宜，在内陆地区价格很高。通过交通运输，把物品从产量丰富的

地区运送到产量稀少甚至没有的地区，由于地点的改变，可以使物品最大程度的发挥使用价值，提高产出投入比，即“地点效用”。

④运输是物流成本降低的主要源泉。运输费用是构成物流费用的主要组成部分，在整个物流成本中占接近50%的比例。有些产品的运输费用甚至高于产品的生产费用。我国物流成本一直居高不下，与发达国家相比有很大的差距。2006年我国社会物流总费用为8.4万亿元，占GDP的17.8%。从我国历年物流总成本构成来看，运输成本、仓储成本在物流总成本中所占的比例较高，是我国物流成本居高不下的主要原因。因此，通过合理的运输组织，提高运输效率，降低运输费用，可以有效地降低物流费用，节约物流成本。

2. 主要商品运输方式

（1）铁路运输。铁路货物运输是现代物流运输的主要方式之一，在整个交通运输领域中占有举足轻重的地位，并发挥着越来越重要的作用。

铁路运输的优点主要有：运输速度快，铁路货运的时速一般在80～120公里；运输能力大，一般每列货车可装2000～3500吨货物，重载列车可装20000多吨货物；运输过程受自然条件限制较小，基本可实现全天候运行；通用性较好，适运各类不同的货物；到发时间准确性较高；安全可靠。

铁路运输的主要缺点表现为：投资高，单线铁路每公里造价在100万～300万元之间，复线造价在400万～500万元之间；建设周期长，一条干线要建设5～10年；占地太多，随着人口的增长，将给社会增加更多的负担；缺乏灵活性，很难实现门到门服务。

【阅读资料6－4】 我国高铁时代全面到来

根据铁路客货运交通的实际需求，以服务国民经济为目的，配合国家综合运输体系建设，同时考虑铁路网建设的实际情况，“十二五”发展规划为铁路发展提出了目标。“十二五”发展规划提出，到2015年，全国铁路营业里程达12万公里左右，其中西部地区铁路5万公里左右，复线率和电化率分别达到50%和60%左右。“十二五”规划投资额为3.3万亿元人民币。根据“十二五”规划，覆盖全国的便捷、高效、铁路运输网络将初步形成。

“十二五”规划重点项目包括发展高速铁路网、大能力区际干线及煤运通道及地区开发性铁路。“十二五”规划重点发展的快速铁路客运专线重点项目共17个，估算线路全长1.1万公里，投资约为1.3万亿。

高速铁路网主要包括“四纵”“四横”及城际铁路网络。其中，城际铁路主要规划建设长三角、珠三角、环渤海、长株潭城市群、中原城市群、武汉城市圈、成渝经济区、关中城市群、海峡西岸经济区以及呼包鄂地区、北部湾地区、鄱阳湖生态经济区、滇中地区等城际铁路。2014～2015年将是城际快速铁路的通车高峰期。

资料来源：“我国高铁时代全面到来”，中国投资咨询网（http：//www.ocn.com.cn/info/201407/gaotei141351.shtml）。

（2）公路运输。

公路运输的优点有：机动灵活、简捷方便；在短途货物运输中比铁路、航空运输具有更大的优越性，可以实现“门到门”的运输；与其他各种运输方式联合使用，帮助其他运输方式实现“门到门”的运输。

公路运输的缺点有：运输能力、距离有限，不适合大宗、长途运输；受气候、环境影响较大；易造成货损货差；运输成本费用比水运和铁路高。

【阅读资料6-5】 国家高速公路网规划

《国家高速公路网规划》是国内第一个最高层次的高速公路骨架布局。国家高速公路网采用放射线与纵横网格相结合的布局方案，形成由中心城市向外放射以及横连东西、纵贯南北的大通道，由7条首都放射线、9条南北纵向线和18条东西横向线组成，简称“7918网”。此外，规划还包括了辽中、杭州湾、成渝、珠江三角洲和海南共5条地区环线，2段并行线和30余段联络线，总规模约8.5万公里。国家高速公路网覆盖10多亿人口，其直接服务范围，东部地区超过90%、中部地区达83%、西部地区近70%，覆盖地区的GDP将占到全国总量的85%以上；实现东部地区平均30分钟上高速，中部地区平均1小时上高速，西部地区平均2小时上高速。国家高速公路网将连接全国所有的省会城市、83%的50万以上人口的大型城市和74%的20万以上人口的中型城市；连接全国所有重要的交通枢纽城市，其中包括铁路枢纽50个、航空枢纽67个、公路枢纽140多个和水路枢纽50个，形成较为完善的集疏运系统和综合运输大通道。此外，将连接主要的国家一类公路口岸，加强对外联系通道；连接国内主要的4A级著名旅游城市。

国家高速公路网加强了长三角、珠三角、环渤海等经济发达地区之间的联系，使大区域间有3条以上高速通道相连；在三大都市圈内部，形成较完善的城际高速公路网，同时强化了北京、上海、广州、重庆、西安等地的对外辐射能力。国家高速公路网建成之后，我国将在全国范围内形成“首都连接省会、省会彼此相通、连接主要地市、覆盖重要县市”的高速公路网络，它是中国公路网中最高层次的公路通道、综合运输体系的重要组成部分，将承担起区域间、省际以及大中城市间的快速客货运输，为全社会生产和生活提供安全、舒适、高效、可持续的运输服务，并为应对自然灾害等突发性事件提供快速交通保障。

资料来源：中国公路网（http：//www.chinahighway.com/news/2012/674233.php）。

（3）水路运输。

水路运输的优点有：通航能力受限较少；投资少；适用于大吨位、长距离的运输。同时，水路运输还是国际贸易运输的主要方式。

水路运输的缺点有：航速较低；受自然条件限制较大，如河流分布、气候；不能实现“门到门”运输，对其他运输方式依赖较强。

（4）航空运输。

航空运输的优点主要有：速度快，具有先进性能的民航飞机的飞行时速都在1000公里以上，这是其他运输方式望尘莫及的；径路短，航空运输能实现两点间的直线运输；基建成本低，开辟一条1000公里的民航线路，需投资5亿元，占地1万亩，而新建一条同样长的铁路需要投资20亿元，占地4.5万亩。

航空运输的缺点主要有：成本高；运量有限；不能实现“门到门”运输；受气候的影响比较大。

（5）管道运输。

管道运输是随着石油和天然气产量的增长而发展起来的，是借助管道输送气体、液体等的运输技术，目前已成为陆上油、气、颗粒煤运输的主要运输方式。

管道运输的主要优点有：不受气候影响，送达货物的可靠性高；运输量大，一条直径720毫米的输煤管道，一年可输送煤炭2000万吨，相当于一条单线铁路的单方向的输送能力；采用密封设备，在运输过程中可避免损失，同时也没有有害物质排放；运输工程量小，占地少；能耗小，在各种运输方式中是最低的。

管道运输的主要缺点有：受货物种类限制，运输物品仅限于气体、液体等；机动灵活性差；固定投资大。

6.2.3　商品储存与养护

1. 商品储存与养护的概念及意义

（1）商品储存的概念及意义。

商品储存是指商品在流通过程中所出现的暂时停留和存放。商品储存是为了满足商品流通和再生产的需要。

商品储存有以下两个意义。

第一，协调产销时间矛盾。商品的生产和消费在时间上是分离的，因此需要通过商品储存来解决商品生产与消费时间不一致的矛盾。例如，我们生产和消费的产品很多是季节性的商品，即在生产、收购和销售上有显著季节性特点的商品，农副产品、夏凉商品等都属于此类产品。这类商品有的季节生产，常年销售；有的常年生产，季节销售；有的季节生产，季节销售。因此，为了保证商品的正常供应，对季节性商品一般需要提前收购与储备。

第二，协调产销空间矛盾。在商品流通如此发达的今天，商品的生产和消费往往是在不同的地点进行的。这些商品，必须经过运输、仓储等环节，实现商品从生产地到消费地的位移，最终实现商品的销售。

【阅读资料 6 -6】　　绿色仓储的实施关键

1. 降低仓储对环境的污染

仓库建设前应当进行环境影响评价，充分考虑仓库建设和运营对所在地的环境影响。对于易燃、易爆商品不应放置在居民区，有害物质仓库不应放置在重要水源地附近等。采用集中库存的方法，减少对周围环境的辐射面，降低仓储系统本身对环境的不利影响。要特别注意对有毒化学品、放射性商品和易燃、易爆商品的泄漏及污染防止。

2. 保障储存货物的质量与数量

采用环保产品对存储货物进行杀菌，如最新研制的臭氧技术。臭氧是绿色环保的气体，对杀菌、保鲜都有好处。应加强科学养护，采取现代化的储存保养技术，加强日常的检查与防盗措施，保障存货的数量和质量。

3. 合理进行仓库空间布局

降低仓储货物运输成本，要求对仓库进行合理布局。布局过于密集，会增加运输的次数，增加资源消耗；布局过于松散，则会降低运输的效率，增加空载率。只有合理的“黄金”布局，才能使仓库货物运输成本最低。

资料来源：节选自“绿色仓储”，http：//baike. baidu. com/view/3469192. htm？fr = aladdin。

（2）商品养护的概念及意义。

商品养护是指商品从离开生产领域到进入消费领域之前的保养与维护工作。

对商品进行保养和维护，可以保证储存的商品质量完好和数量完整，可以有效延长商品储存期限和流通时间，也可以直接降低商品流通费用，充分实现商品价值。

2. 商品储存期间质量的变化

商品储存期间，由于商品本身的特点或外部环境因素的影响，可能发生各种质量变化。这些质量变化主要有：物理机械变化、化学变化、生理变化等。

商品的物理变化是指只改变物质的外表形态，不改变其本质的质量变化现象。商品的机械变化是指商品在外力作用下发生的形态变化。商品的物理机械变化会导致其数量的损失或质量的降低，乃至完全失去使用价值。商品常发生的物理机械变化主要有挥发、溶化、渗漏、串味等。

商品的化学变化是指构成商品的物质发生变化，商品的外表及其本质都发生了改变。商品发生化学变化，同样会导致其质量的降低，严重时会完全丧失使用价值。常见的化学变化有氧化、腐蚀、分解、老化等。

商品的生理生化变化是指有生命活动的有机体商品在储存过程中，为维持其生命活动所进行的变化，如粮食、水果、蔬菜、鲜蛋等商品的发芽、胚胎发育等现象。商品的生物学变化是指由微生物、害虫、老鼠等生物所造成的商品质量的变化。

3. 影响商品质量变化的因素及其控制

商品储存过程中的质量变化既与商品自身有关，也与外界环境条件有关，尤其是存储环境的空气温度及湿度是影响商品存储的重要因素。

（1）影响商品质量变化的因素。

导致商品质量在储存期间发生各种变化的内在因素主要有：商品的化学成分、结构形态、物理化学性质、制作工艺水平等。

影响商品储存质量的外界因素有：储存环境的氧气、日光、生物、空气的温度、湿度等。

（2）储存地温湿度的控制与调节。

当仓库内的温湿度不适宜商品储存时，为了维护商品的质量完好，就要及时采取有效措施调节库内的温湿度。

密封是指使用密封材料将储存的商品尽可能严密地封闭起来，使之与空气隔离，从而达到减少外部环境对商品可能产生的不良影响。密封的主要功能是防潮，此外，还能起到防霉、防虫、防热、防老化等作用。

通风是通过自然或技术手段实现仓库内外空气的对流与交换，它是调节库内温湿度、净化库内空气的有效措施。

湿度过高是商品变质的重要原因，因此除湿是商品仓储过程中需要经常要做的工作。除湿是指利用物理或化学的方法，除去空气中的水分，达到降低空气湿度的目的。

4. 商品养护的技术与方法

商品在储存过程中会发生多种质量变化，本节主要介绍针对商品的霉腐、锈蚀、虫害等的养护方法。

储存商品霉变腐烂的防治有三点：一是加强库存管理，包括加强入库验收、加强仓库温湿度管理、选择合理的储存场所、合理堆码、将商品密封储存、做好日常的清洁卫生工作等。二是化学药剂防霉腐，如防霉剂的使用。三是其他方法，如紫外线防霉、微波防霉、红外线防霉、低温储防霉、干燥防霉等方法。

金属商品的锈蚀防治主要包括：金属商品的防锈方法包括：控制和改善储存条件、涂油防锈、气相防锈、可剥性塑料封存等。

储存商品的虫害防治主要有两点：一是杜绝仓库害虫的来源和传播，做好清洁卫生，对入库商品严格检查验收和处理，做好库房消毒等工作。二是当虫害发生后可以使用化学杀虫法、高低温防治法、物理防治法等方法除虫。

6.2.4　配送中心

1. 配送中心的概念与功能

（1）配送中心的概念。

物流配送中心 20 世纪 30 年代形成于西方国家，到 70 年代得以迅速发展。国内外学者及各种学术组织对配送中心的定义不尽相同。

《中华人民共和国国家标准物流术语》中对配送中心的定义是：从事配送业务的物流场所或组织，应基本符合下列要求：主要为特定的用户服务，配送功能健全，完善的信息网络，辐射范围小，多品种、小批量，以配送为主，储存为辅。

《物流企业操作指南》对配送中心的定义为："接受并处理末端用户的订货信息，对上游运来的多品种货物进行分拣，根据用户订货要求进行拣选、加工、组配等作业，并进行送货的设施和机构。"

日本《物流手册》将配送中心定义为："从供应者手中接受多种大量的货物进行倒装、分类、保管、流通加工和情报处理等作业，然后按照众多需要者的订货要求备齐货物，以令人满意的服务水平进行配送的设施。"

从物流配送的发展过程来看，在企业经历了以自我服务为目的的企业内部配送中心的发展阶段后，政府、社会、零售业、批发业以及生产厂商都积极投身于物流配送中心的建设。专业化、社会化、国际化的物流配送中心显示了巨大优势，有着强大的生命力，代表了现代物流配送的发展方向。

（2）配送中心的功能。

配送中心是从事货物配送活动的场所，集加工、理货、送货等多种职能于一体。配送中心的功能主要有核心功能、基础功能和其他功能。

①核心功能。具体如下：

与分拣作业有关的核心功能包括分拣功能和理货功能。分拣功能是指在配送之前将货物按照不同的要求，分别拣开、集中在一起。例如，快递公司分拣快递包裹按送达目的地分开，是典型的分拣作业。在商品批次很多、批量很小、客户要货时间很紧时，分拣任务十分繁重，分拣作业就成为配送中心不可缺少的一个环节。理货功能是指在分拣完成以后，配送中心要按照订单对分拣后的物品查点数量、检查外观、分类集中等作业活动。

与配送有关的核心功能包括分装、配货功能和送货功能。配货是指把分拣过的货品经过检查后，包装并做好标示，送到配货准备区，等待装车发送的活动。配送中心的分装、配货可以满足用户多批次、小批量的进货要求，将不同客户所需要的货物进行有效的组合包装，依据送货次序在配送车辆上进行有效的码放。送货功能是配送中心的末端职能，配送运输中的关键问题在于最佳路线的设计与选择及货物配装与路线的有效搭配。

图 6－9　自动分拣系统

②基础功能。具体如下：

与流通有关的基础功能包括采购功能、集货功能。要做到及时准确地为其用户供应其所需物品，配送中心必须首先采购所要供应配送的商品。配送中须根据市场的供求变化，制定采购计划，并由专门的人员与部门组织实施采购。为了能够按照用户的要求配送货物，配送中心首先必须从众多的供应商处按各用户的需要组织货源。集货功能是配送中心的基础职能，是配送中心取得规模优势的基础。

与储存保管有关的基础功能包括储存功能、保管功能、装卸搬运功能。配送中心要能在用户规定的时间和地点把商品送到其手中，就必须储存一定数量的商品。无论何种类型的配送中心，储存功能都是其最重要的功能之一。商品保管的主要目的是加强商品养护，确保商品质量安全。同时还要加强储位合理化工作和储存商品的数量管理工作，这些都直接影响商品配送作业的效率。配送中心的各项工作都需要装卸搬运的帮助，它是配送中心的基础性职能，有效地装卸搬运能大大提高配送中心的工作效率。配送中心为了提高装卸搬运作业效率，通常配有各种专业化的装卸搬运机械。

与运输有关的其他功能包括集散功能、衔接功能。集散功能是将不同企业的各种产品货物集中到一起，经过分拣、配装，形成经济、合理的配货向各家用户发送。配送中心衔接着生产与消费，它通过集货和储存平衡供求，且能有效地协调产销在时间、空间上的分离。

与提升物品附加价值有关的其他功能包括流通加工功能、信息交换和处理功能。配送中心通常配备各种加工设备，具有一定的流通加工能力。配送中心的基本加工功能有拆包、组配、贴标及条码制作等。完备的信息处理系统使配送中心无论在集货、储存、拣选、流通加工、分拣、配送等一系列物流环节，还是在物流管理和费用、成本、结算等方

图 6-10　储存保管

图 6-11　装卸搬运

面，都实现了信息共享。配送中心是整个流通过程的信息中枢。

2. 配送中心的分类

（1）按内部特性，可分为储存型配送中心、流通型配送中心和加工配送中心。

储存型配送中心是指有很强储存功能的配送中心。我国目前建设的一些配送中心，都采用集中库存形式，库存量较大，多为储存型配送中心。瑞士 GIBA-GEIGY 公司的配送中心拥有世界上规模居于前列的储存库，可储存 40000 个托盘；美国赫马克配送中心拥有一个有 163000 个货位的储存区，它们都属于储存型配送中心。

流通型配送中心是以暂存或随进随出方式进行配货、送货的配送中心。日本阪神配送中心只有暂存，大量储存则依靠大型补给仓库。

加工配送中心可以根据用户的需要对配送物进行加工的配送中心。在这种配送中心内，一般有分装、包装、初级加工、组装产品等加工活动。

（2）按流通职能，可分为供应配送中心和销售配送中心。

供应配送中心是指专门为某个或某些客户组织供应的配送中心。配送中心配送的用户有限并且稳定，用户的配送要求范围也比较确定，多为企业型用户。如为大型连锁超市组织供应的配送中心就属于此类。

销售配送中心是以销售为目的的配送中心。目前，国内外的配送中心多向销售配送中心方向发展。销售型配送中心的客户一般是不确定的，而且客户的数量很大，每一个客户购买的数量较少。

（3）按配送区域的范围，可分为城市配送中心和区域配送中心。

城市配送中心是以某城市为配送范围的配送中心，这种配送中心可用汽车直接配送到最终用户，它们多从事多品种、少批量、多用户的配送。

区域配送中心的辐射能力和库存准备能力较强，向区域、全国乃至国际范围的用户配送。

3. 配送中心的选址

（1）产业布局。配送中心的选址首先要考虑产业布局，这是配送中心高效运转的保障。如制造业服务的配送中心选址应在制造企业集中的区域，农副产品配送中心应选在农副产品的生产及加工基地。

（2）货物分布和数量。货物是配送中心配送的对象，因此，配送中心应该尽可能地与生产地和配送区域形成短距离优化。配送中心选址合理，可以减少输送过程中不必要的浪费。

（3）运输条件。物流配送中心应接近交通运输枢纽，使配送中心形成物流过程中的一个恰当的节点。对于一般的物流配送中心，可选在高速公路、国道、快速道路及城市主干道路附近；对于综合型物流配送中心，应尽可能地选择在两种以上运输方式的交汇地。

（4）政策法规。包括产业政策、土地政策等，要考虑到现在的发展情况，也要考虑今后的扩展空间。

（5）环保要求。配送中心操作过程可能会给周边居民的生活带来影响，对当地交通也会造成较大的干扰，还要考虑周边的人文环境和城市景观的协调程度，以免给社会带来负面影响。

【阅读资料6－7】　　当当网的仓储与配送

在当当网“银河1号”天津仓储中心正式投入使用之际，当当网宣布在全国400个城市实现“61全天达”服务承诺，即“上午6点前下单当日达，凌晨1点前下单次日达”。同日，当当网还与“三通一达”等物流伙伴签署战略协议，进一步推动全国范围的送货提速和服务提升。

与其他B2C电商自建模式不同，当当网采用“仓储自建＋城际同城外部合作”模式，自建仓储构筑全国物流的关键节点，城际运输和同城配送采取开放协同、外包整合策略，打破各管一块的传统弊端，形成物流、数据和管理的一条龙，从而实现比自建模式速度更快、成本更低。

目前，当当网已在全国快速推进完善7大区仓储网络布局。包括“银河1号”在内，当当网已建成运营29个仓储中心，2014年底将达到45家，3年内完成100个仓储物流中心的建设布点，重点下沉到三、四线城市。所有仓储全年不打烊、24小时滚动生产，截单时间由原来的夜间21:00延长至凌晨1:00，确保“61全天达”服务速度。

除建仓提速外，当当网创新仓储模式，自主开发的FDC前置配送中心向上游供应商开放，提供就近送货、集中存储、统配全国的增值服务，有效改善了供应链的配送效率。数据显示，FDC前置配送中心可将当当网到货时效提高60%，售缺率降低66%。目前全国签约加入当当网FDC体系的供应商占到全网销售的50%。

其中，“银河1号”仓储中心拥有4万平方米的FDC前置配送中心。“银河1号”为目前电商最大的自建仓储物流园区，总占地460余亩，规划仓储总面积20万平方米，一期10万平方米已投入使用，二期10万平方米也在建设规划中。

在满足当当网自身物流需求外，“银河1号”将为平台商家提供铺货式入库联营仓储服务。铺货联营即第三方商家货物存放在当当网仓储，商家负责经营、定价、促销，仓内生产加工到最后的配送交由当当网。铺货可以显著降低商家成本，改善送货速度，用户体验更好。

同时，当当网还不断推进新技术应用和流程创新，提升仓储管理效率。充分发挥物联网优势，利用大数据运算和需求预测系统，所有波次订单都可在1小时内完成生产。在原有RF拣选方式基础上，今年将在FDC配送中心推广VoicePicking语音拣选技术，进一步加快操作效率。

资料来源：改编自“当当物流模式更快一步，400城市实现全天达”，(http://finance.chinanews.com/it/2014/07-04/6349974.shtml)。

本章习题

一、单选题

1. (　　) 是指在特定时间和环境下，与企业的分销渠道相关的各种事物的现状、发展趋势及其对企业作用的综合表现。

A. 渠道系统　　B. 分销渠道信息

C. 分销渠道成员　　D. 水平渠道系统

2. "物流"一词最早出现于(　　)。

A. 美国　　B. 日本

C. 德国　　D. 中国

3. 在配送中心的核心功能中，下列与分拣作业有关的核心功能是(　　)。

A. 分装功能　　B. 配货功能

C. 送货功能　　D. 理货功能

4. 下列不属于铁路运输的优点的选项是(　　)。

A. 运输速度快　　B. 运输能力大

C. 建设周期短　　D. 通用性较好

5. 按(　　) 分类，配送中心可以分为供应配送中心和销售配送中心。

A. 流通职能　　B. 内部特征

C. 配送特征　　D. 配送时间

二、多选题

1. 企业的分销渠道信息系统一般包括(　　)。

A. 硬件　　B. 信息数据系统

C. 网络　　D. 零售商

E. 批发商

2. 现代物流也是一个复合性产业，它融合了(　　) 等多种产业。

A. 信息业　　B. 农业

C. 运输业　　D. 仓储业

E. 制造业

3. EOS的类型包括(　　)。

A. 连锁体系内部的网络型
B. 供应商对连锁门店的网络型
C. 标准网络型
D. 硬件
E. 信息数据系统

4. 条形码技术主要应用的物流环节有（　　）。
A. 生产管理
B. 入库管理
C. 出库管理
D. 库存管理
E. 消费管理

5. 下列活动属于物流系统的环节有（　　）。
A. 运输
B. 储存
C. 包装
D. 装卸搬运
E. 流通加工

三、名词解释

1. EDI　2. EOS　3. POS 系统　4. 配送中心　5. 流通型配送中心

四、简答及论述题

1. 物流系统在运行过程中的主要目标是什么？
2. 请简述现代物流的特征。
3. 请简述公路运输的主要缺点。
4. 请简述配送中心选址应考虑的要素。

案例讨论

安得物流公司的使命

安得物流股份有限公司是由美的集团及新加坡吉宝物流控股的中外合资物流企业。安得物流走进公众视野缘自 2012 年，中国市场的电商企业及制造工厂开始对线上平台进行战略性拓展让自主化物流建设成为关键。

目前，安得物流公司有 143 个服务平台，覆盖全国 31 个省市自治区，450 万平方米的仓储管理面积，超过 10000 辆的可控车辆。这种结构和布局，有利于安得朝更为细致的区域配送进行渗透。安得物流已经能够覆盖 16 个大中型城市的大家电宅配，采用“配送中心 + 定点班车 + 交叉理货平台 + 宅配”的运作模式，与亚马逊、淘宝、1 号店等电商形成了紧密合作关系。

美的集团 2013 年年报显示，报告期内美的集团的线上领域销售额接近 40 亿元，同比增长 160%。2014 年美的集团线上销售目标则是力争实现 100 亿元，采取多种形式，大力度拓展电商渠道是今年美的线上发展的主基调。在这样一个大的框架下，“最后一公里”的自主化物流配送体系的建设就显得尤为关键。

2007 年至今，安得物流累计资金投入接近 30 亿元，在 2017 年前，将再投 20 亿元。从 2014 年下半年到 2015 年底，安得争取实现 1800 个县级市场的配送覆盖能力，这得益于安得物流的积累——到 2015 年底安得将拥有 200 万平方米以上的自建仓面积，规模居全国第一；同时，自建仓中 80% 具备综合配送中心能力。这一规划若能够如期实现，安得将形成全国范围内资源最为丰富的“干线 + 支线 + 仓储”的网络运营布局，同时，支线网络向下延伸至县乡，结合美的集团的旗舰店、专卖店和售后服务中心，彻底打通“最后一公里”，形成完善的覆盖全国的电商物流网。

目前，美的在部分区域的大宗产品配送依然依赖于其他物流平台。物流配送对于电商发展是具核心意义的，这一点从京东商城对国内物流配送网点毫不犹豫地大规模投入以及阿里巴巴与日日顺战略性合作中可以看出。因此，安得也在对“最后一公里”不遗余力地打通。

解决美的集团电商渠道建设并推动 O2O 两线融合，成为安得物流的使命。

安得芜湖基地的 10 栋仓库中，8 栋标准库，2 栋可做立体库，为未来建高度自动化仓库预留了空间。在基地总控室内的庞大屏幕上，实时显示着每辆在途配送的汽车位置、所在区域的气候、所在道路路况，以及全国每个仓库的即时状况。安得物流每天在途车辆 2500 多辆，运营网络多达 1.6 万余条，拥有 300 万票次的年配送能力，需要管理的仓储面积有 450 万平方米。复杂的运营管理，对信息化建设提出了很高要求。未来，围绕着智能指挥系统的信息化建设也将是安得物流重点投入的方向。

思考讨论题

请结合案例分析安得物流的发展对美的集团发展的重要意义。

第 7 章

网络营销渠道

本章导读

伴随着互联网的发展，以此为支撑的网络营销渠道为企业营销增加了新的内容。网络营销渠道借助互联网将产品从生产者转移到消费者的中间环节，它的发展方兴未艾，它的管理问题已成为营销渠道管理的新主题。本章主要介绍网络营销渠道的基本概念、特点及其结构，分析网络渠道的各种形式、网络中间商的类型，最后阐明如何开展网络分销的管理工作。

知识结构图

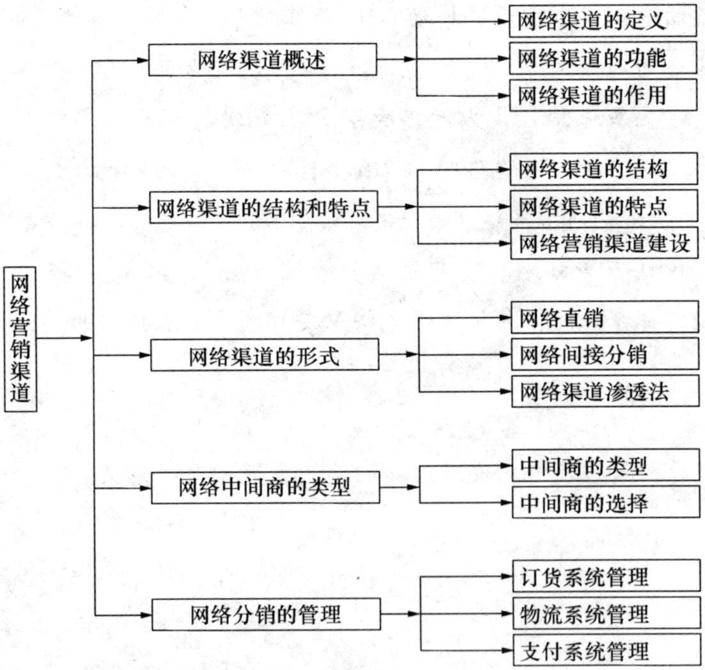

【开篇引例】

李宁公司的网络营销渠道

2008年1月李宁公司成立了电子商务有限公司，该公司的主要工作是运营公司直营的网上零售店铺和管理授权网上经销商。在电子商务公司的推动下，李宁公司目前已基本构建起一个网上零售体系，其中李宁官方商城1家，官方直营店3家，官方授权20家。

李宁公司于2008年6月推出了官方商城（http：//www. e-lining. com）。作为官方自建与独立的网上购物平台，李宁官方商城提供在线购买、在线服务、新品与促销信息、防伪与授权网店查询、网店招商、意见反馈等服务。

李宁公司官方直营的网上零售店铺有3家，分别位于淘宝商城（B2C平台）、淘宝C2C平台与拍拍网。官方网店的主要定位为旗舰店，一般为李宁整体营销推广策略提供线上支持，包括促销活动、新品上市等。李宁官方折扣店的定位主要为渠道店铺，通过招商发展线上渠道，并为其线下店铺提供代发货业务。

李宁电子商务公司正规授权的网上经销商（包括五洲在线电子商务公司、古星电子商务公司、逛街网等）共经营的网点已经达到了20家之多。

李宁公司通过网络渠道的建设与实践，不仅规范了网络价格体系，整合了网络渠道，塑造与提升了网络品牌形象，而且还通过网络渠道增加了销售，形成了线上与线下的良好互动。2007年李宁公司网络上的销售量约为5000万元，2008年达到了2亿元，2009年达到5亿元。

李宁公司的目标消费群是14~28岁、喜爱运动、崇尚新潮时尚和国际流行趋势的大中城市用户，以学生为主。李宁公司网络渠道的开通，迎合了目标用户的网购需求，通过网络平台，目标用户可以及时了解李宁公司的新产品、促销信息等，并通过网络进行快捷、方便的订购。李宁电子商务公司的建立，向消费者证明了网络消费为他们提供了更多的李宁品牌产品的选择余地，同时也向经销商证明了网络渠道的力量所在，让它们为产品在线销售的高速增长做好了准备。

资料来源：“李宁公司的网络营销建设”，百度文库。

7.1 网络渠道概述

7.1.1 网络渠道的定义

网络渠道是利用互联网，将商品和服务从生产者向消费者转移的具体通道或路径。与传统营销渠道相比，网络营销在功能、结构等方面存在明显优势，尤其在商务信息的发布、检索、浏览及订单的反馈更加高效和实时。随着信息技术和网络经济向纵深发展，网络营销的规模逐渐扩大，如书籍、光盘、软件等信息产品，网络营销的价格优势和便捷性越来越突出。

根据麦肯锡高层管理论的资料，营销渠道成本通常占一个行业产品和服务零售价格的15%～40%。长期以来，我国一直沿用传统的批发零售模式，这种金字塔式的营销渠道模式降低了渠道的效率，延误了产品到达消费者手中的时间，导致厂家对终端消费者的信息掌控不力，增加了营销成本，推高了产品价格。网络渠道的产生改变了传统营销渠道的结构，企业通过网络手段建立起自己的供应链系统与销售系统，把客户资产变成长期的重要的资产，实现网上销售，提升核心竞争力。

7.1.2 网络渠道的功能

与传统营销渠道相同，网络营销渠道也具备营销渠道的基本功能，如信息沟通、资金转移和产品转移等。此外，网络营销渠道能够更好地消除产需在时间上、空间上和所有权方面的矛盾和不一致性。消费者能够在最短的时间、最近的地点及时获得所需要的商品；商家能够在最短的距离，根据消费者的个性化需求，进行生产、进货，及时送达消费者手中。这些特点决定了网络营销渠道的功能发生了变化。因此，一个完善的网络营销渠道应具有三大功能：订货功能、结算功能和配货功能。

1. 订货功能

网络营销渠道为消费者提供产品信息，用户或消费者通过浏览网页挑选商品，完成消费；同时，厂家通过订货系统为消费者提供产品信息，获取消费者的需求信息，达到供求平衡。一个完善的订货系统，可以最大限度地减少库存，减少消费费用。订货功能通常由购物车完成，消费者一边进行选购，一边对所购商品进行结算，生成订单后，订单数据进入企业的相关数据库，为产品生产、配送提供依据。如国美公司开通的网上商城，如图 7－1 所示。此外，订货功能还应提供商品搜索和分类查找功能，为消费者提供所需要的信息，如性能、外形、品牌等，以便消费者以最快的速度找到所需商品。

图 7－1　国美网上购物界面

2. 结算功能

该功能由结算系统来完成，主要负责管理渠道中的资金流。消费者在购买产品后，可以用多种方式方便的付款，因此厂家（商家）应有多种结算方式。目前，国外流行的方式有信用卡、电子货币、电子支票等；而国内比较流行的付款结算方式主要有邮局付款、货到付款、预付款结算、银行卡网上支付、银行电汇、第三方支付平台（如阿里巴巴的“支付宝”，如图7－2所示）等。

图 7－2　支付宝登录页面

3. 配送功能

网络销售的产品分为有形产品和无形产品。对于无形的产品，如服务、信息、软件、音乐等，则可以直接通过网上配送。如现在许多软件或者流行的音乐，可以直接从网上购买和下载。所以配送功能主要讨论的是有形产品。对于有形产品的配送，要涉及运输和仓储问题。现阶段，有形产品的配送主要有两种方式：一是利用自己的力量建立自己的物流系统，如IBM公司的蓝色快车就拥有自己的“e物流”；二是企业和第三方物流企业合作，消费者订货后，企业委托第三方专业的物流公司提供送货。如美国的Dell公司与美国的联邦快递公司（FedEx）合作，利用联邦快递为企业配送电脑给客户。

【阅读资料7-1】 非洲居民为何买不到中国蚊香

非洲国家普遍蚊子肆虐，居民深受蚊子危害，蚊香等产品在非洲国家非常受欢迎，但在1990年以前却很少在非洲看到中国品牌的蚊香。原因是，1990年以前中国蚊香在非洲很少有供货，当地小商店买不到，商场也买不到。所以非洲居民根本不知道中国的蚊香。占领当地市场最有效的手段，就是占领销售点，控制渠道。对于大众消费品来说，最重要的不是你的产品和对手有多少差异，而在于你的产品是否能方便地被消费者购买。

7.1.3 网络渠道的作用

传统营销渠道作用单一，只是把商品从生产者向消费者转移的一个通道。消费者从广告等媒体获得商品和服务信息，通过分销买到自己所需的商品，这种营销渠道大量依赖于广告促销费用。这种被动的推动式营销模式，需要较大的推广费和人员推销成本，由此抬高了商品价格，降低了企业的价格竞争优势。

网络渠道很好地弥补了传统营销渠道的不足。首先，网络营销的渠道是信息发布的渠道，提供了双向信息传播模式。企业通过互联网的视频、音频、文字的传播功能为消费者提供企业概况和产品种类、规格、型号、质量、价格、使用条件等产品相关信息，为消费者提供购买决策；消费者通过网络渠道及时、准确地了解商品并向厂家订货。但是，如今网络垃圾信息泛滥，用户对广告信息已经产生一定的“免疫功能”，网络营销效果越来越低。传统的即时通讯、邮件列表、信息群发的营销模式已经达不到很好的网络营销效果，用户已经从被动接受信息转为主动筛选信息。所以，如何通过合理的方式把有用的信息精准地传递给用户，是所有企业和网络营销机构要考虑的问题。其次，网络营销渠道是销售产品、提供服务的快捷途径。用户可以在网上直接挑选自己所需要的产品，并通过网络方便地支付货款，真正使消费者做到“足不出户，便得天下物”。网络渠道的在线支付功能也加快了企业资金的流通速度，传统营销渠道两三个月回收的资金，网络渠道只需十几天。最后，网络营销渠道既是企业间洽谈业务、开展商务活动的场所，也是对客户进行技术培训和售后服务的地方。基于互联网的在线服务是企业向客户提供咨询、技术培训和网络学习的平台，也是企业树立良好形象的重要窗口。

【阅读资料7-2】　　可口可乐终端“剿杀百事”

“只要渴了就能看到，只要渴了就能买到”，这是百事可乐的营销策略，但如果你现在去21世纪便利店购买百事可乐的话，肯定会失望而归。因为从2004年4月1日起，上海美亚企业集团下属的600家21世纪便利店开始停售所有百事可乐，只售可口可乐的产品。这是可口可乐与美亚悄悄签署的营销战略联盟协议，合约期为1年。而此前百事可乐也曾与美亚有过类似的接触。随着竞争的日益激烈，这种生产商和经销商联手垄断渠道式模式将被广泛应用。

资料来源：石晓军、李恒金，“网络营销理论框架刍议”，《中国流通经济》1999年第2期。

7.2　网络渠道的结构和特点

7.2.1　网络渠道的结构

传统的营销渠道按照流通环节的多少，可将分销渠道划分为直接分销渠道和间接分销渠道，如图7-3所示。

直接分销渠道中生产企业不通过中间环节，直接将产品销售给消费者，也称为零级渠道。间接分销渠道指生产企业通过中间商将产品传送给消费者。根据中间商的多少，间接渠道有长短之分，具体划分如下：

一级渠道，即生产者—零售商—消费者。

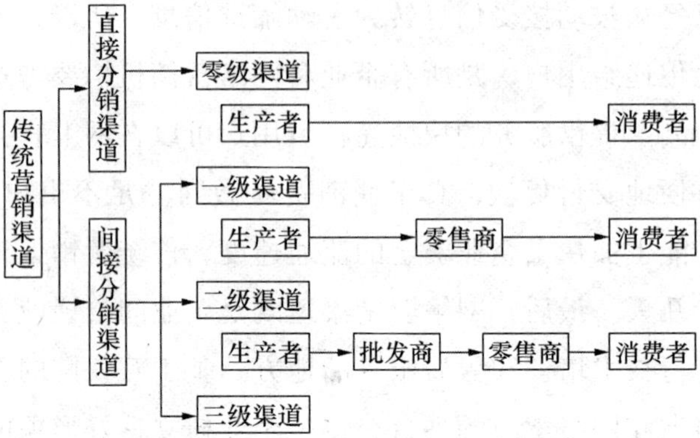

图 7－3 传统营销渠道结构

二级渠道，即生产者—批发商—零售商—消费者，或者制造商—代理商—零售商—消费者。

三级渠道，即生产者—代理商—批发商—零售商—消费者。

与传统营销渠道相同，网络渠道也分为直接分销渠道和间接分销渠道，如图 7－4 所示。网络的直接分销与传统的直接分销都是零级分销，这方面区别不大。对于间接分销渠道，网络分销渠道中只有一级分销渠道，即网络中间商，而传统间接分销渠道中存在一级或多级分销商。互联网高效率的信息交换，改变着传统营销渠道的诸多环节，将错综复杂的关系简化为单一关系。传统中间商的职能发生了改变，由过去的中间力量变成为直销渠道提供服务的中介机构，如提供货物运输配送服务的专业配送公司，提供货款网上结算服务的网上银行，以及提供产品信息发布和网站建设的 ISP 和电子商务服务商。

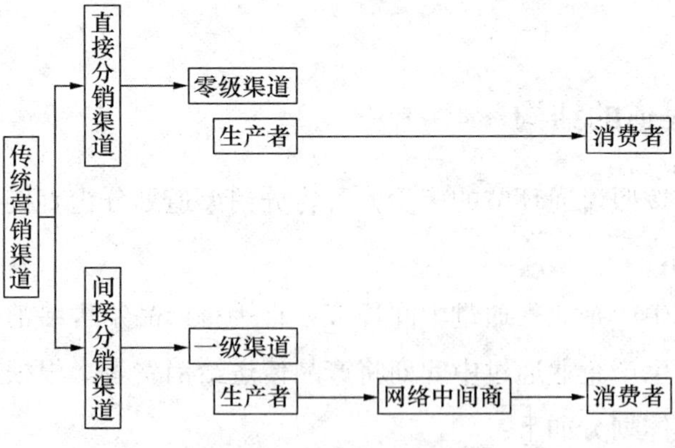

图 7－4 网络渠道结构

【阅读资料7-3】 网络渠道的结构与结构分析

在传统分销渠道的结构中，代理商、批发商、零售商居于重要的地位，是渠道的主要组成部分。随着网络的发展，出现了一些隶属于制造商、中间商自己的网络平台，如制造商网上商店、中间商（经销商）网上零售店、新兴网上零售商和新兴网络中间商，并通过互联网络形成了一个服务于消费者的网状分销渠道。

1. 制造商网络平台

制造商网络平台是传统制造企业通过自己建立互联网站点，赋予网站销售功能，亲自从事网上直销。中国著名的家电企业海尔集团，建立了海尔电子商务网站（www. ehaier. com），直接在网上经销本集团的冰箱、空调、彩电、洗衣机、电脑等20多种产品。

2. 传统零售商网络平台

传统零售商网络平台是传统零售企业建立自己的网上直销站点。比如北京的零售企业西单商场建立了网上商城（www. igo5. com），经销图书期刊、音像制品、摄影器材、家用电器、通讯产品、日用品、化妆品等十几类商品。世界著名的零售巨头沃尔玛连锁超市也建立了自己的网上商店。

3. 新兴网上零售商

新兴网上零售商是随着网络的发展在互联网上兴起的新型网上零售商。亚马逊网上书店自1995年成立以来，就一直在探索一种全新的零售模式，而且创造了一个世界知名的品牌。亚马逊网上书店通过网络营造出一种独特购物体验的环境，使消费者在网上可以任意检索、预览、购买任何书籍。在价格方面，亚马逊被认为是世界上最大的折扣商，号称有多达30多万种以上的书籍可以打折，并建有完备的物流配送体系。国内的当当网上书店、北京珠穆朗玛电子商务有限公司的my8848也是新兴网上零售商的代表。

4. 新兴网络中间商

这类网络中间商自己并不直接经销商品，而是搭建一个网络平台，为卖家、买家提供一个在网上接触的平台。从网络分销的角度，生产厂家除可以建立自己的站点外，也可以选择知名的网络中间商分销自己的产品。阿里巴巴就是一个新兴网络中间商，alibaba. com是B2B门户网站，在上面注册的企业近200万，并提供名为“诚信通”的收费会员服务。阿里巴巴每天访问流量巨大，并有英文、日文版本。对那些不知名的小厂家，虽然可以在自己的网站上直接销售产品，但互联网站站点成百上千万，让最终消费者找到自己企业的网站实属不易。这时，充分利用阿里巴巴这样的网站对企业的网络营销活动是一个有益的补充。

5. 其他网络辅助机构

影响网络分销渠道建设的还有其他一些辅助机构，如网络物流平台、网络信息平台、网络安全平台、网络银行。这些平台或者属于传统的商业组织、机构，或者也是纯粹的网络公司，这些机构、组织、公司在严格意义上并不构成网络分销渠道本身，但在网络环境里，却又不能离开它们。它们构成了网络分销渠道的一个不可或缺的环节。

资料来源：杨斌力，“网络分销渠道的构成与结构分析”，《商业时代》2004 年第 11 期。

7.2.2 网络渠道的特点

随着互联网技术发展的成熟以及联网成本的低廉，互联网好比是一种“万能胶”，将企业、团体、组织以及个人跨时空联结在一起，这也使得网络营销渠道呈现出以下一些特点。

1. 经济性

网上营销通过网上商店来实现，网上商店实现的技术比较成熟，与传统店铺比起来，可谓成本低廉、简单易行。网上商店一经建立，经营上的时空限制就被彻底打破，完全可以做到面向全国、全世界一周 7 天，一天 24 小时的经营，这一点是传统市场中间商无法做到的。因网上营销更多的是一种面向最终用户的直销方式，流通环节的成本被节省，库存也被大大减少，接到订单后的实时生产成为可能。

2. 虚拟性

网络渠道是虚实相结合的，甚至是完全虚拟的。虚拟渠道的主要表现是电子商店，企业通过互联网在电子商店中从事销售活动，没有传统意义上的店铺建筑，有的只是电子商店上产品和产品的相关信息，如产品的价格、规格、特性和以前消费者留下的对产品的评论；整个购物过程是人与网站的对话，在线销售、网上零售、网上拍卖、网上采购、网上配送等销售形式都是在电子商店中完成。

3. 技术性

网络渠道是建立在高技术作为支撑的互联网的基础上的，企业实施网络营销应用了大量网络技术，如局域网技术、搜索技术、网上订货技术、网上支付技术、网上配送技术等。网络渠道改变了传统的组织形态，提升信息管理部门的功能，引进懂营销与计算机技术的复合型人才，未来才能具备市场的竞争优势。

4. 个性化

互联网上的促销是一对一的、理性的、消费者主导的、非强迫性的、循序渐进式的，而且是一种低成本与人性化的促销，避免了推销员强势推销的干扰，并通过信息提供与交互式交谈，与消费者建立长期良好的关系。

5. 整合性

互联网上的营销可由商品信息至收款、售后服务一气呵成，因此也是一种全程的营销渠道。另一方面，企业可以借助互联网将不同的传播营销活动进行统一设计规划和协调实施，以统一的传播咨讯向消费者传达信息，避免不同传播中不一致性产生的消极影响。

6. 高效性

计算机可储存大量的信息，方便消费者查询，可传送的信息数量与精确度远超过其他媒体，并能因市场需求及时更新产品或调整价格，因此能及时有效了解并满足顾客的需求。此外，网络营销渠道大大降低了渠道中间商的数量，拉近了企业与消费者的距离，同时使企业建立直销渠道的难度大大降低。企业利用自己的或中间商的商务网站一方面发布企业和产品方面的信息，另一方面接受客户的访问和订购。

【阅读资料7-4】 深圳电信——效益型网络营销

深圳电信是中国电信系统内的优秀单位，其网上客服中心网站作为深圳电信业务服务平台，也具有行业领先性。为了进一步提升SZ10000网站的用户满意度和网站使用率，深圳电信需要从一个第三方的客观角度、用户的角度找出影响用户使用网站的不方便因素，全面提升网站的用户满意度，达到人气旺盛、增加网上渠道业务量的目标。

深圳电信通过网站平台开展了大规模的“我为电信献良策”有奖调查活动，由于电信用户对SZ10000网站的较高忠诚度，活动每周都收到大量反馈意见，显示网站建设及运营的细节问题对于用户带来的各种困扰。在对用户体验问题进行深度挖掘并给出解决方案的同时，针对深圳电信业务的网站特点总结了一份“网站易用性建设规范”，作为其长期参考的管理文件。这个案例也成为网络营销案例中一个很经典的效益型网络营销案例。

7.2.3 网络渠道的建设

由于网上销售对象不同，因此网上销售渠道也是有很大区别的。一般来说，网上销售主要有两种方式：B2B 模式和 B2C 模式，这两种模式有其各自的特点。

B2B，即企业对企业的模式。这种模式购货批量大、频率低、客户面小、客户关系稳定并且购买方比较集中，因此网上销售渠道的建设关键是建设好订货系统，方便购买企业进行选择；由于企业和客户之间比较了解和信任，资金流和信息流能顺畅地流动，通过网上结算实现付款比较简单；另一方面，由于量大次数少，配送时可以进行专门运送，既可以保证速度也可以保证质量，减少中间环节造成的损伤。

B2C，即企业对消费者模式。这种模式的购物批量小、频率高、客户面广、客户关系不稳定，而且购买者非常分散，因此网上渠道建设的关键是结算系统和配送系统，这也是网上购物必须面对的门槛。现行的 B2C 主要有两种形式：一种是生产企业直接面对消费者销售产品，如格力公司，企业与消费者的零级渠道代理代替了传统的多级渠道；另一种是以京东为代表的新型零售商，如图 7－5 所示，它们充当上游企业和最终消费者之间的联系纽带。

图 7－5　京东网上商城主页

在选择网络销售渠道时还要注意产品的特性，有些产品易于数字化，可以直接通过互联网传输；而对大多数有形产品，还必须依靠传统配送渠道来实现货物的空间移动，对于部分产品依赖的渠道，可以通过对互联网进行改造以最大限度提高渠道的效率，减少渠道运营中的人为失误和时间耽误造成的损失。

在具体建设网络营销渠道时，还要考虑到下面几个方面。

首先，从消费者角度设计渠道。只有采用消费者比较放心、容易接受的方式，才有可能吸引消费者使用网上购物，以克服网上购物的“虚”的感觉。如在中国，采用货到付款方式比较让人认可。

其次，设计订货系统时，要简单明了，不要让消费者填写太多信息，而应该采用现在流行的“购物车”方式模拟超市，让消费者一边看物品比较选择，一边进行选购。在购物结束后，一次性进行结算。另外，订货系统还应该提供商品搜索和分类查找功能，以便消费者在最短时间内找到需要的商品，同时还应对商品提供消费者想了解的信息，如性能、外形、品牌等重要信息。

再次，在选择结算方式时，应考虑到实际发展的状况，应尽量提供多种方式方便消费者选择，同时还要考虑网上结算的安全性，对于不安全的直接结算方式，应换成间接的安全方式。

最后，关键是建立完善的配送系统。消费者只有看到购买的商品到家后，才真正感到踏实，因此建设快速有效的配送服务系统是非常重要的。在现阶段我国配送体系还不成熟的时候，在进行网上销售时要考虑到该产品是否适合配送体系，正因如此，网上销售的商品大多是价值较少、不易损坏的商品，如图书、小件电子类产品等。

【阅读资料7-5】　　联邦快递公司智能化运输管理系统

联邦快递公司（Federal Express Corporation，简称 FedEx 或 FDX）是全球快运业的巨头。联邦快递公司的网站于1995年开通。FedEx 开创了快递产业中的“基地源泉”，史无前例地将智能化系统引入该行业中。FedEx 主推“服务、技术、与顾客协同拓展市场”的营业理念，成为在当今快速、竞争、全球一体化市场上，唯一能向顾客提供其需要的“综合性物资调运解决方案”的企业。

在联邦快递，所有顾客可借助其网址 http：//www.fedex.com/同步追踪货物状况，还可以免费下载实用软件，进入联邦快递协助建立的亚太经济合作组织关税资料库。

FedEx 在 Internet 上构建的智能化运输管理系统，对企业用户和对个体用户的吸引力成为它的核心竞争力。对于企业用户，FedEx 的智能系统能与用户企业网进行无缝链接，或通过 Wed 页面直接介入到用户的物资运输中去。该系统推出的协作化、智能化货运解决方案，深受各类企业的欢迎，令大小公司趋之若鹜。

资料来源："电子商务案例分析：联邦快递公司成功模式"，圣才学习网（http：//yingyu. 100xuexi. com/view/examdata/20120502/38103961 - d0bf - 4e80 - 82b6 - 94cbdb37fcd8. html）。

7.3 网络渠道的形式

随着互联网的迅速发展和广泛应用，传统中间商的地缘优势被互联网的虚拟性所代替，产生了网络环境下的新型分销渠道，主要有网络直销、网络间接分销、分销渠道渗透法等。

7.3.1 网络直销

1. 网络直销的含义

网络直销是指生产商通过网络直接把产品销售给客户和消费者的营销渠道。目前主要有两种形式，一种是企业在因特网上建立自己的站点，申请域名，制作主页和销售网页，由网络管理员专门处理有关产品的销售事务；另一种是企业委托信息服务商在其网点发布信息，企业利用有关信息与客户联系，直接销售产品。目前很多企业利用自己的网站进行网络直销，顾客可以直接从网站进行订货。通过与一些电子商务服务机构合作（如网上银行），网站直接提供支付结算功能，简化了过去的资金流转问题。配送方面，网上直销渠道利用互联网技术构造有效的物流系统，或者通过互联网与一些专业物流公司进行合作，建立有效的物流体系。网络直销渠道的建立，使得生产者与消费者直接连接和沟通，同时也为企业打开了一个面向全球的市场窗口。

2. 网络直销的优点

网络直销具有以下几个优点。

（1）促成产需直接见面，大幅降低了信息交换和沟通的成本。网络直销大大减少了传统分销中的流通环节，免除了支付给中间商的费用，同时有效地降低了实现交易而花费的信息搜索和处理成本。消费者和生产者都可以很容易地在网络上搜索和获取交易对象的信息，生产者可以根据顾客的订单按需生产，做到实现零库存管理，消费者可以根据产品的信息直接网上订货、付款、等待送货上门，这使得交易成本非常低廉，而且随时随地进行。同时，网上直销还可以减少过去依靠推销员上门推销的昂贵的销售费用，最大限度控制营销成本。

（2）网络直销使企业能够及时了解用户对产品的意见、要求和建议。借助于网络，厂家在网上发布有关产品信息，使用 E-mail 等工具，及时实现与顾客一对一的互动交流。企业还可以很容易地获得快速、便宜、易加工的反馈信息，跟踪消费者的需求及其变化情况，根据他们的要求安排生产和销售，避免了传统企业在接到订单之前就已经完成了产品制造的盲目性，使企业能应对消费者的较高的需求。此外，生产者通过网络直销渠道为客户提供售后服务和技术支持，特别是对于一些技术性比较强的行业如 IT 业，提供网上远程技术支持和培训服务，方便顾客。利用互联网的交互特性，网络直销从过去单向信息沟通变成双向直接信息沟通，增强了生产者与消费者的直接联系。

（3）网络直销对买卖双方都会产生直接的经济利益。网络直销使企业的销售成本大大降低，从而使企业能够以较低的价格销售自己的产品，同时消费者也能够从网上买到低于现货市场价格的产品。

（4）营销人员可以利用网络工具，如电子邮件、公告牌等，随时根据用户的愿望和需要，开展各种形式的促销活动，迅速扩大产品的市场份额。

3. 网络直销的缺点

网络直销固然有很多优势，但也存在自身的缺点。如越来越多的企业和商家建立自己的网站，消费者无所适从；大量分散的域名，网站访问者很难有耐心一个个去访问企业主页，特别是一些中小企业，大部分访问者只是“路过”时走马观花地看一眼，网站并没有达到预期的效果；我国的大部分网站访问者寥寥无几，营销数额不大。

要解决上述问题，必须从两个方面入手。一方面，尽快建立具有较高水平的专门服务于商务活动的网络信息服务点。另一方面，借助网络的间接分销渠道寻找解决办法。大部分企业在网络上都有自己的网站，但仍然委托知名度较高的信息服务商，如美国的邓白氏发布信息。这些服务商的信息知名度高、信誉好、信息量大，用户一旦查找到企业信息自然会打开它，由此提高访问人数。

【阅读资料 7-6】 PPG 衬衫模式

从默默无闻到成名，PPG 用了一年半的时间。这不仅因为人们视野中铺天盖地的广告，还因为它给传统服装领域带来的震动——公司声称，2007 年 4 月的销售量比去年同期急速增长 50 倍，预计 2007 年底销售额达到 10 亿～15 亿元，成为国内行业最大的公司之一，地位直逼行业老大雅戈尔。

根据该公司提供的统计数据，行业巨头雅戈尔平均每天卖出衬衫 1.3 万件，而仅凭目录销售、网络销售和呼叫中心，PPG 每天出售衬衫 1 万件左右。

它们采用的是网上直销的模式——直接面对终端客户。它们采取的其中一项营销手段就是如果有某一个消费者推荐了他的朋友前来购买衬衫的话，那么这个消费者在以后购买 PPG 衬衫时可以享有优惠。

PPG 衬衫所采用的病毒式营销就是通过给消费者一定的好处让他去为自己的品牌进行口碑式传播。而一般商场多采用会员制的形式，通过消费者办会员卡消费存积分兑换礼品，刺激消费者再次消费。

7.3.2 网络间接销售

1. 网络间接销售的含义

为了克服网络直销的缺点，网络商品交易中介随之产生，网络间接销售渠道也就应运而生。所谓网络间接销售，是指企业通过一些网络商品交易中介机构来实现商品的网上销售。这些中介机构通常拥有商品交易中心或网上商城。中国商品交易中心、中国国际商务中心都属于此类机构。在网络时代背景下，网络商品交易中心机构成为买卖双方的枢纽，它的存在已成为网络营销的必然。

2. 网络商品交易中介的作用

（1）网络商品交易中介简化了市场交易流程并节约了交易成本。网络的海量信息为商家和用户提供机会的同时，也给人们对信息的选择与比较带来了不小的难度。网络中介机构凭借自己的各种联系、经验、专业知识、活动规模以及掌握的大量信息，对产品信息进行归类整理，使消费者进入后就可以获得不同厂家的同类产品信息。生产者通过这个渠道就可以直接和消费者产生交易关系，比自己推销更简化，也更经济。

例如，在网络虚拟市场中只有三个生产者和三个消费者，没有网络中介。这时，一个生产企业要想销售自己的产品，需要面对三个消费者；一个消费者要想买到自己需要的商品，也要面对三个生产者。这个系统要求9次交易联系。如果存在网络中介，网络中介商在这里发挥了商品交易机构集中、平衡和扩散三大功能，每个生产者就只需通过一个途径（商品交易中介机构）与消费者发生关系，每一个消费者也只需通过同一途径与生产者发生关系。在网络直销中必须发生的9次交易关系由此减少到6次。

（2）网络商品交易中介有利于交易规模化。作为商品生产者与消费者的连接纽带，网络商品交易中介机构一方面能够以最短的渠道销售产品，满足消费者对商品价格的要求；另一方面，也能够通过计算机自动筛选与匹配功能，组织商品的批量订货，满足生产者对规模经济的要求，提高交易成功率。这种集约的商品流转程式，为解决工业发展中组货和订货的难题提供了先决条件。

（3）网络商品交易中介实现网上交易的常规化。网络营销是在虚拟的市场中完成的，网络商品中介机构可以24小时全天候运转，消除时间、地域上的限制。中介机构所属分散在全国各地的物流配送中心，最大限度地减少运输成本；严密的支付系统，使得交易双方增加信任感。此外，专业的网络中介机构拥有知名度高、信誉好的特点，还可以解决“拿货不给钱”“拿钱不给货”的问题，从而降低买卖双方的风险，确保了双方的利益。显然，由于网络商品交易机构的规范化运作，减少了交易过程中的大量不确定因素，降低了交易成本，提高了交易成功率。

（4）网络商品交易中介便利了买卖双方的信息收集。网络商品交易中心本身是一个巨大的数据库，积聚了全国乃至全世界众多的厂商，也汇集了成千上万的商品，厂商和商品实行多种分类，可以从不同角度进行检索。例如，在京东商场中搜索婴儿奶瓶，页面上会显示出不同厂商、不同型号和功能的奶瓶，以供消费者选购，如图7-6所示。买卖双方可以在不同地区、不同时间，在同一个网址上查询不同的信息，交流意见。消费者或者生产者只要进入一个中介机构的网站，就可以如愿以偿，大大简化了交易过程，加快了交易速度。

图 7－6　京东商城婴儿奶瓶的搜索网页

【阅读资料 7－7】　　当当网间接分销渠道

在当当网简介购买图书时，这些书籍最早是属于某个出版社，然后由批发商将其买下。当当网的工作就是通过其经营的互联网网站收集、整理消费者的订单，然后将收集整理后的订单发给批发商处理，批发商如果供货，则将书发到当当网仓库里。接着在当当网的仓库里，批发商发来的书籍经过分装后，再通过物流公司最后递送到消费者手里。在这个过程中，离线的成员从事出版和经销活动，而当当网公司从事在线的零售工作。

资料来源：程虹，《网络营销》，北京大学出版社 2013 年版。

7.3.3　网络销售渠道渗透法（双道法）

所谓双道法，是指企业同时使用网络直接分销渠道和网络间接分销渠道，以达到销售量最大的目的。特别在我国买方市场日趋激烈的市场环境下，要应对势头强劲的国外厂商的竞争，采用双道法进行市场渗透，是一种明智的选择。

随着信息经济和网络技术的发展，越来越多的企业在互联网上建立自己的网站，一方面为自己打开了一个对外开放的窗口，另一方面也建立了自己的网络直销渠道。国外 IBM 公司，国内的青岛海尔集团，都建立了自己的网站，而且盈利效果很好。这说明只要企业能够坚持不懈地对网站进行投入，把网站建设好、维护好，企业的客户会逐渐认识并利用它。而且，一旦企业的网页与信息服务商链接，例如外经贸部政府网站，其宣传作用便不可估量，不仅可以覆盖全国，还可以宣传到全世界，这种优势是任何传统的广告宣传都不能比拟的。对于实力较弱的中小企业，建立自己的网站更具有优势。一方面，只要企业网页制作精美，信息经常更换，一定会有越来越多的顾客光顾，与企业大小强弱无关。另一方面，自己建立网站推销商品的过程比较简单。企业在网络的产品页面上附有订单，浏览者对产品比较满意，可直接在页面上下订单，然后付款、交货，即可完成整个销售过程。

【阅读资料7-8】 渠道成本——兰蔻与喜力啤酒为例

一瓶兰蔻精华肌底液的价格组成：1080元的售价，其中广告和推广费用334.8元，经销商费用270元，销售、管理及行政费用226.8元，净利润129.6元，税收54元，原材料成本21.6元，研发费用43.2元。这就是小黑瓶！

一瓶卖价10元的喜力啤酒，原料成本仅仅0.7元，最大成本是经销商2.2元（占22%），然后是包装1.63元，人力成本1.3元，市场销售成本0.97元，利润0.83元，运输0.48元，税收0.21元，折旧0.5元，其他1.18元……品牌背后，真正的价值占比其实是很少的，更多的是为渠道买单。

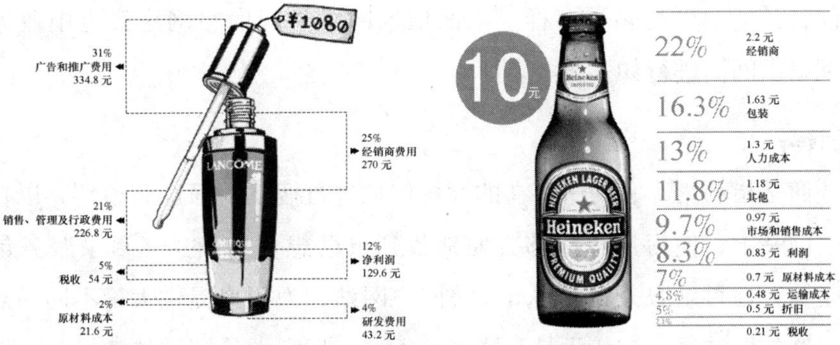

图7-7 兰蔻与喜力啤酒的渠道成本

资料来源："网络营销渠道"，百度文库。

企业除了自己建立网站推销产品或服务，还可以利用网络间接渠道销售自己的产品，通过网络中间商的信息服务、广告服务、撮合服务、配送服务，开拓企业的销售领域。因此对于从事营销活动的企业，必须转变原有的分销理念，及时研究和熟悉国内外电子商务交易中介商的类型、性质、功能、特点及其相关情况，正确选择网络中介商，建立广泛的扁平化分销渠道。如我国的海尔集团就是把企业内部的管理信息系统与外部采购的电子化结合起来，实现了“一流三网”，一流即以订单信息流为中心，三网即全球供应链资源网、全球用户资源网和计算机信息网，海尔的物流系统帮助海尔实现了“三零”目标：零库存、零距离、零运营成本，提升了海尔的全球竞争力。

7.4 网络中间商的类型

7.4.1 网络营销中间商的类型

随着电子商务的盛行，互联网上出现许多新型网络中间商（或电子中间商），这些中间商主要是为客户提供信息服务的，把商品从生产者传递到消费者手中。电子中间商一般来自于两个途径：一是融入了互联网技术的传统分销商，这些企业依靠自己传统的商业基础，利用互联网技术实现网上销售等功能；二是由网络催生的新型的电子中间商，这些中间商在网络市场中为用户提供信息中介、搜索及第三方代理等服务。网络渠道中，中间环节相对简单，每个电子中间商承担着属于自己职责范围内的工作，正是因为它们所承担的功能职责不同，其类型更是多种多样。下面依据网络中间商在网络渠道中业务模式的不同，可以将网络中间商进行如下分类。

1. 目录服务

目录服务商是指利用互联网中存在的大量信息进行搜集、筛选和整理，以目录的形式体现在自己的网站上，使得用户能够方便地找到自己想要的信息。目录服务包括三种形式：第一种是综合性目录服务，如 Yahoo 等门户网站，为用户提供大量不同站点、信息的综合性索引，这类网站通常被认为是互联网的入口，拥有大量网站的链接，一般不提供出售商品的功能，仅仅提供索引而已。这类站点也会提供对索引进行关键词搜索的功能。第二种是商业性目录服务，如被百度公司收购的 www. hao123. com 网站，仅提供对现有的各种商业网站的索引，不从事建设和开发网站的服务，用户通过网站中的链接可以进入不同的常用网站。第三种是专业性目录服务，即针对某一专业领域或主题建立的网站，如 http：//pconline. com. cn，通常是由该领域中的公司或专业人士提供内容，包括为用户提供对某一品牌商品的技术评价信息、同类商品的性能比较等。这类网站如提供数字期刊目录的中国知网数据知识服务平台。

2. 搜索引擎服务

与目录不同，搜索引擎服务为用户提供基于关键词的检索服务，如百度搜索（www. baidu. com）、Google（www. google. com）等。用户可以依据这些网站提供的搜索引擎对互联网进行实时搜索。这些网站利用大型数据库分类存储各种站点介绍和页面内容，搜索站点不允许用户直接浏览数据库，但允许用户向数据库添加条目。目前，这些搜索服务主要是竞价排名、搜索排名、固定排名和专业排名等。搜索服务商通常利用网站的点击率收取销售的广告费用和排名费用等来实现盈利。

3. 虚拟商业街

虚拟商业街是指两个或两个以上的商业站点链接成的网站。虚拟商业街与目录服务的区别是，虚拟商业街定位某一地理位置和某一特定类型的生产者和零售商，在虚拟商业街销售各种商品，提供不同服务。站点的主要收入来源依靠其他商业站点对其的租用，例如，日本最大的虚拟商业街乐天市场于2008年开通生鲜食品次日速递服务，再如我国的新浪网（www. Sina. com）开设的电子商务服务，站点的主要收入来源是依靠其他商业站点的租用。

4. 网上商城

这类网路中间商通过搭建电子商务平台，运用先进的互联网技术和设备为企业或消费者提供网上交易电子平台和各种服务。它拥有自己的货物清单，能直接将产品销售给消费者。通常，这些网上商城的专业性很强，定位于某类产品，它们直接从生产者进货，然后以一定折扣销售给消费者。如国美在线、苏宁易购、Amazon网上书店等。其优点是客流量大，商品种类多，顾客在商城内可以找到满足不同需求的产品。目前，国内网上商城主要有三种类型：第一种是电子零售型。它直接在网上设立网站，在网站中提供一类或几类产品的信息供购买。第二种是电子拍卖型。这种网店提供商品信息，但不确定商品的价格，商品价格通过拍卖形式由会员在网上相互叫价确定，价高者就可以购买该商品。第三种是电子直销型。这类站点是由生产型企业开通的网上直销站点，它绕过传统的中间商环节，直接让最终消费者从网上选择购买产品。

5. 网上出版

由于网络信息传输及时而且具有交互性，网络出版 Web 站点可以提供大量有趣的和有用的信息给消费者。目前出现的联机报纸、联机杂志属于此类型。由于内容丰富而且基本免费，此类站点访问量特别大，因此出版商利用站点做 Internet 广告或提供产品目录，并依广告访问次数进行收费，如 ICP（Internet Content Provider，简写为 ICP，网络内容服务商，即向广大用户综合提供互联网信息业务和增值业务的电信运营商），即属于此类。

6. 站点评估

网络上的站点内容繁多，良莠不齐，消费者在访问生产者站点时，往往显得束手无策，不知该访问哪一个站点。站点评估机构根据预先制定的标准体系对网上商家进行评估，为消费者提供网上商家的等级信息和消费测评报告，降低消费者网购受骗的风险，减少消费者权利的侵害。提供站点评估的机构网站一般是由专业机构或者行业中信誉比较好的商家建立，如中国信息技术协议网（www. itawcn. com）。

7. 网络金融机构

网络营销要求网上交易的同时，实现买卖双方授权支付。然而网络的不安全性，使得交易双方不能相互信任，为网上交易带来困难。一些企业开始利用自己的信用介入渠道中，提供专门的金融服务，比如支付、转账、结算等业务。目前主要的支付方式包括信用卡（如 Visa、Mastercard）、电子等价物（如填写的支票）、现金支付（如数字现金）或通过安全电子邮件授权支付等。网络金融机构就是专门为网络交易提供金融服务的金融机构，主要有两种形式，一种是一些传统的金融银行纷纷提供电子支付服务，如中国银联（www. chinapay. com）、招商银行等网上银行。一种是新兴的虚拟金融服务以第三方的身份提供网络交易安全保障，如阿里巴巴旗下支付宝就是最有代表性的第三方支付平台。

8. 网络统计机构

随着网络渠道的发展，各种辅助性的服务应运而生，比如为网络广告商提供网站访问者特征、不同网络广告手段的使用率等信息。企业需要了解消费者的购买意向，网络用户增减的趋势等。网络统计机构就是为用户提供互联网统计数据的机构，确保交易过程的透明性与公正性，如国内的互联网数据统计机构（www. cnnic. net. cn）。

9. 虚拟市场

虚拟市场提供虚拟场所，任何符合条件的产品都可以在虚拟市场站点内进行展示和销售，消费者可以在站点中任意选择和购买，站点主持者收取一定的管理费用。如被称为“永不落幕的交易会”的中国商品市场、中国商品交易中心和中国粮食贸易公司推出的中国粮食贸易网等都属于此类型。当人们交换产品或服务时，实行等价交换而不用现金，交换网络就可以提供以货易货的虚拟市场。

10. 智能代理

智能代理又称买方代理，这类中介商根据消费者偏好和要求预先为用户自动进行搜索和过滤所需要的销售商、产品信息或者相关评价等，还可以根据用户自己的喜好和别人的搜索经验自动学习优化搜索标准，最终将结果根据预先设定的格式反馈给消费者。消费者可以自由选择通过这类中介商购物，也可以直接联系供货商购物，中介通过收取消费者和供货商的费用而获取利润。随着互联网技术的日趋成熟与完善，消费者面对海量的商业信息，需要花费大量的时间和精力对信息进行筛选，选择自己满意的产品、信息或服务，正是这种趋势的促使，智能代理商应运而生。

专门为消费者提供购物比较服务的智能代理又被称为比较购物代理、比较购物引擎、购物机器人等，后来在此基础上产生了一种新的比较电子商务模式，如综合性比较电子商务网站中华比较网等，其中做得比较成熟的有 www. winerobot. com. au。这个网站可以根据葡萄酒的种类、商标、产地、出产年份、价格等进行搜索符合条件的葡萄酒商网站。比较购物代理以及比较电子商务的出现，不仅使消费者的购物过程更加快捷方便，更重要的是其所提供的服务会对网络市场的竞争状况产生重大的影响。

7.4.2 网络营销中间商的选择

企业从事网络营销过程中，除了建立自己的网站，还通过网络分销商销售产品，扩大企业的影响力，提高竞争力。网络中间商建立的交易市场相当于传统营销中的市场，市场的特征、知名度、客流量、所能提供的服务直接影响了企业营销活动的效果。因此，网络中间商的选择对企业开展网络营销起着十分重要的作用。在选择网络中间商时，必须考虑成本、信用、覆盖、特色、连续性五个方面的因素，这五个方面的因素可以称之为网络间接营销的五大关键因素，也称为5C 因素。

1. 成本（Cost）

主要指网络分销商为企业提供服务时的费用，包括价格折扣、促销费用、运行费用、促销费用等。通常的收费模式有两种：一是中间商按照企业所占用的资源和使用的站点提供的服务程度来收费，另一类是网络中间商根据企业经由其网站形成的销售额提成。前一种策略多发生在中间商不足以较大幅度提高企业销售额的情况，后一种则刚好相反，网络中间商能给企业带来较高的销量。企业在选择中间商时，最好先联系一下在该中间商注册过的企业，以免选择错误增加企业成本。

2. 信用（Credit）

这里的信用是指网络信息服务商所具有信用程度的大小。由于建立一个网络服务站所需的投资较少，因此，信息服务商就如雨后春笋般的出现。目前，我国还没有权威性的认证机构对这些服务商进行认证，因此在选择中间商时应注意它们的信用程度，由于网络的虚拟性和远程性以及网络交易的不安全性，通常信誉好的中间商就是质量和服务的保障。

3. 覆盖（Coverage）

覆盖是指网络宣传所能够波及的地区和人数，即网络站点所能影响的市场区域。对于企业来讲，站点覆盖并非越广越好，而是要看市场覆盖面是否合理、有效，是否能够最终给企业带来经济效益。例如，啤酒等“短腿”产品在地区性网络销售的效果较好，而药品等“长腿”产品则非常适合在全国性站点销售。

4. 特色（Character）

网络本身应该更好地满足消费者的个性化需求，网站中间商应该体现经营者的文化素质、经营理念、经济实力等特色。与此同时，每一个网络站点都要受到中间商总体规模、财力、文化素质、服务态度、工作精神的影响，在设计、更新过程中表现出各自不同的特色，因而具有不同的访问群。因此，企业应当研究这些顾客群的特点、购买渠道和购买频率，在选择时必须与自己的经营目标相吻合，这样才能发挥网络中间商的优势。

5. 连续性（Continuity）

网络发展的实践证明，网络站点的寿命有长有短。一个企业要想在用户或者消费者心目中建立品牌信誉、服务信誉，持续稳定地运行，那么就必须选择具有连续性的网络站点，这样才能得到用户或消费者的信任。为此，企业应采取措施密切与中间商的联系，保持本企业产品在其网页中的重要位置。

【阅读资料7-9】 淘宝网试点第三方质量鉴定服务

2013年3月13日，淘宝网宣布推出第三方质量鉴定服务，并在手机、数码相机、家居三大品类率先试点。今后，消费者购买此类产品，可在收货后发起第三方质量鉴定。如果鉴定为假货，买家将获得全额赔付。数码类检测费用遵循“谁责任谁承担”原则，而家居类检测费则无需消费者承担。

与淘宝网合作的第三方质量鉴定机构包括：中国检验认证集团、国家纺织服装产品质量监督检验中心、中纺标（北京）检验认证中心有限公司、广东产品质量监督检验研究院和苏州市纤维检验所（国家丝绸及服装产品质检中心）。这一服务中，消费者在淘宝手机、数码相机类目购买任何一款手机或者相机，均可以在收到商品后发起第三方质量鉴定服务流程。如果经过第三方服务公司鉴定为假货，将由淘宝先行代卖家发起赔付，后续则由淘宝向卖家追偿。

家居类目的第三方鉴定与数码类有所区别。如果质检结果是非人为质量问题，卖家将给予全额退款。如果是人为问题或不存在质量问题，将由保险公司赔付消费者交易金额的50%（因为家居检测可能导致商品损坏）。鉴定费用则由购买保险的卖家承担。也就是说，无论鉴定结果如何，买家不需要承担鉴定费用。针对家居商品的特殊性，淘宝网引入了太平洋保险和中国平安两家保险公司。

这一服务在手机、数码相机和家居类目试运行后，还将推行至更多类目。官方数据显示，试运行一个多月以来，淘宝网共接到41单质量鉴定申请，其中有24单出具了质检报告。

资料来源：“网络营销渠道”，百度文库。

7.5 网络分销的管理

“得渠道者得天下”，拥有畅通、可靠的销售渠道，已成为决胜市场的关键所在。为了抢占网络营销市场竞争中的制高点，各大互联网门户不断加强营销渠道建设，力求实现网络营销渠道的多样化。我国是世界第二大互联网市场，拥有庞大的网民群体，形成了巨大的网络消费群体和网络营销空间。网络营销渠道就是利用互联网技术使商品和服务从生产者向消费者转移过程的具体通道或路径。网络营销渠道除了具有传统的渠道管理的内容，还应加强网络订货系统与订货信息的管理、物流配送系统管理和支付系统管理。

7.5.1 网络订货系统与订货信息管理

在网络渠道中订货是必须要经过的第一个重要环节，特别是 B2B 形式的交易活动。订货过程主要是买方形成订单的一个选择过程，消费者需要注册、挑选产品并与卖家谈判，然后选择交易完成方式和收货方式，最后提交订单。卖家需要将商品的信息分类公布到网站上，并建立订货系统。

很多企业常常犯的一个错误是将传统印刷订单照搬到网站上作为网上的订货单，会造成顾客订货时的麻烦，也不易于操作。因此，企业在订货系统的设计时，要尽可能地减少顾客的劳动，尽可能地方便、易于操作。

对于消费者，订货系统最重要的是人性化和简单化。首先，网络订单设计尽可能方便、可操作性强。为了避免顾客填写太多的信息，最好采用现在流行的“购物车”（Shopping Cart）方式模拟超市，让消费者边看边选择商品，在购物结束后一次性结算。为了使顾客更详细地了解商品，可以设置产品页面链接，以便向顾客导航详细信息。其次，明确告知顾客交货时间和范围。产品页面上不仅提供产品性能及使用方面的信息，而且给出产品的价格、库存、总订货量和交货时间等相关信息，一般能够链接到公司的数据库上，可以随时显示货物库存情况。最后，能够提供给顾客自主选择的货物运输方式。通过物流信息系统，向顾客提供相关货物运费、税收等信息，并在网上设置一个专门的免费电话，方便顾客随时咨询。除了上面三个主要方面，企业在设计订货系统时，还应提供商品分类查找功能，以便消费者在最短的时间内找到所需要的商品，同时还要提供如性能、外观、品牌等重要信息。订单管理中特别注意客户信息的安全，为了取信于顾客，必须采取维护客户信息的措施，要请求准许再公布客户信息，而且也只能把数据发布给合理使用的第三方。还要有方便可行的结算方式。如淘宝网推出的储蓄卡网上快速结账功能就是典型的快捷结算方式。

对于企业，网络订货系统主要是订单信息的管理。订单信息通常包括客户名称与所处地区、购买商品类型与数量、运送商品的方式和地点以及货款支付方式等。卖方接到订单后对订单进行分类整理，确认是否有库存，然后通知发货员发货。在这一流程中，卖方要分清订单，按照订单要求进行。在订货系统中要能够跟踪订单，了解处理和发货的具体情况以及物流的进程。

交易完成后，订货系统还应对订货信息进行筛选整理，并最终形成订单数据库。通过订单所包含的信息，研究生产状况、所提供的产品品种以及这些产品的网络营销效果，分析市场消费者的购买趋势及消费者对产品的使用效果，也可作为顾客关系管理的依据与手段。实际上，每一次交易结束，除了订单信息外，还会留下一些订单以外的信息，如买方的兴趣爱好、职业、收入等，将这些信息记录下来，从而完善订单数据库，为今后企业的网上销售服务。

【阅读资料 7－10】　一个职业经理人的创业故事

Z 君任职于珠江啤酒公司，负责一个地级市的啤酒销售。他从一个普通的业务员做起，用了两年的时间，上升到该地区的区域经理。在这两年的时间里，他的足迹踏遍了该地区的几乎每一个乡镇，对该地区的地理情况了如指掌，更重要的是，经过两年的啤酒销售经历，他相信自己已经拥有了一张由地市到县城再到乡镇的强大批发网络。他之所以这么自信，有他的理由。

首先，该地级市从市区到县城再到乡镇几乎所有从事快速消费品批发销售的批发商们都跟他打过交道，或者说是曾有生意上的往来；其次，他负责管理的某啤酒在该地区的经销商以及二批商乃至三批商都是该地区批发行业的佼佼者，而且大部分合作非常愉快，批发商们通过经销该啤酒，既赚了钱又赚了下级网络，批发商们普遍对他比较信服或尊敬。

鉴于以上原因，他踌躇满志，不甘心再做每个月拿固定工资的职业经理人了，觉得自己拥有这么好的网络，应该自己做点事情。经过一番前期的筹备，新公司很快开张，并且拿到了省内另外一家著名啤酒在该地区的代理权。

凭着他以前做珠江啤酒的网络，新啤酒很快在该地区全面上市。凭着他以前的威望和关系，新啤酒全面上市只是第一步，接下来他要把这些网络彻底拉过来，只做新啤酒，不做珠江，打败珠江。

三个月过去了，结果十分令人意外，网络二批商们纷纷抱怨新啤酒价格高，经销商利润薄，促销政策变化快，市场投入不够等等，最后他十分自信和骄傲的网不仅没有给他带来预期的收益，反而集体背叛了他，新啤酒在网络的销售陷于停滞。

为什么这张曾经令一位职业经理人十分自信的网络会离他而去呢？答案在于五个字：管理与维护。作为一个职业经理人，建造一张网只是一个基础，一个开始，要想保持这张网对你的忠诚度，并利用它来发挥价值，必须对这张网不断地进行修护工作，也就是管理与维护。否则的话，织得再好的一张网也会随着风吹雨淋变得破烂不堪而毫无价值。

7.5.2 物流配送系统管理

消费者在网上购物时，只有看到所购商品到家后，才真正感到踏实，才会放心，因此建设快速、完善、有效的配送服务系统是非常重要的。所谓物流配送，是按用户的订货要求，在物流据点进行分货、配货工作，并将配好的货送交收货人的活动。它是流通加工、整理、拣选、分类、配货配装、运送等一系列活动的集合。传统的物流配送企业需要置备大面积的仓库，而电子商务系统网络化的虚拟企业将散置在各地的分属不同所有者的仓库通过网络系统连接起来，使之成为“虚拟仓库”，进行统一管理和调配使用，服务半径和货物集散空间都放大了。这样的企业在组织资源的速度、规模、效率和资源的合理配置方面都是传统的物流配送所不可比拟的。

消费者通过网上订货系统完成购物后，商家或网络中间商根据收到的订单信息进行货物配送。对于网络上能直接传送的商品，如软件、信息、音乐、图片等，可以直接通过网络传递给消费者。然而，相当一部分实物商品并不能直接进行网上传递，必须借助于运输工具送到消费者或用户手中。目前，物流配送方式主要有自建物流配送、组建物流联盟、第三方物流和第四方物流。与其相对应的送货方式有：送货上门服务，货到付款；利用邮政、铁路、航空为主体的国有企业和在此基础上发展延伸出的速递、配送服务或储运公司开展的配送业务；社会上小型速递或储运公司的配送代理服务；由客户企业与服务供应企业（如第三方、IT 服务供应商以及其他组织）之间通过签订合资协议或长期合作协议而形成的、能够为客户企业实施内外物流运作整合并提供综合业务解决方案的供应链物流模式。

相比于传统物流配送过程，网络环境下的物流配送还需注意及时性的问题。传统购买方式中，买卖双方多采用即买即买，一手交钱一手交货，没有购货等待时间。然而对于网络购物，消费者完成订单之后，需要等待物流配送，每一位用户都希望尽快拿到所选商品，所以对于产品到达的时间越快越好，谁拥有快速的物流配送体系，会得到消费者更多的青睐。

【阅读资料7-11】 海尔的物流革命年代

物流业兴起是经济发展的大势所趋，然而在我国真正认识物流者当属海尔也。海尔物流的成功给人们一个启示：唯创新者才能独占鳌头。

海尔国际物流中心坐落在海尔开发区工业园，由国家“863”计划项目海尔机器人有限公司整合国内外资源建设而成。采用世界上最先进的激光导引技术开发的激光导引无人运输车系统、巷道堆垛机、机器人、穿梭车等，全部实现物流的自动化和智能化。除了硬件的高度专业化外，海尔特色物流管理中的“一流三网”和“同步模式”概念的提出，则形成了中国物流近几年最强劲的冲击波。

1. 一流三网

“一流”是订单信息流。企业内部信息系统的构造，全面围绕着订单流动进行设计。作为物流的基础和支持“三网”，则是指海尔的全球供应网络、全球配送网络和计算机管理网络。对于海尔物流来讲，“一流三网”是实现物流革命的必然选择。

2. 同步模式

对海尔来说，物流还意味着速度。对于如何实现这个速度，海尔提出了“同步模式”，即在接到订单的那一刹那，所有与这个订单有关系的部门和个人，能够在物流流程明确分工的环节下同步地行动起来，从而实现同步流程、同步送达。

3. 三零运作

在企业革命性的调整后，物流帮助海尔实现了革命性“零库存、零距离、零营运资本”的运作目标。JIT采购、JIT送料、JIT配送是海尔实现零库存的武器。“零库存”意味着不仅不会因这些物资积压形成呆滞物资，更重要的是它为产品生产的零缺陷铺平了道路。“零距离”指的是海尔在拿到用户的订单需求后，以最快的速度满足用户的需求。海尔目前基于物流的生产过程是“柔性”的生产线，都是为订单来进行生产的，然后再通过全国42个配送中心，及时地配送到用户手中。所谓“零营运资本”，就是零流动资金占用。简单地说，企业在给分供方付款期到来之前，可以先把用户应付的货款收回来。达成收回货款的前提是企业做到现款现货，而做到现款现货的最有效途径就是企业根据用户的订单来制造产品。

4. 数字解密

整个集团呆滞物资降低73.8%，仓库面积减少50%，库存资金减少67%；7200平方米的物流中心吞吐能力相当于30万平方米的普通平面仓库；供应商由原来的2336家优化到978家，同时国际化供应商的比例上升了20%；在中心城市实现8小时配送到位，区域内24小时配送到位，全国4天以内到位；100%的采购订单由网上下达，采购周期由平均10天降低到3天，网上支付已达到总支付额的20%……这些有着惊人变化的数字背后，海尔带来的不仅是企业自身的发展，其革命性的思维方式更将深远地影响到摸索中的中国物流产业。

5. 物流打造核心竞争力

"物流带给海尔最关键的是核心竞争力"，核心竞争力就是在市场上可以获得用户忠诚度的能力。物流使得海尔能够一只手抓住用户的需求，一只手抓住可以满足用户需求的全球供应链，把这两种能力结合在一起，形成的就是海尔所期望达到的核心竞争力。而海尔运作现代物流，目的就是要获得在全世界通行无阻的核心竞争力，成为国际化的世界名牌企业。

资料来源："海尔的物流革命年代"，百度文库。

7.5.3 支付系统管理

网络渠道的最后一个环节是支付。网上支付是指电子交易的当事人，包括消费者、厂商和金融机构，使用安全电子支付手段通过网络进行的货币支付或资金流转。电子支付的工具越来越多。这些支付工具可以分为三大类：一类是电子货币类，如电子现金、电子钱包等；另一类是电子信用卡类，包括智能卡、借记卡、电话卡等；还有一类是电子支票类，如电子支票、电子汇款、电子划款等。目前，我国网络营销结算方式主要有银行汇款、邮局汇款、货到付款和网上支付几种。银行汇款不太方便，而且汇费较高。货到付款一般适用于物流公司代收、买方自提货的订单，也是消费者比较放心的方式，只有采用消费者比较放心、容易接受的结算方式才有可能吸引消费者使用网上购物。

卖家在互联网上设立结算系统，完整地进行网络营销渠道活动的支付。通常由企业与金融机构联盟的形式实现，例如我国大部分从事电子商务的企业与中国银行、招商银行等金融机构进行合作开通网上支付业务，利用银行账户与金融银行进行网上支付。

由于互联网的开放性，网上信息存在被非法截取和利用的可能，有一定的安全隐患。网上购物，消费者对产品的了解只能通过网上介绍，交易时消费者需要将个人重要信息，比如账户号码、身份及所购商品名称、数量等信息，通过网络传送给商家，可能被商家或第三方掌握消费者的个人隐私。此外，互联网的虚拟性，使得交易双方不容易知道各自的身份，消费者在进行网上支付时，网上支付的安全性就显得格外重要，现实中出现的银行账户密码被修改、资料库和网络资源遭到修改，都给网上支付的安全性提出挑战。

在选择结算方式时，应考虑到目前的实际发展状况，尽量提供多种方式方便消费者选择，同时还要考虑网络结算的安全性，对于不安全的直接结算方式，应换成间接的安全方式。随着信息技术的发展，网上支付的安全性得到更大的保障，交易过程中的数据传输真实性主要通过数字证书来解决，机密性主要通过数据加密来解决，完整性主要用消息摘要来解决，不可否认性主要用数字签名来解决，同时支持信用卡使用的SSL和SET安全协议。但是生活中，仍然存在网络漏洞被他人所用，导致交易双方交易受损，这更多是管理问题并不是技术原因造成的。因此，网络支付的安全管理必须规范支付流程，使得交易严格按照流程运行，保证支付的安全性。

本章习题

一、单选题

1. （　　）就是以互联网为通道实现商品和服务从生产者到消费者的转移过程。

A. 网络营销渠道　　B. 物流配送体系

C. 支付系统　　D. 订货系统

2. 对于间接分销渠道，网络分销渠道中只有（　　）分销渠道，即网络中间商。

A. 零级　　B. 一级

C. 二级　　D. 三级

3. B2B是指（　　）的电子商务。

A. 企业对企业　　B. 企业对消费者

C. 企业对政府　　D. 消费者对政府

4. B2C是指（　　）的电子商务。

A. 企业对企业　　B. 企业对消费者

C. 企业对政府　　D. 消费者对政府

5. 在具体建设网络营销渠道方面，下列说法错误的是（　　）。

A. 从消费者角度设计渠道　　B. 从系统设计角度

C. 结算方式的多样化　　D. 不需要建立完善的配送系统

二、多选题

1. 一个完善的网络营销渠道应具有三大功能，即（　　）。

A. 订货功能　　B. 结算功能

C. 广告功能　　D. 招商功能

E. 配货功能

2. 按有无中间商的介入，分销渠道分为（　　）。

A. 直接渠道　　B. 间接渠道

C. 长渠道　　D. 短渠道

E. 宽渠道

3. 网络营销渠道的作用主要表现在（　　）。

A. 双向信息传播　　B. 提供快捷的产品服务通道

C. 是企业交易与相关业务的平台　　D. 超越时空

E. 更低的交易成本

4. 网络营销的特点主要有（　　）。

A. 虚拟性　　B. 技术性

C. 个性化　　D. 经济性

E. 整合性

5. 依据网络中间商在网络渠道中业务模式的不同，可以将网络中间商分为（　　）。

A. 虚拟商业街　　B. 搜索引擎服务

C. 网上商城　　D. 网上出版

E. 网络金融机构

三、名词解释

1. 网络渠道　　2. 网络直销　　3. 虚拟市场　　4. 双道法　　5. 目录服务商

四、讨论题

访问戴尔和联想网站，分析两者的分销渠道模式有何不同，联想要获得更大的发展应该如何提升自己的核心竞争力。

案例讨论

亚马逊与通用电气公司网络营销策略

1. 亚马逊

“亚马逊”最初是个网上书店，没有固定的繁华店铺，没有面对面的亲切笑容。在1995年7月，亚马逊还只是个网站，但到了2000年底，顾客已涵盖了160多个国家和地区，成为世界上销售量最大的网上书店。

亚马逊的创办人杰夫·贝索斯（Jeffrey Bezos）发现了一个统计数字：网络使用人数以每月2300%的速度在成长。吃惊之余，他感觉到了网络销售业的潜力与远景，于是做了个决定：到西部创立网络零售业。1995年7月，贝索斯在西雅图市郊一栋租来的屋子里成立亚马逊书店。8月，亚马逊卖出了第一本书，成为这个市场的第一个人。3年以后，亚马逊被《福布斯》杂志称为世界上最大的网上书店。4年后，公司拥有了1310万名顾客、300万种图书，超过世界上任何一家书店，成为网上零售先锋。2000年的销售额是80亿美元，1999年亚马逊书店创办人贝索斯当选美国《时代》周刊本年风云人物。同其他大多数互联网企业一样，亚马逊也遭遇过一个电子商务界的“普遍困境”，即在贝索斯不断地把大量金钱投入公司扩张的同时，亚马逊也正在业务亏损的漩涡中挣扎。面对亏损，亚马逊采取了三个策略。第一个策略是全面收藏各种出版物，建立高质量、数量庞大的书目数据库。亚马逊公司的另一个战略是，如果要想与老牌的Barnes & Noble公司竞争，就要创造自己的品牌。实行全面周到的服务是亚马逊的第三个策略，从丰富的检索途径、灵活多样的营销手段，到安全可靠的付款方式和物流配送手段。随着电子商务配套措施，如电子支付、物流配送、法律手段的完善，亚马逊逐渐成长为世界上销量最大的网上书店。

2. 通用电气公司

美国通用电气公司在1996年开通了美国通用电气网站（www. ge. com）。在经过几次总体结构调整之后，现已发展成为在线销售、在线设计、在线咨询与服务的大型电子商务网站，被誉为“最成功的电子商务网站”之一。“我们将美好的事物带给生活”体现了GE公司网站的主题。

美国通用电气公司最早期的各类产品的主页就是以人间亲情和天伦之乐为主题，吸引顾客对该网站的兴趣，利用人间亲情以缩短公司与顾客间的距离。随后通用电气公司研究发现，公司除力争新建家庭外，重点应建立一般顾客对其产品的重购率，就能提高所有主要家电产品的整体销售率。因此，“精确营销体系”的首要目标是要找对顾客、找准顾客，再用各种手段发展与顾客的关系。其次，该体系要在保持客户关系的基础上，了解客户现在使用的家用电器产品、客户的满意层次，以及重购电器的意愿。

通用电气的网络营销系统了解客户所希望的商品或服务的特殊性，介绍商品或服务。一旦某一个人成为公司的客户，系统立刻可用来传递或交换信息，提供实时支持。同时，系统还能为企业产品的功能设计、产品销售和各地区市场营销等收集到第一手信息，为公司指导生产、创建知识、产品改造提供依据。拥有了几乎占全美国家庭1/3的包括3500万户姓名的庞大的客户资料库。通过提供客户与公司联系的便捷渠道和公司信息的及时反馈，通用电器不仅可加强与客户的关系，而且与网络营销中心接触，可以在很大程度上提高客户对通用电器公司产品系列的关注和认知程度。

这样，企业通过不断学习如何动态地管理与认知客户的过程，就获得了巨大的客户价值提升和忠诚度的提升。

思考讨论题

试分析亚马逊和通用电气网络营销策略的差异性并探讨两家企业均取得成功的关键因素。

第 8 章

国际营销渠道

本章导读

由于地理位置和文化差异等因素，在国际营销活动中，营销渠道的建设和管理显得尤为重要。本章首先介绍了主要的国际营销渠道模式，然后分析了选择不同营销渠道的重要影响因素，最后讲述了对国际营销渠道的管理活动。

知识结构图

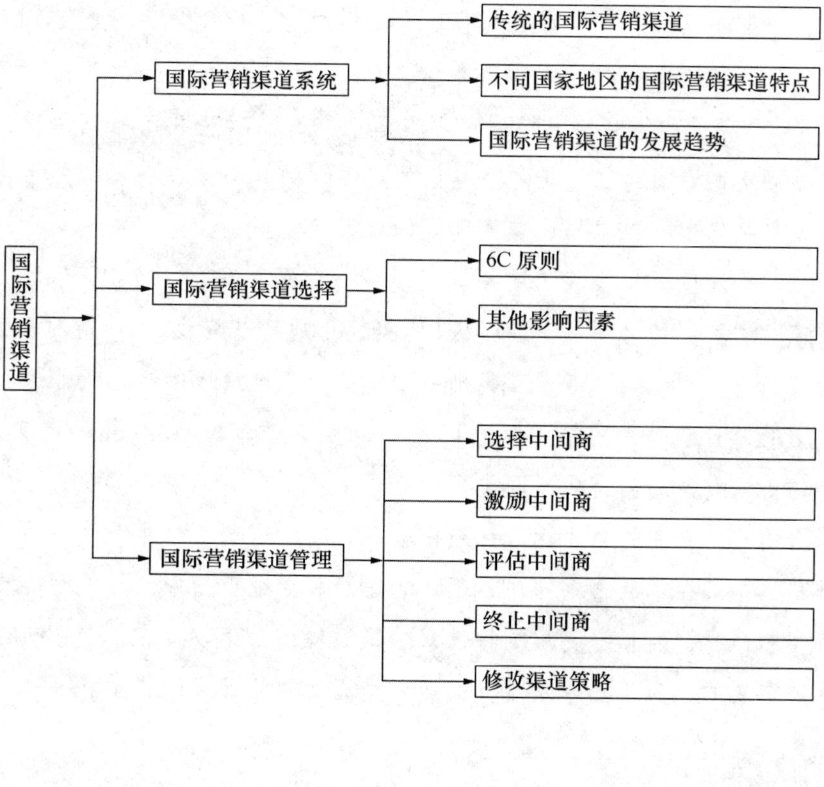

【开篇引例】 法国酒类产品的国际营销

每年，从法国、德国、意大利和其他欧洲国家出口到世界各地的酒类和酒精类制品，价值都超过10亿美元。但是，你可曾想过酒类产品到达零售商店的渠道，比如法国酒如何到达你的本地零售店？事实上，酒类产品出厂之后，还经过了经纪人、货运代理、船舶代理、出口代理、运输商、进口商、批发商和分销商，最后才到达当地的零售商。

法国酒制品产业的结构非常复杂，一种名为“协议商”的中介机构在各地区扮演着不尽相同但都很重要的角色。协议商有时就像经纪人，代表美国进口商签订购买指定数量成品酒类制品的长期合同。协议商有时又好像一个银行家，预付给生产商大约25%的订金。还有些时候，协议商从种植园主那里购买葡萄等原料，自己制造酒类产品，经过一定的调制，最后进行瓶装工序并贴上自己的商标。实际上，法国出产的酒类商品有的是纯粹的酒类制造商生产的，有的则是协议商生产的。

那些酒类产品如果是销售到法国或其他欧洲国家，一般直接通过公路来运输，但是如果它们要出口到美国或日本，那么货物代理公司或运输代理公司需要派遣运输车辆先到酒厂运送酒产品。对于那些最大的酒类制造商，产品通常在自己的制造厂里就整理完毕，20英尺或40英尺的集装箱直接到达制造厂门口，然后装载产品以便进行海运。那些规模不大的酒类制造商，往往是先将它们的产品运到一个储存仓库，然后由运输代理公司集中装到集装箱中，再根据进口商选定的航线运输出去。

运输的时间和速度根据集装箱的不同而不同。一般来说，一个20英尺的集装箱可以容纳800箱的酒类制品，而一个40英尺的集装箱则可以装载1300箱的酒类制品。每一个集装箱装多少箱酒还需要考虑酒类制品的重量。不仅酒瓶的尺寸大小常常是不一样的（瓶子一般是750毫升，一箱一般是12瓶，这是最普通的规格），而且即使酒瓶的容量是相同的，不同类型的酒需要不同类型的瓶子，重量也有差别。举个例子，装香槟酒和其他能起泡的酒类制品的瓶子重量一般比较沉，因为这些酒瓶中加了一定的压力。上等波尔多葡萄酒是装在木质柳条箱中，因此它比装载在纸板箱中的其他酒类更沉一些。

由于酒类制品易挥发和易变质的特性，远程运输还是比较复杂的过程。适当的保存和运输是至关重要的，光、热以及温度的变化是酒类制品最大的威胁。酒类制品储存的理想情况应该是55华氏度左右的恒定温度。为了在运输过程中仍然能够保持产品的质量，一些商人常常不惜为每件货物多花费3美元的运输费用以便用温度控制容器设备，这就是我们常说的冷藏船。为了进一步保护酒类产品的质量，一些酒类产品进口商一般避免在炎热的夏天远程运输酒类产品。酒类产品一旦离开了法国的储存仓库，那么它们的主人就是那些进口商了，因此给酒类产品的运输向保险公司申请保险是非常重要的，进口商甚至还可以为可能由于战争或恐怖主义活动而造成的损失申请保险。那些最精明的进口商甚至在还没有正式获得这些酒类产品之前，就开始为它们合理的仓库储存安排好一切。

酒类制品从法国到美国亚特兰大附近地区的运输需要一个多星期。港口的选择取决于进口商或批发商及分销商的所在地。如果那些酒类制品最终是运往美国东海岸地区的，那么一般选择的是纽约港。目的地是美国中部地区的酒类产品，则大多通过马里兰州的巴尔的摩，或者弗吉尼亚州的诺福克。如果目的地是美国西部地区，那么轮船还需要通过墨西哥湾，然后到达得克萨斯州的休斯敦，而目的地如果是美国的西部城市圣弗朗西斯科（即旧金山）附近地区，则轮船甚至还需要通过巴拿马运河。一旦这些酒类产品到达了美国，接下来需要处理的就是美国海关方面的事务。海关办事机构和进口商或批发商需要确认所有的运输品都符合美国的相关法律，并且所有的资料和手续都正确、齐全。酒类、烟草和枪支管理局是管理酒类产品的政府合法机构。

这些酒类产品通过了海关之后，开始装运到批发商的仓库，这时同样需要注意产品的温度控制。如果批发商没有及时运走酒类产品，那么它们可能会在温暖的天气下在码头待一个星期或者更长的时间，没有了冷藏设备，酒类产品，也就是进口商的投资就一去不复返了。如果分销商的所在地是芝加哥，那么这些酒类产品往往是先运送到马里兰州的巴尔的摩港口，然后通过铁路运送到目的地。有些时候，也会采用公路运输的方法将酒类制品从美国的东海岸运送到中部地区，返回的时候，运输车辆往往是满载着肉类制品回到东海岸，这样可以降低运输成本，从而提高运输的效率。酒类产品卸载到仓库后，分销商的销售人员负责将一箱箱的酒类产品通过卡车或敞篷货车交付到分散的私人零售商手中。

酒类产品的零售渠道也和上述过程一样是十分复杂的。从杂货店到大型超级市场的酒类分部，再到大型的酒类商店，各有各的情况。在一些商店，酒类产品是随意保存和陈列的，甚至通常是直接放在太阳能够照射到的窗台或者通风口附近。其他的一些商店则竭尽全力采取有力措施，确保保存在条件良好的容器中的酒类产品经过长途跋涉之后不会变质。马萨诸塞州北安普敦的 Big Y 是一家规模较大的零售商店，它们甚至将酒类产品一律保存在55 华氏度的恒定温度下。

销售过程中还有其他一些主要的影响因素，其中之一就是零售商的推销和经营技巧，来自于那些见多识广的零售商的建议对于销售好酒是非常重要的。另外，行业报纸也会对酒类产品的销售产生巨大的影响。一些出版物提出了比较好的评估方法，比如《酒类观察》（*Wine Spectator*）或《酒类建议》（*The Wine Advocate*），我们可以从中看到特定的酒滞销和脱销的原因。通常，精明的酒类产品零售商会将有利评价的剪报挂在相应酒箱的旁边，这样顾客们前来买东西时，无疑能够刺激他们的购买欲。

资料来源：孙国辉等：《国际市场营销（第 2 版）》，中国人民大学出版社 2013 年版。

8.1 国际营销渠道系统

国际营销渠道是指商品从一国的生产商到达国外最终消费者所经过的各个环节和途径，包括出口商、进口商、代理商、经销商等与国际营销有关的实体分配单位，它们担负着不同的职能，交互发生作用。

8.1.1 传统的国际营销渠道

传统的国际营销渠道系统可分为直接渠道和间接渠道两大类。

生产商直接把商品销售给国外零售商，再由国外零售商向国外最终消费者销售，或干脆由生产商直接将商品卖给国外最终用户，称为直接渠道，也称为直销或直营。常见的形式有上门推销、邮购、电话推销、电视直销及厂家直营机构等。直接销售能及时获取消费者信息，感知市场变化，节省仓储运输费用，但销售人员费用和管理费用较高，渠道网络覆盖面不大，对生产商的销售控制和管理能力要求较高。如果消费者地理位置集中，消费习惯类似，消费数量有限，直营效果比较好。对于高价值的产品，例如手表、珠宝等，也常常采用直接渠道进行销售。

间接渠道指生产商经过若干层次的中间商将其产品逐级转卖给最终消费者。间接渠道商品周转次数比较多，流通速度较慢，生产商对渠道的控制力相对较弱，获取市场信息不够及时，但仓储、销售人员和管理费用较低，网络覆盖面相对较广。除特殊商品外，大多数商品出口到国外都采取间接渠道的营销方式。

按角色和职能的不同，间接渠道的中间环节包括出口中间商、进口中间商、国外批发商、国外零售商四大类。

1. 出口中间商

出口中间商指与生产商在同一国，为生产商提供国际营销的本国企业。如果生产商是初次进入国际市场，缺乏国际营销经验，或投入资金较少，国外销售额不大，适用于选择出口中间商。按照是否拥有产品所有权划分，出口中间商可分为出口商业中间商和出口代理中间商两种。

（1）出口商业中间商。出口商业中间商常称为出口商，通常以企业名义购买本国商品，然后卖给国外买方。出口商一般与国外的中间商有长期的合作关系，具有完善的信息网络和丰富的国际营销经验。出口商或者采取接受国外订货然后在国内购买的经营方式，或者采取先在国内购买然后出口国外的经营方式。出口商从生产商那里购买产品，因此拥有产品的所有权，实行自主经营，自负盈亏，承担商业风险。

出口公司是最常见的出口商，一般在国外有庞大的分销网络和信息网络，具备丰富的国际营销知识和经验。通常情况下，出口公司与生产商会建立长久密切的关系，非常像生产商的一个独立营销部门，也可以完成促销、信贷、运输、市场调研等工作。对于生产商而言，与出口公司合作可以降低市场开拓成本，渠道维护所需成本也很低，但渠道控制能力比较差。虽然传统上出口公司的利润源自生产商支付的佣金，但现在大多数出口公司已经拥有产品的所有权。

（2）出口代理中间商。出口代理中间商指接受本国生产商的委托，以委托人名义代理委托人向国外销售商品，从中收取佣金。出口代理商与生产商之间是委托代理关系，不拥有商品的所有权，因此不承担商业风险，风险由委托人即生产商承担。

出口代理商可以是机构，也可以是个人，常见的出口代理商有销售代理商、厂商出口代理和国际经纪人。其中，销售代理商一般为出口企业提供全面的出口业务服务，按销售额的一定比例收取佣金，竞争激烈的行业适合采用这种方式，如食品、纺织品等，缺乏国际销售能力和经验的企业也适合这种方式。厂商出口代理相当于厂商的出口部，以自己的名义开展业务，但提供的服务少于销售代理商，不负责出口资金、信贷风险、运输、出口单证等业务，通常中小企业开拓新市场、推广新产品和市场潜力不大时多采用这种方式。国际经纪人不拥有商品的所有权，也没有货物，而是负责为买卖双方联系以达成交易，在达成交易后提取佣金，交易双方与国际经纪人一般无长期的固定关系。大宗货物或是季节性产品多用这种方式，如机械、大宗农产品等。

2. 进口中间商

进口中间商与生产商不在同一国内，通常与产品最终消费者处于一国，经营进口业务。进口中间商熟悉东道国当地的政治、文化、市场环境等，了解消费者的需求和消费习惯，有利于在当地开展业务，扩大市场及生产商的长远发展，避免文化、宗教、法律等方面的差异带来的影响。与出口中间商相比，大多数生产商更倾向于选择进口中间商。进口中间商也分为进口商业中间商和进口代理商两类。

（1）进口商业中间商。进口商业中间商常称为进口商，它们从国外购买商品，向所在国销售，拥有商品所有权并承担经营风险。进口商从国外购进商品，一般没有独家经销权，熟悉所经营商品和目标国的市场，掌握专门的商品挑选、分级、包装等技术和销售技巧。贸易公司是典型的进口商，从多国购买、运输、销售商品。著名的贸易公司大多在发达国家，他们向发展中国家购买原材料和半成品后销售到发达国家，再将发达国家的制成品销售给发展中国家。日本目前约有 300 家贸易公司，承担了日本 60% 以上的进口和大约 40% 的进口，几乎控制着日本复杂的营销体系的各个渠道。对于想进入日本市场的外国企业来说，与日本贸易公司合作是一条捷径。

（2）进口代理中间商。与出口代理中间商一样，进口代理中间商也是接受生产商委托进行商品的销售并收取佣金的中间商，一般不拥有产品所有权，也不承担信用、汇兑和市场风险。常见的进口代理中间商有厂商代理商、融资代理商和国外经纪人。厂商代理商一般为直接接受出口国生产厂商的委托，签订代理合同，为生产厂商推销产品收取佣金的进口国的中间商。它们能够为委托人提供全面的市场信息，不占有货物，不负责安排运输和装卸等。这种方式适合企业无能力设立自己的销售机构，但希望适当控制出口业务。融资代理商可为销售和生产厂商的生产提供融资，从而为买卖双方分担风险，是一种近期发展起来的代理商。国外经纪人提供各种低价代理服务，根据委托人产品目录或样品代签订单。它们熟悉国际市场且同客户有长期关系，主要经营初级大宗商品的交易。

3. 国外批发商和零售商

进口国的批发商是专门从事批发活动的中间商，是在目标市场销售进口产品的主要渠道成员。经营的商品主要由本国进口商或其他中间商供应，也有一些大批发商直接从国外采购商品。批发商销售的主要对象是次级批发商和零售商，功能主要包括购买、销售、分割、运输、仓储、信贷、风险承担以及管理和咨询服务。

进口国的零售商同最终消费者直接接触，包括百货公司、超市、便利店等。零售商能够直接及时地掌握消费者对商品的需求状况，是国际营销渠道中重要的一个环节。大型零售商还可以直接从国外的生产商处采购，更好地同生产商进行交流，使商品适销对路，并降低经营成本。例如，美国的沃尔玛公司作为大型零售商，在公司内部设有进口采购部，与出口生产企业直接进行接洽和谈判，直接从国外采购，这就又回到了直营的模式。

8.1.2 不同国家地区的国际营销渠道特点

1. 发展中国家的营销渠道

发展中国家在经济发展过程中，大多会经历或正在经历对进口商品的依赖，因此形成了进口导向的营销渠道。进口商控制着固定的货源，进口商品种类不多且价格较高，购买昂贵进口商品的是少数富有的客户，因此市场开拓和大众分销就没有必要。营销渠道覆盖面窄，难以遍及全国，大多的营销工作都由进口商完成。当然，随着发展中国家经济的增长，营销渠道在不断进步，逐步向完整的分销结构转变。历史上曾经是进口导向的国家，分销渠道结构转变的就慢一些，特征残留比较明显。

2. 欧美国家的营销渠道

欧美主要国家市场经济体系比较完善，市场营销渠道有序，大规模营销系统中的渠道是一条由各司其职的若干中间商组成的链条，从上而下销售至最终消费者。国外商品进入时，通常会经过进口商、代理商、批发商、零售商等一系列环节，除了销售外，还有提供广告、市场调研、仓储、运输、信贷等服务的数量可观的中间商。欧美国家的出口商通常限定在某些类别的产品业务范围，自身业务能力强。零售主体，如百货公司、大型超市、连锁商店等，规模都很大，常常直接从国外采购商品。

【阅读资料8-1】 西尔斯百货公司在西班牙的遭遇

西尔斯百货公司是一家历史悠久的美国零售企业。1981年该公司营业额高达274亿美元，税后净利润6.5亿美元，取得的成就令全世界零售业同行惊叹不已。西尔斯公司1942年开始进入拉丁美洲市场，经过20多年努力经营，到1960年，公司在拉美已经开设了100多家百货商店，公司决策人员对拉丁美洲市场充满信心。西班牙作为欧洲最具拉丁色彩的国家，经济环境和拉丁美洲有很大的相似性，西尔斯公司决定进入西班牙投资，建立其零售王国的另一块属地。

经过一番调查研究，西尔斯公司投资1327万美元在西班牙第二大城市巴塞罗那开设一家百货商店，并广泛与当地制造商合作，生产西尔斯公司自有品牌的商品，通过百货商店进行销售。

但是，事情的进展并非如最初设想的那样顺利。公司经营人员访问制造商时，发现他们对西尔斯公司几乎一无所知，他们不约而同地反问：西尔斯公司？西尔斯公司是干什么的？公司在当地的知名度不高，是困扰营销人员的第一个难题，但是他们认为，凭借公司在拉丁美洲地区20多年的营销经验，足以克服这些困难。

西班牙对进口商品有重重限制，目的在于鼓励国外企业更多地采购当地制造商的产品，但糟糕的是，当地市场一片混乱，小规模的制造商比比皆是。例如，一本商业指南提供的名单中，家具制造商多达11000家。制造商数目众多导致公司必须管理1500家供应商。商标也是一个大问题，在西班牙没有中间商品牌，制造商以能够推出自有标识的产品为荣。公司的一位主管说："要让西班牙人制造中间商品牌的商品就像偷他的孩子一样困难。"而西尔斯公司一向以出售自己品牌的商品为特色，"Sears"的商标代表着质量和信誉。公司营销人员面临这样的问题：如果坚持公司的传统做法，将丧失与供应商合作的机会。

西班牙的制造商对自己的产品并无统一的规格编号。以女用衬衫为例，有的厂商使用35、36、37作为规格，有的使用1、2、3，还有的使用A、B、C，花样百出，但顾客却不以为怪。

另外，西班牙人的服饰和拉丁美洲比较，显得要保守得多。公司的设计人员不得不重新考虑这一因素。

> 西班牙风土人情迥异，营销环节复杂，公司不得不适应当地的商业习惯。
>
> 购货方面，西班牙制造商没有原料库存，以致延期交货时常发生。
>
> 销售方面，西班牙顾客认为信用制度是一种十分可耻的行为，意味着购买者无须当场付款。公司必须尽力消除这一根深蒂固的社会观念的影响，鼓励消费者运用分期付款购买商品。但是要消除当地顾客的疑虑还需要相当长的时间。
>
> 当公司人员致力于改变西班牙的营销环境时，巴塞罗那的居民对西尔斯公司的百货大楼也是疑惑不解，他们感到奇怪的是，为什么西尔斯用玻璃橱窗，而不用他们传统的木箱子来摆设商品？

资料来源：http：//jpkc. zjbti. net. cn/scyxx/xt10. htm。

3. 日本的营销渠道

日本的营销渠道十分独特，一个是由现代化的大型贸易公司为主的中间商形成的分销结构，一个是由传统中小中间商为主的多层次复杂的营销渠道。按进口商品类型划分，生活用品由大批发商进口，经过多层中间批发商和零售商销售给消费者；化工产品、建筑材料等生产用品以直接批发为主；技术含量高的产品一般由专门的进口代理商负责推销；手表、珠宝等高级消费品采用进口总代理直营和特约代理商经营的方法。

传统的日本营销渠道拥有多层结构，商品经过一级、二级、区域性批发商、本地批发商、零售商到达消费者，中间商的密度非常大。日本小商店数目很多，非食品类商品销售额占总销售额的一半，零售食品总额则达到一半以上。虽然日本大超市和专业商店发展十分迅速，零售店的数量不断下降，但高密度人口、传统的消费习惯、强调新鲜、送货频繁等仍旧支持着传统商店生存。

4. 中东国家的营销渠道

以石油输出为代表的中东国家，人均收入水平高，对进口商品的需求旺盛。经过若干年的建设，市场营销渠道结构与美国相似，一般也经过进口商、批发商和零售商环节。垄断中间商少，大多由当地酋长控制，中小中间商数量较多。中间商通常兼营多种商品，一般商品起订数量小，花色款式丰富。

8.1.3 国际营销渠道的发展趋势

1. 横向联合的水平营销渠道系统

传统的国际营销渠道是由生产商和独立的若干个中间商组成的松散的网络，每个渠道成员追求自身的利益最大化，但渠道整体很难实现利润最大。这样的营销渠道信息沟通不畅，交易成本较高，合作也不稳定。随着全球经济一体化的加强，国际营销渠道出现了联合化的趋势，包括横向联合和纵向联合两个形式，渠道成员合作更为紧密，在统一的计划和监督下，尽可能获得渠道整体的规模效益。

横向联合的水平营销渠道系统是指在营销渠道中同级别的两个或两个以上的企业组成联合体，在资金上相互扶持，经营上彼此合作，共同开发新的市场，形成风险共担、利益共享的协同效应。例如，2002 年海尔集团与日本三洋合资成立三洋海尔株式会社，实现销售渠道网络共享，海尔的产品通过三洋的销售渠道进入日本市场，三洋的产品借助海尔的渠道在中国境内销售，双方实现了资源共享的双赢局面。

2. 纵向联合的垂直营销渠道系统

纵向联合指制造商、批发商、零售商纵向联合，形成一体化经营。具体形式主要有三种：第一种是生产商直接投资建设营销渠道，对整个渠道系统有高度控制权；第二种是由一家规模大的公司承担协调职能，把生产商和中间商联合起来，在系统内部集中制定计划，实行专业化管理；第三种是生产商和中间商通过签订协议联合起来，建立一个一体化系统。纵向联合打通了渠道的中间环节，减少了不同环节之间的信息扭曲和摩擦，实现了生产销售一体化，提高了营销效率。

3. 复式化的多渠道营销系统

复式化的多渠道营销系统指生产商同时使用两种或两种以上的渠道来销售产品，可扩展市场空间，降低渠道成本，更好地满足小规模消费者的需求，但同时对企业的资金、技术和对渠道的控制能力提出了更高的要求。多渠道化容易在生产商管理人员与区域销售人员之间、区域销售人员与经销商之间产生矛盾，主要的解决办法是根据主要客户和产品特点明确划分渠道界限，进行差异化分类和定价，以有效避免渠道冲突。

4. 零售商规模大

20 世纪 70 年代以来，西方发达国家的零售商规模越来越大，数量不断减少，后来发展中国家也出现了这样的趋势。零售商的特征是采用仓储方式，有较大的停车场，地处近郊，自主购物等。零售商规模的增大，提高了零售商在营销渠道中的地位，对商品分销的控制力增强。

5. 直销化方式普及

直接销售起初的主要方式是电话推销、邮购、电视直销等，随着人们生活方式的改变和信息技术的进步，网购和利用微信、微博等网络平台方式销售在年轻人中十分流行。由于互联网的无国界特性，网络销售在国际间也迅速推广开来，包括书籍、食品、家用产品、化妆品等商品均适用于直销。

8.2　国际营销渠道选择

8.2.1 "6C" 原则

1. 成本（cost）

营销渠道的成本包括渠道建设成本和维护成本。建设成本是生产商进入新市场时建立营销渠道的支出，维护成本则主要包括维持公司销售力量的直接开支和支付给中间商的报酬。中间商的成本包括商品的运输和储存、拆零、提供信用、广告费、洽谈费等。评价营销渠道成本的基本原则是，用最少的分销成本达到预期的销售目标。在国际市场营销中，减少渠道中间环节，取消效率不高的中间商，缩短渠道长度是降低成本的直接办法。但生产商取消了中间商，中间商的职能就要由生产商自己来承担，可能成本更高。另外，中间商数量减少可能影响渠道整体作用的发挥，甚至造成费用上升。因此，要在成本和效益之间进行权衡，尽力用少的成本达到预期经营目标。

2. 资本（capital）

资本指建立营销渠道的资金要求，建立不同模式的营销渠道往往需要不同数额的资金投入。如果生产商有雄厚的资金实力，可以建立自己的营销渠道。如果生产商利用中间商进行销售，虽不需要直接投资，但也需要一些间接投入，有时还要为中间商提供资金信贷，也需要一定的资本。如果生产商采用代理中间商方式，不需要对代理商投资，但在开始阶段也要给代理商一定额度的补贴。总的来说，只有大型国际企业才有能力建立起自己所有的或控制力强的渠道，一般中小企业适宜利用某种形式的中间商来销售产品。

3. 控制（control）

生产商对营销渠道的控制表现为控制能力、控制成本、控制程度等方面，生产商和中间商的关系越松散，对渠道的有效控制越差。一般来说，营销渠道越长越宽，中间商的数目越多，生产商在定价、促销等方面的影响力越小，对生产商越不利。例如，某国中间商将在本国销售的产品转到另一个国家，与他国经销本产品的中间商展开竞争，将会造成渠道系统的混乱，影响销售业绩。除此之外，生产商对营销渠道的控制程度还与产品类型有关。对于需求数量较少、售后服务水平要求高的产品，如工业品或高新技术产品，生产商对渠道的控制比较容易，而类似生活消费品的产品，由于需求者众多且分散，中间商类型复杂，生产商对渠道控制的能力就比较弱。对渠道控制的程度和渠道成本往往呈正相关，生产商对分销活动参与越多，对分销的控制越大，但成本也越高，需要在二者之间进行权衡。一些著名的跨国大公司倾向于建立自己的分销系统，虽然花费一定的成本费用，但可以保证母公司对渠道的最大控制。

4. 覆盖（coverage）

覆盖指产品在国外市场的覆盖范围，即在国外销售产品的市场区域。覆盖率的高低主要是由生产商的发展战略和目标决定的。当生产商刚进入某个国外市场时，为迅速打开局面，往往很重视消费者购买的便利性，尽可能利用并拓宽各种销售渠道，提高市场覆盖率，使消费者接触到产品的机会增加，称为密集性覆盖。但这样做的一个明显不足是对中间商的管理控制力不够，中间商竞争激烈，盈利能力下降。与此相反的是，生产商在某一地区只选择一个独家经销或代理中间商，称为特许覆盖，一般适用于消费者重视品牌的特殊品，或需要现场操作表演和良好售后服务的工业品和消费品。生产商对渠道的控制力很强，但同时对中间商的依赖性也强，渠道没有覆盖到一部分潜在顾客，销量较难增加。介于密集性覆盖和特许覆盖之间的是选择性覆盖，即市场上的多家分销商分别销售同类产品的某个型号或同类产品的不同品牌。这种方式使得分销既有重点区域，又有一定的市场覆盖范围，比密集性覆盖的分销成本低，控制能力也强，适用于消费品中的选购品、特殊品及工业品中的某些零配件的分销。

首次进入国外市场的企业，可先采用密集性策略，经过一段时间，再淘汰一些低效率的中间商，采取选择性策略。也可以采取反向策略，即先把营销重点放在某一特定地区，待企业站稳脚跟之后，再凭借已取得的市场经验和在当地的声誉，把选择性覆盖扩张为密集性覆盖。

5. 特点（character）

这里的特点是指企业产品和目标市场的特点，如产品保质期、体积、重量、价值、所需要的售后服务等，营销渠道的选择要与之相符。生鲜产品、时尚产品等需要较短的销售时间，因此大多采用直营方式；体积巨大不易搬运的产品应尽量采用较少的销售环节；贵重物品往往采用特许经销商或代理商方式。当产品或外部条件变化时，营销渠道也会相应变化。例如手机刚进入市场时是较贵重物品，由特许店销售，随着手机的逐步普及，营销渠道转变为以家电大卖场和网络销售为主。在国际市场营销中，汇率的变化也是一个重要影响因素。汇率变化会导致产品市场价格发生变化，需要进行营销渠道调整以适应新的市场定位。

6. 连续性（continuity）

国际营销渠道的连续性是指渠道能够持续稳定地运行，连续性主要由中间商决定。如果中间商退出，会影响产品在某一区域的销售，生产商要花时间和金钱去寻找新的中间商，因此渠道的连续性非常重要。大多数中间商都是以利润为目标，经营目的是为了获得好的经济效益，当产品滞销、利润下降时，会转向利润较高的行业。企业要慎重选择中间商，加强合作，不宜轻易更换；同时树立良好的品牌形象，提高商品知名度，以巩固中间商对企业的忠诚度，坚定合作信心。

8.2.2 其他影响因素

1. 目标客户的需求

目标客户的特点是设计营销渠道的依据，不同国家的客户需求也不相同，根据东道国目标客户的实际情况，设计满足客户需求的相应的营销渠道。例如客户需要的商品类型、购买时间、购买方式等，决定产品到达客户手中的途径，客户的数量和分散程度等决定中间商的数量和规模。

2. 生产商的经营目标

生产商应根据企业的总体经营目标来设计国际营销渠道，满足企业对市场份额、利润等的要求。例如，某食品公司的经营目标是迅速提高市场占有率，渠道建设目标则相应地设定为“公司产品在一年内进入当地80%以上的超市”。当企业经营目标发生变化时，渠道目标也会跟着变化。例如，企业最初把目标设定为大中型城市，主要销售渠道是公司自身的销售人员，随着市场的逐渐饱和和竞争激烈程度的上升，企业把市场开拓方向转向中小城市和农村，此时则用较多数目的中间商代替了原有的直销人员。一般来说，如果生产商的产品组合具有较强的关联性，则营销渠道就比较相似；如果采用多元化产品组合策略，则中间商数目较多；如果生产商向深度扩展产品组合，则采用独家代理商或经销商更有利。

3. 沟通

国际市场上买卖双方通常距离很远，这里的距离不仅包括地理位置的差异，而且还有政治、文化、法律、技术等方面的不同，因此沟通是非常必要的。成功的信息沟通应该是双向的，既有中间商向生产商反馈市场变化及中间商的设想和要求，又有生产商告知中间商自己的产品、定价、促销等方面的信息。从营销渠道选择角度来看，生产商更重视收集有关中间商自身的信息，包括中间商目前所遇到的市场机会、来自竞争对手的挑战、中间商希望企业提供怎样的技术援助和市场支持、中间商对企业目前实施的各项策略是否满意等。有效的沟通有利于避免误解和冲突，促进双方相互理解，达成一致的目标。

【阅读资料8-2】 青岛啤酒热销美国

美国很有影响的消费品杂志《华盛顿人》曾于1981年举办“华盛顿国际啤酒会”，评比美国从世界各国进口的啤酒，青岛啤酒力压群芳，战胜西德和荷兰名牌啤酒，荣获第一名，首次在世界夺冠。《华盛顿人》在1985年7月在华盛顿又举办了一次亚洲国家啤酒评比会，青岛啤酒再次获冠军。青岛啤酒美国总代理莫纳克公司的斯仲达先生说，美国从各国进口350多种啤酒，其中进入美国市场40年的荷兰“三码头”牌啤酒销量最大，年销量达100万箱。他说，莫纳克公司从1978年开始进口2万箱青岛啤酒，以后逐年增加，1986年销量已达100万箱。因此，青岛啤酒在美国的销售增长率是最高的，比其他进口啤酒增长率高达六七倍以上，它可以同荷兰的“汉尼根”、德国的“贝克”等国际名牌啤酒匹敌。

青岛啤酒在美国市场出名，固然是由于酒的一流的品质，但是，好酒也怕巷子深，尤其在美国市场啤酒种类很多，光是美国生产的啤酒就有700多种，一直占据着美国传统市场。美国从世界各国家、地区进口的啤酒又达350多种，青岛啤酒要同这么多种啤酒竞争，仅靠产品质量是难以奏效的。

中间商在引导青岛啤酒开拓和占领美国市场中起到了重要作用。在美国，啤酒的销售网一般分三级，即供应商、批发商和零售商。青岛啤酒在美国的总代理商是莫纳克进口公司，总经理是斯仲达先生，国际事务总经理是摩斯，他们为推销青岛啤酒、开拓市场制定了科学的战略。莫纳克公司经过几年的努力，已在全美50个州建起了由350个精明强干、富有经验的批发商、强大的零售商和训练有素的推销员组成的规模大、力量强的青岛啤酒销售网。在寻找批发商时，莫纳克公司尽量使批发商在其所在地区具有独家批发权，因为这样不仅能充分调动批发商的积极性，而且也不至于在批发系统中造成混乱。莫纳克公司自己的推销员也经常下到各零售商那里去征求意见，调查市场需求，并帮助零售商解决各种问题。莫纳克公司还对批发商和推销员实行了各种奖励和优惠制度，使他们能够随着销售量的增加，得到更多的收入。此外，莫纳克公司进口的青岛啤酒分别从美国20多个港口进货，这样做有利于降低美国国内的运输费用和销售成本，使青岛啤酒的价格具有竞争力。

进出口双方紧密配合。自从莫纳克公司与中国粮油食品公司签订了长期代理销售合同以来，中国粮油食品公司、青岛饮料进出口公司和青岛啤酒厂同莫纳克公司进行了友好的合作，斯仲达派出公司特别顾问、啤酒技术研究在美国最享威名的啤酒专家、世界闻名的权威——莫特·布伦纳多次到青岛啤酒厂，带来国际知名的啤酒样品，带来了当今世界上有关制作啤酒的先进技术和设备的资料、文献、报告，向青岛啤酒厂作了详细的介绍，促进青岛啤酒厂技术水平的提高。在美国市场对青岛啤酒需求量不断增加的情况下，中方保证按时交货，并充分保证了质量，这是最大的配合。

莫纳克公司在广告、宣传和包装方面不断创新。斯仲达先生说，为了使青岛啤酒为美国广大消费者所知，他的公司在美国报纸和电视台作了大量的广告，在各种饭店多次举办青岛啤酒品尝会，为青岛啤酒先后印刷了100多种大小不同、图案新颖、颜色绚丽多彩的宣传品。这些宣传品有的放在饭店的餐桌上，有的挂在墙上，有的印在塑料手提袋上。莫纳克公司还特意作了长达数英尺的、带有青岛啤酒图案的立体的龙和凤，供餐馆挂在空中做装饰品。斯仲达先生认为，这些是必要的投资。包装上，由原来的一提6小瓶改为一提2大瓶，正好够两个人吃饭喝的，很受美国顾客欢迎。

由于莫纳克公司的努力，使在美国的中国餐馆无一家不销售青岛啤酒，美国各地的法国、意大利、日本餐馆也出售青岛啤酒。在美国，70%的啤酒是消费在餐馆里。青岛啤酒进入美国无数家餐馆，是青岛啤酒畅销美国的重要标志。青岛啤酒不仅进入一般餐馆，还进入最高级的旅馆、酒吧间和大型超级市场。

资料来源：作者根据李先国主编的《分销渠道管理》（清华大学出版社 2007 年版）编写。

8.3 国际营销渠道管理

8.3.1 选择中间商

首先确定中间商候选名单，候选企业可以从东道国企业名录、搜索引擎网站、服务类公司等渠道获得。接下来设定评估中间商的标准，通常包括销售力量、财务状况、管理水平、企业声誉四个方面。然后根据中间商候选名单逐一发送企业信息调查表，根据信息表填写情况统计评估标准要求的相关信息，淘汰实力较弱的企业。再通过对其他客户及消费者的调查，考核中间商的信用及影响力，再淘汰一批信用度差或影响力小的中间商。最后，对中间商进行实地考察，确定适合的中间商。合作伙伴确定后，生产商与中间商双方签订国外销售协议，包括销售区域、折扣和佣金、定价政策、限制规定等。如果双方是初次合作，一般只签一年的合同，如果合作满意再续签，并可以根据实际情况对协议做相应的调整。

8.3.2 激励中间商

生产商对中间商的激励主要表现在两个方面：日常激励和解决矛盾。

日常激励方面，由于中间商是独立于生产商的企业，其经营目标与生产商的目标并不完全一致，更重视自身的利益和回报，因此生产商需要对中间商进行激励和引导，使双方的目标尽量保持一致。生产商的激励措施可以分为威胁和鼓励两种。生产商在中间商没有很好合作时，可以采取减少中间商利润、中止关系等胁迫措施。短期来看，威胁效力很强，却不利于双方长久合作和发展，因此生产商大多采用鼓励的手段，这包括金钱激励、心理鼓励、有效沟通、公司支持、友善关系五个方面。生产商给予中间商额外报酬，如提供高利润、额外资金奖励、市场推广支持等。除经济激励外，生产商为中间商营销人员提供专业知识培训，与中间商建立良好合作关系，增强双方的信任感，及时有效地进行沟通等，都有助于建立双方友好合作的关系。

当生产商与中间商在合作过程中出现意见分歧时，首先要分析原因，然后要找到相应的解决办法。通常情况下，引起生产商与中间商矛盾的主要原因有三点。第一，经营目标不一致。例如生产商希望通过低价策略迅速占有市场，而中间商的目标是短期利润最大化。第二，生产商同时采取了本公司人员直接营销和中间商间接营销两种方式，使得生产商销售人员与中间商出现抢夺客户的现象。第三，由于中间商成员的能力和地位不同，生产商提供了不同的政策优惠，导致中间商成员之间的恶性竞争。

为了解决渠道矛盾，长期来说，生产商需要与中间商建立共同的发展目标，短期而言，需要出台相应措施化解矛盾。生产商要充分考虑中间商的需要，与其一起制定经营目标和计划、确定存货水平、讨论促销计划，将二者利益捆绑在一起，使中间商自觉成为市场营销系统中的一员。短期措施主要有：从中间商角度出发，提供符合当地消费习惯的包装、规格、售后服务；为中间商提供更多的市场推广支持和技术培训；通过定期考核和年终返利等奖励措施提高中间商的积极性；统一差价、严格划分销售区域等。

8.3.3 评估中间商

生产商定期对中间商进行评估，评估标准主要有销售额、库存率、参加培训情况、合同履行情况、资信状况、服务水平等。对于表现优秀的中间商，可以给予多种形式的报酬和鼓励；对于表现不好的中间商，要提出改进建议，对于营销能力差的中间商可以考虑中止合作关系。

在评估中间商的基础上，对现有营销渠道做出评估是非常必要的。中间商表现不理想，往往是营销渠道有待改进的信号。确定当前的营销渠道、当地消费者理想的渠道、生产商可以提供的渠道的具体情况，对比三者之间的关系，如果不一致且差距较大，则应按消费者的理想渠道模式进行改进。

8.3.4 终止中间商

当生产商在东道国建立自己的销售公司，或对中间商业绩不满时，可以终止与中间商的合作关系。生产商在决定终止合同时，首先要明确东道国法律的相关规定，避免双方诉诸法律而花费过多的时间和金钱；其次，要了解中间商所受的影响和损失，并进行相应补偿，避免出现大的波动影响后期的销售；第三，拜访重要客户，告知营销渠道变化情况，保证平稳过渡。

8.3.5 修改渠道策略

当外部情况发生变化时，例如网络技术的进步引起网购的迅速增加，或中间商表现不尽如人意时，调整营销渠道是非常重要的。一般来说，渠道调整有三个层面：调整渠道成员数量、调整分销渠道数量、对整个营销渠道进行调整。无论哪种调整，都是对新的营销环境的适应和改变。例如，生产商最初采用的是传统的店铺销售的方式，慢慢向网络销售模式扩展。对于中间商的调整，不仅要考虑对销售额的直接影响，还要预测对其他中间商的作用。整个营销渠道的改变是完全建立一个新的营销渠道，例如终止与所有中间商的合作，建立生产商自己的营销系统。这种变化是巨大的，对市场营销组合的其他方面也会产生影响，因此一般较少采用。

本章习题

一、单选题

1. 与生产商在同一国内，进行国际营销但不具有商品所有权的中间商是（　　）。

A. 出口商业中间商　　B. 出口代理中间商

C. 进口商业中间商　　D. 进口代理中间商

2. （　　）市场经济体系比较完善，市场营销渠道有序，大规模营销系统中的渠道是一条由各司其职的若干中间商组成的链条，从上而下销售至最终消费者。

A. 发展中国家　　B. 欧美国家

C. 日本　　D. 中东国家

3. （　　）的出口商通常限定在某些类别的产品业务范围，自身业务能力强。零售主体，如百货公司、大型超市、连锁商店等，规模都很大，常常直接从国外采购商品。

A. 发展中国家　　B. 日本

C. 中东国家　　D. 欧美国家

4. 刚进入一国市场且资金和生产规模不大的生产商，最好采取（　　）的营销方式。

A. 直销　　B. 代理

C. 横向联合　　D. 纵向联合

5. 美国可口可乐公司对比较贫穷的国家和地区经销可口可乐的零售商赠送大型冷藏箱，属于对国际市场销售渠道的（　　）。

A. 绩效评估　　B. 激励

C. 监督　　D. 制约

二、多选题

1. 按职能和角色不同，间接渠道的中间环节包括（　　）四大类。

A. 进口中间商　　B. 出口中间商

C. 国外批发商　　D. 国外零售商

E. 国内批发商

2. 国际营销渠道的发展呈现出（　　）的趋势。

A. 水平联合　　B. 纵向联合

C. 网络化　　D. 复式化

E. 简单化

3. 影响生产商选择国际营销渠道的6C因素有成本、资本、（　　）和连续性。

A. 控制　　B. 沟通

C. 特点　　D. 覆盖

E. 客户需求

4. 生产商对国际营销渠道的管理包括（　　）。

A. 选择中间商　　B. 评估中间商

C. 激励中间商　　D. 终止中间商

E. 控制中间商

5. 生产商对经销商采用的鼓励手段主要包括，包括（　　）等多个方面。

A. 金钱激励　　B. 心理鼓励

C. 有效沟通　　D. 公司支持

E. 友善关系

三、名词解释

1. 国际营销渠道　2. 出口中间商　3. 出口代理中间商　4. 进口商业中间商
5. 进口代理中间商

四、简答及论述题

1. 何谓横向联合的水平营销渠道系统?
2. 生产商激励中间商的主要措施有哪些?
3. 影响生产商选择国际营销渠道的主要因素有哪些?
4. 简述国际营销渠道的发展趋势。
5. 简述国际营销渠道中对中间商的选择策略。

案例讨论

光谱颜色系统公司

光谱颜色系统公司是一家总部设在美国东部的中等规模的工业公司，公司成立于1952 年，当时丹尼·克拉克先生是从事色彩及外形测量技术方面的政府科学家，曾经为宝洁公司服务。

现在，这家私营公司的大多数领导席位和控制权仍掌握在克拉克家族手中。1990 年，丹尼·克拉克先生去世，他的儿子普尔·克拉克成为公司的首席执行官和总裁，总管国内销售、财务和人力资源。安东·尼考德拉是 1985 年加入公司的，作为执行副总裁，他负责制造、工程、国际销售、运输和回收，直接向普尔·克拉克报告。

光谱颜色系统公司制造和销售一系列的色量计和分光光度计，这些设备用于测量颜色和外形。在 20 世纪 50 ~ 60 年代，公司管理者花费了大量时间开发产品和将产品推向市场，满足市场需要，而没有制定开拓公司国内外市场的发展战略。尽管如此，公司还是成功地打入了国际市场。

在早些时候，光谱颜色系统公司只是按宝洁公司之类的大公司的要求，向海外子公司提供产品。随着克拉克家族对该项业务的不断熟悉，他们决定积极开拓欧洲市场。到1984 年，后者占据了公司整个销售额的 1/4，1992 年达到 1/3。

在国际上，光谱颜色系统公司仍然主要依赖独立的分销商进行销售，公司直接以批发价把产品卖给分销商，给予分销商 30 天的欠款期，向它们提供英文版的产品说明书，由分销商负责将其译成所需的各国文字。

在早期阶段，对分销商的挑选很大程度上是随机的，其他产品的分销商听说有个光谱颜色系统公司，然后向克拉克家族写信希望代销其产品。克拉克家族邀请这些分销商到美国考察产品并对其进行操作培训，最后这些分销商就成为光谱颜色系统公司的分销商。公司现在的分销商遍布全世界，并不断在欧洲和远东扩大市场。尽管公司产品有稳定的国际需求，但在国际分销商方面也遇到了一些问题。1984年，光谱颜色系统公司的法国分销商杰勒德·比厄特因为身体原因完全停止了经营。比厄特过去总是自己负责销售，没有留下任何关于客户名单和销售记录的资料，没有经营商能够填补比厄特留下的空白，结果光谱颜色系统公司不得不重新建立法国分销系统。

考德拉花了很大工夫找到另一家法国分销商，并建立了良好的关系。这种关系一直保持得很好，1990年另一家主要竞争对手收购了这家分销商，考德拉又陷入了没有法国分销商代理公司产品的困境。

考德拉认识到分销商的选择程序对于公司开拓国际市场是至关重要的，并决定在选择分销商问题上变得更加积极主动。他与公司首席财务官鲍勃紧密合作，建立选择分销商的准则（财务稳定性、正规培训程序和财务目标）。另外，公司坚持所有的分销商到美国的工厂接受服务技术培训，分销商要为接受培训的技术人员支付包括交通费、食宿费及培训费在内的所有费用。这种策略并不是基于经济方面的考虑，而是迫使分销商在销售公司产品时，进行经济上和精神上的投资。

随着国内直销力量的不断壮大和开始运作，考德拉考虑是否应该把精力用于开拓国际市场，公司是否应该建立国际直销机构。

资料来源：孙国辉等，《国际市场营销（第2版）》，中国人民大学出版社2013年版。

思考讨论题

1. 简述光谱颜色系统公司早期建立国际营销渠道的主要方式。
2. 光谱颜色系统公司在法国进行渠道建设时存在哪些问题？
3. 对光谱颜色系统公司的渠道建设，你有哪些建议？

第 9 章

不同行业和产品分销渠道的构建

本章导读

“你有血液，我有血管；得渠道者，得天下！”这是流传在中国 IT 界的名言，对于其他产品的营销同样如此。不同的行业，产品特点不同，市场营销方式不同，产品的分销渠道各有千秋。本章主要分析了快速消费品、耐用消费品、服务业、高科技产品和工业品五个行业产品各自的市场特点，阐述了这五个行业的分销渠道模式。

知识结构图

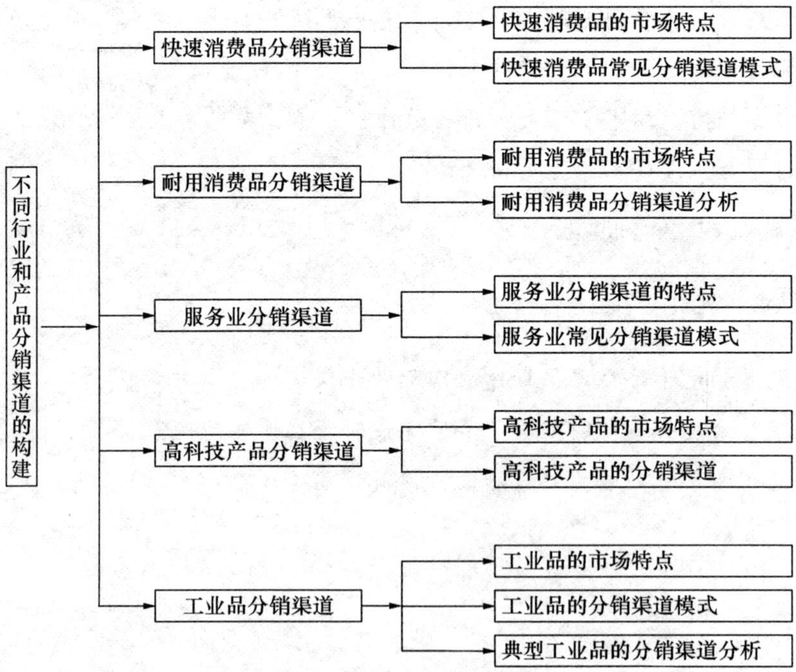

【开篇引例】　可口可乐销售和物流的模式

可口可乐在中国有三大合作伙伴，即嘉里集团、太古集团和中粮集团，拥有分布在全国不同区域的装瓶厂共 35 家。合作伙伴不同，运作模式却基本相同。这几家的合作关系很紧密。因为对于不同的区域，不同的饮料产品，销售量也不同。而生产达不到经济规模，成本就会增加。所以三家之间常常互为代加工一些产品。当然，三家分工也很明确，除了经营各自工厂的生产，三家合作伙伴还要负责每个装瓶厂所处地区的销售工作。可口可乐在每个区域会有相应的销售中心，装瓶厂就选择建在中心城市。分布在不同区域的厂家所灌装的产品只能在各自划分区域内销售，严格禁止跨区销售。这正是可口可乐建立销售运作模式的前提条件。

在这个条件下，销售和物流分成了“销售中心”及“销售中心外”两种运作模式。占到总销量 40% 以上的销售中心城市，由装瓶厂直接负责销售。虽然可口可乐的物流全部交由第三方物流公司来做，但在这些城市，公司还是保留了少数的自备车辆，为需要个性化服务的客户提供服务。比如对游乐中心、家乐福这样的大卖场或特别高档的酒店的配送，都由销售中心的装瓶厂直接送运，对库存等方面也亲自管理，这种针对大客户终端的直销方式，大大提高了可口可乐的市场反应能力。而属于销售中心外围的周边地区，则由分公司负责。这种营销和物流配送紧密联合在一起，被可口可乐称作“101 模式”。

与其他公司一样，可口可乐的销售环节曾经也是通过一级批发商到二级批发商，再到终端客户。虽然那时公司也有业务代表随时保持与客户的沟通，但毕竟力度不够，很多情况下是将货发给一级批发商，就不再过问。在这种传统营销模式下，基本上是批发商自己寻找下线客户，拉来订单后向厂家要货，可口可乐只负责生产，却不清楚货物究竟被卖到哪个区域、市场分布情况如何。客户管理非常松散，可口可乐难以准确把握市场。

随着业务代表对市场的不断深入，可口可乐调整了营销策略，推出了 101 销售模式，将一部分批发商定义为 101 客户，省略二级批发商环节，直接面对零售终端。所谓“101”，“1”即“一体结盟”（将批发商看作可口可乐的一部分），“0”即零售目标，“1”即“一瓶在手，欢乐无穷”。这些 101 客户，主要由大的批发商和原来的区域配送中心转变而来。转为101客户后，就不再需要到处寻找客户，由可口可乐的业务代表直接从终端拿到订单，交给101客户，再由101客户在最短的时间内按订单将产品送到每一个终端客户。

可口可乐的每个装瓶厂下都设置有二三十个分公司，也可以叫做营业所或办事处，通常由一个财务人员、一两个负责经理和一大批业务人员组成。每个分公司掌握几十家101客户，将他们按线路或区域划分，每家又面对几十个零售终端。针对每家101客户，可口可乐都为其配备一个或几个专业业务代表。借助几万个101客户和几十万个每天奔波在第一线的业务代表，可口可乐将触角伸到了全国每个角落，既牢牢把握住终端客户，又将批发商和零售商形成联盟，整个销售网络越来越紧密。可口可乐产品出厂之后，由厂方用上百吨的大货车直接运往设在分公司的仓库，每个分公司再根据订单，借助当地第三方物流将货物运往每个101客户自己的小仓库。每个101客户所管辖的范围都比较小，配送很方便。另外，库存也不再是问题。启用101模式之后，业务代表们掌握了每个终端客户的需求和销量，而任何一个分公司的系统都与总部联网，101客户每销售一瓶产品，总公司在第一时间都可看到，及时通过第三方为其补充库存。

除了销售汇集系统，可口可乐还建有销售预测系统，随时按照库存和销售情况，分析、制订需求与营运计划。总部预测中心统一协调各分公司库存。对于不同的101客户，系统会按照其平均每天销量的5~6倍，做出6天的安全库存。这样一来，存货覆盖天数和周转率都被提高，装瓶厂根据订单及预测数据来生产，可口可乐整个供应链的运转顺畅起来。

资料来源：易港讯（http://www.yesinfo.com.cn/news/detail.action?id=8d12ae61c84d4907879764d45a34a17c）。

9.1 快速消费品分销渠道

快速消费品是指那些使用寿命短、消费速度快、消费者需要不断重复购买的产品，涉及食品、饮料、化妆品、电池、洗涤用品、卫生用品等多个行业，其中典型的快速消费品包括日化用品、食品饮料、烟草，部分非处方药也属于快速消费品。这类产品行业准入门槛较低，所需投资规模小，资金回收较快，由此吸引了大批投资者，市场上的竞争也比较激烈。

9.1.1　快速消费品的市场特点

1. 分销机构多，市场分布广

由于快速消费品是高频率消费的产品，使用时限短，消费者对产品的便利性要求较高，往往只会购买自己能够方便拿到的产品，如果售点距离消费者稍远，他们根本就不会去购买这件产品。每一个消费者都是快速消费品的购买者，数量庞大、地域分布广泛、需求的品种多种多样，这也就决定了企业需要较长的销售渠道和比较多的中间商。

2. 分销的物流任务重

正是由于销售渠道长、中间商多，导致了快速消费品在分销方面的要求高、物流任务重。为了满足千万个消费者，企业必须把货物分配到数以万计的终端零售点。假定每个分销商/批发商都有 100 个下游客户，那也需要三层中间环节。

3. 消费过程是零星、分散的，需要经常购买

快速消费品消费者没有特定的群体，几乎人人都可以成为快速消费品的目标或潜在消费者，因此其分布较为分散。消费者购买频率较高，不会像购买耐用品一样货比三家、反复挑选，一般会选择就近购买。

4. 产品的品牌对消费者购买行为有重要影响

大部分消费者对产品有关知识并不是十分了解，对消费品的购买更多的受产品品牌的影响。

由于消费者对快速消费品的便利性要求较高，因此对分销渠道的要求覆盖面广。以食品饮料为例，常见的快速消费品主要有四种营销渠道模式。

9.1.2　快速消费品常见分销渠道模式

1. 厂家直销模式

该模式中，生产企业直接面向终端消费市场和消费群体。这种模式的结构是：厂商—零售商—消费者，如图 9－1 所示。可口可乐公司就是采用这种模式的代表。这种模式中企业对渠道终端的控制力度强，要求促销活动的执行效果迅速到位，对产品价格监管严格，为此生产企业是需要投入较多的人力、物力以及财力，管理难度大且费用相对较高。目前国内省级城市以上，特别是北京、上海等大城市，厂家直接组织车队和人员，对超市

连锁店、特殊通路和大中型热点旺铺进行直销，这将有利于新品上市、产品铺货、价格控制、品牌的提升和维护。

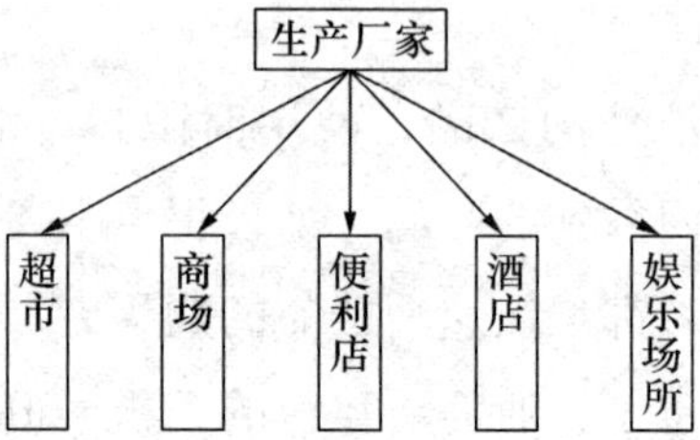

图 9-1 厂家直销模式

2. 网络式

这种渠道模式的结构是：厂商—批发商/代理商—零售商—消费者，如图 9-2 所示。娃哈哈和康师傅就是采用这种模式的代表。生产企业依靠渠道成员进行分销工作，可以节省大量的人力物力，但是由于渠道成员间存在利益冲突，可能将导致渠道混乱，造成生产企业对市场变化反应迟缓，渠道变得难以控制和监管。因此，需要在此基础上完善二级经销体系的建设，更重要的是要引导和培养本公司在各地方的经营大户逐步成长为当地渠道网络的领袖角色，逐步具备对所在区域的垄断能力，形成规模经营，具备对二级批发和销售终端的控制能力和配送能力，既可完整地执行厂家政策、做足市场，又可配合厂家在当地营造品牌、引导消费。

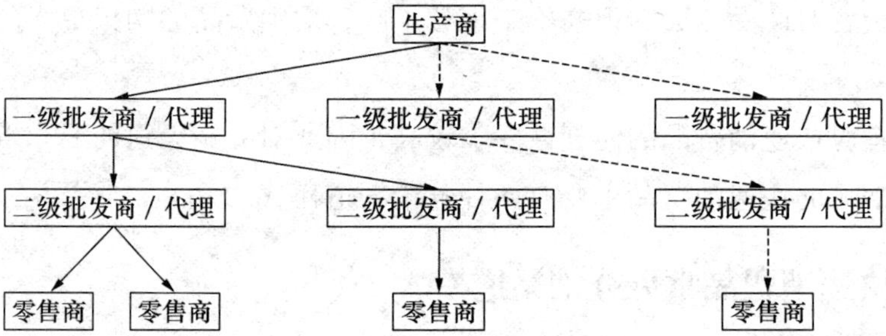

图 9-2 网络式

3. 平台式

这种渠道模式的结构是：厂家—经销商—零售商—消费者，如图 9-3 所示。百事可乐是采用这种模式的代表。该分销渠道模式中的各经销商市场责任区明确，渠道易于管理，产品价格稳定。部分渠道网络基础扎实的企业扶植 1~2 家资金雄厚、仓库吞吐量大、管理能力强的大型经销商，或厂家自设中转库，根据街区、门店细分区域，设置众多能够直接服务终端的经销商，形成一个物流平台，把原来的中级经销商的区域缩小到其完全能够直接服务配送通达终端的区域，把原来比较有实力的二级批发商提升为经销商。这样，细分了区域、增设了经销商数量，取消了二批环节，将原来较长、混乱的渠道网络变成扁平、垂直的渠道网络形态，加强了对终端的控制和服务，提高了经销商的单位效益。但是受区域市场的限制性较强，要求目标消费群体集中，这又需要较多的渠道管理人员来配合。

如在上海，580平方公里，1300多万人口，各类零售终端4万多家。厂家在上海设置80家左右的经销商，可以形成一个巨大的覆盖全上海的物流平台。每家经销商负责几条街，约500家店，服务半径在3~5公里。

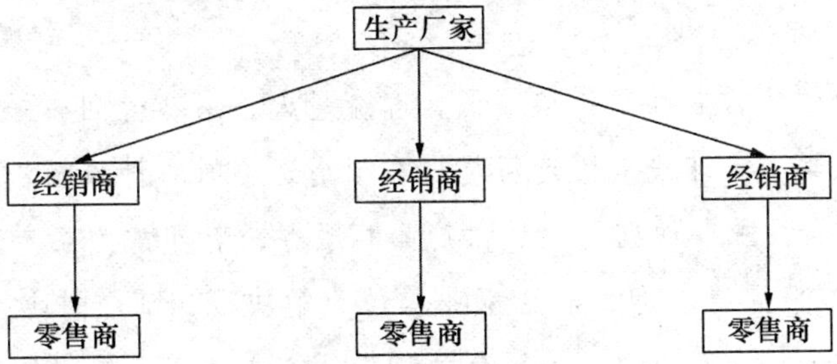

图9-3　平台式

4. **辅助式**

生产企业给经销商、二批商配置业务员，在划定的区域内由业务员联系业务完成订单，经销商、二批商只需送货结款即可。也就是将策划、宣传、促销、推广等内容从经销商的功能中分离出来，减少经销商的以上功能。或建立一支小型的多功能的直销队伍，以弥补现有渠道网络的功能不足。这种模式无形中增加了生产企业人力、物力、财力的投入，管理难度大。

【阅读资料9-1】　可口可乐的22种分销渠道

（1）传统食品零售渠道。如食品店、食品商场、副食品商场、菜市场等。

（2）超级市场渠道。包括独立超级市场、连锁超级市场、酒店和商场内的超级市场、批发式超级市场、自选商场、仓储式超级市场等。

（3）平价商场渠道。经营方式与超级市场基本相同，但区别在于经营规模较大，而毛利更低。平价商场通过大客流量、高销售额来获得利润，因此在饮料经营中往往采用鼓励整箱购买、价格更低的策略。

(4) 食杂店渠道。通常设在居民区内，利用民居或临时性建筑和售货亭来经营食品、饮料、烟酒、调味品等生活必需品，如便利店、便民店、烟杂店、夫妻店、小卖部等。这些渠道分布面广、营业时间较长。

(5) 百货商店渠道。即以经营多种日用工业品为主的综合性零售商店，内部除设有食品超市、食品柜台外，多附设快餐厅、休息冷饮厅、咖啡厅或冷食柜台。

(6) 购物及服务渠道。即以经营非饮料类商品为主的各类专业店及服务行业，经常顺带经营饮料。

(7) 餐馆酒楼渠道。即各种档次的饭店、餐馆、酒楼，包括咖啡厅、酒吧、冷饮店等。

(8) 快餐渠道。快餐店往往价格较低、客流量大，用餐时间较短，销量较大。

(9) 街道摊贩渠道。即没有固定房屋、在街道边临时占地设摊、设备相对简陋、出售食品和烟酒的摊点，主要面向行人提供产品和服务，以即饮为主要消费方式。

(10) 工矿企事业渠道。即工矿企事业单位为解决职工工作中饮料、工休时的防暑降温以及节假日饮料发放等问题，采用公款订货的方式向职工提供饮料。

(11) 办公机构渠道。即由各企业办事处、团体、机关等办公机构公款购买、用来招待客人或在节假日发放给职工。

(12) 部队军营渠道。即由军队后勤部供应，以解决官兵日常生活、训练及军队请客、节假日联欢之需，一般还附设小卖部，经营食品、饮料、日常生活用品等，主要向部队官兵及其家属销售。

(13) 大专院校渠道。即大专院校等住宿制教育场所内的小卖部、食堂、咖啡冷饮店，主要面向在校学生和教师提供学习、生活等方面的饮料和食品服务。

(14) 中小学校渠道。指设立在小学、中学、职业高中以及私立中、小学校等非住宿制学校内的小卖部，主要向在校学生提供课余时的饮料和食品服务（有些学校提供课余时的饮料和食品服务；有些学校提供学生上午加餐、午餐服务，同时提供饮料）。

(15) 在职教育渠道。即设立在各党校、职工教育学校、专业技能培训学校等在职人员再教育机构的小卖部，主要向在校学习的人员提供饮料和食品服务。

(16) 运动健身渠道。即设立在运动健身场所的出售饮料、食品、烟酒的柜台，主要向健身人员提供产品和服务；或指设立在竞赛场馆中的食品饮料柜台，主要向观众提供产品和服务。

(17) 娱乐场所渠道。指设立在娱乐场所内（如电影院、音乐厅、歌舞厅、游乐场等）的食品饮料柜台，主要向娱乐人士提供饮料服务。

(18) 交通窗口渠道。即机场、火车站、码头、汽车站等场所的小卖部以及火车、飞机、轮船上提供饮料服务的场所。

(19) 宾馆饭店渠道。集住宿、餐饮、娱乐为一体的宾馆、饭店、旅馆、招待所等场所的酒吧或小卖部。

(20) 旅游景点渠道。即设立在旅游景点（如公园、自然景观、人文景观、城市景观、历史景观及各种文化场馆等）、向旅游和参观者提供服务的食品饮料售卖点。一般场所固定，采用柜台式交易，销售较大，价格偏高。

(21) 第三方消费渠道。即批发商、批发市场、批发中心、商品交易所等以批发为主要业务形式的饮料销售渠道。该渠道不面向消费者，只是商品流通的中间环节。

(22) 其他渠道。指各种商品展销会、食品博览会、集贸市场、庙会、各种促销活动等其他销售饮料的形式和场所。分销模式如图 9－4 所示。

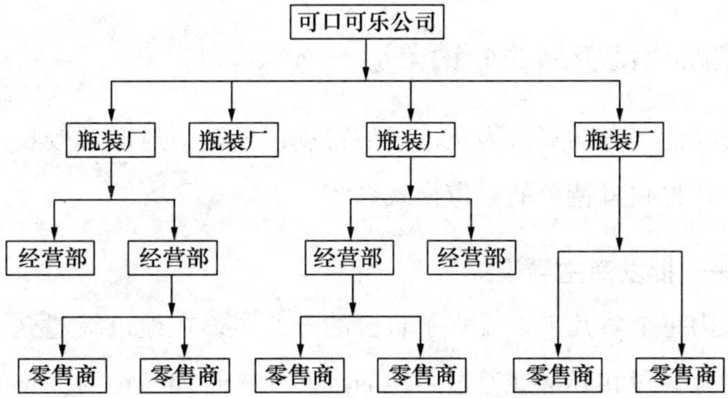

图 9－4　可口可乐的分销渠道模式

资料来源：李飞，《分销渠道设计与管理》，清华大学出版社 2003 年版。

9.2　耐用消费品分销渠道

耐用消费品是指使用寿命长（一般在一年以上）、金额较大并可多次使用的消费品，如家用电器、家具、汽车等。由于消费者在购买耐用消费品与快速消费品时存在购买次数、购买行为和决策方面的不同，两者在渠道结构和管理方面也存在诸多不同之处。

9.2.1 耐用消费品市场的特点

耐用消费品的使用寿命较长、价格相对较高，其购买行为表现为理性，消费者对产品品牌、产品功能、产品质量、产品价格等因素较为注重。消费者在购买耐用消费品时，容易去规模较大、较集中的商场，选择性较大，会仔细比较各品牌产品的性能价格，货比三家，购买决策相对复杂。

在产品上市之初，耐用消费品与快速消费品大多会采用较长的销售通路，以便于更快地完成产品铺市、更有利于刺激消费需求。在相对成熟的市场，耐用消费品品牌一般以长销售通路为主，同时辅之以短通路。各种批发商、经销商与零售商并存，零售终端一般由厂家或一级批发商控制，甚至有些产品是不同的渠道经销商专供。但耐用消费品销售终端的数量相对于快速消费品较少，单个终端规模较大。因此，它们更加注重终端建设，使终端尽可能多地进行产品演示和展示。比如家电品牌西门子、海尔、荣事达等的专营店及店中店、家具专营店，大众、本田、一汽等汽车4S店。

9.2.2 典型耐用消费品的分销渠道

由于耐用消费品消费者购买行为及市场的特点，分销渠道通常较长。下面以国内主要空调厂商为例介绍几种独具特色的渠道模式系统。

1. 美的模式——批发商主导模式

美的公司在国内每个省几乎都设立了自己的分公司，在地市级建立了办事处。在每一个区域市场，美的分公司和办事处通过当地的批发商来管理零售商。美的这种渠道模式的形成，与其较早介入空调行业及市场环境有关，利用这种模式可以从渠道融资，吸引经销商淡季预付款，缓解资金压力。淡季时，经销商向制造商支付预付款，付款较多的大经销商可以得到更多的优惠折扣。

美的公司直接向批发商供货，再由批发商向零售商供货。制造商负责制定批发价格和零售指导价，但并不强制批发商遵守。美的分公司会要求批发商上报其零售商名单，便于了解实际零售情况，还可依此向零售商提供相关促销活动，安装和维修等售后服务的工作一般都是由经销商负责实施的，但费用由制造商承担。

优点：降低营销成本；可以利用批发商的资金；充分发挥渠道的渗透能力。

弊端：价格混乱；渠道不稳定。

2. 海尔模式——直供

海尔基本上在全国每个省都建立了自己的销售分公司——海尔工贸公司。海尔工贸公司直接向零售商供货并提供相应支持，还将许多零售商改成了海尔专卖店。海尔也使用一些批发商，但是其分销网络的重点不是批发商，而是尽量直接与零售商交易，构建一个属于自己的零售分销体系。

在海尔的分销网络中，百货商店和零售店是其主要的分销力量，海尔工贸公司就相当于总代理商，批发商的作用很小。海尔的销售政策偏向于零售商，不但向它们提供很多服务和支持，而且保证零售商可以获得较高的毛利率。

批发商的利润空间有限，批发毛利率一般为 3% ~4%。在海尔公司有分支机构的地方，批发商的活动余地更小。不过海尔空调的销售量大、价格稳定，批发商的利润仍然是有保证的。这是因为，海尔提供店内海尔专柜的装修甚至店面装修，提供全套店面展示促销品、部分甚至全套样机；海尔公司承担了大部分库存职能，还负责对各个零售店快速递送；海尔提供专柜促销员，负责人员的招聘、培训和管理；海尔公司市场部门制定市场推广计划。海尔负责从广告、促销宣传的选材到活动计划和实施等工作，零售店一般只需配合工作就行了；海尔建立的售后服务网络承担安装和售后服务工作；海尔公司规定了市场零售价格，对于违反规定价格的行为加以制止。

优点：掌控零售终端，避免渠道波动，稳定扩大销量；提高企业的利润水平；占据卖场有利位置，在一定程度上限制竞争对手的销售活动；深入终端，有利于品牌形象建设；可以实现精益管理，提高市场应变能力；由于和零售商之间长期稳定的关系，营销成本大大降低。

弊端：渠道建设初期需要消耗大量资源，风险较大；收效较慢；管理难度大、成本高。

3. 格力模式——厂商股份合作制

格力公司在每个省和当地经销商合资建立销售公司，以格力为大股东，董事长由格力方指派，总经理由参股经销商共同推举产生。各经销商的利润来源不是批发差价，而是合资公司的利润分红。省级合资公司的毛利水平最高可达到 10% 以上。入股经销商须为当地空调大户，且格力产品占其经营业务的 70% 以上。各地级市经销商也成立了合资销售分公司，由这些合资分公司负责格力空调的销售工作。

格力以统一价格对各区域销售公司发货，所有一级经销商必须从当地销售公司进货，严禁跨区销售。格力总部给产品价格划定一条标准线，各销售公司向下批发时，结合当地实际情况“有节制地上下浮动”。

分销工作全部由合资公司负责，它们制定批发价格和零售价格，并要求下级经销商严格遵守。物流和往来结算无需格力公司过问。格力公司负责全国性的广告和促销活动，当地的广告和促销活动以及店面装修等工作由合资销售公司负责完成。格力公司只是对品牌建设提出建议。售后服务也是由合资公司承担并管理的，它们和各服务公司签订合约，监督其执行。当安装或维修工作完成后，费用单据上报给合资公司结算。格力总部只是对其中一部分进行抽查和回访。

优点：与自建渠道网络相比，节省了大量资金，并降低了风险；消除了经销商之间的价格大战；解决了经销商在品牌经营上的短期行为。

缺点：股份制销售公司管理的规范性；股东发展方向的统一；渠道内的利益分配不公；以单纯利益所维系的渠道具有先天的脆弱性。

4. 志高模式——区域总代理制

广东志高空调股份有限公司的前身只是一家空调维修商，从 1998 年开始生产空调，从零起步，3 年时间迅速发展到 30 万台，远远超过行业平均发展水平，因此其分销渠道模式也广受关注，尤其是一些中小制造商，把志高模式作为他们仿效的对象。志高模式对经销商非常依赖，在各省寻找一个非常有实力的经销商作为总代理，把全部销售工作委托给总代理商。这个总代理可能是一家公司，也可能是由 2 ~ 3 家经销商联合组成。总代理可以发展多家批发商，也可直接向零售商供货。

志高的销售政策比较简单，在和总代理商就该区域的销售目标达成一致后，双方确定结算价格，然后由代理商负责区域内的产品销售。总代理商的毛利水平较高。由于代理商可以完全自由地制定区域内的分销政策，其毛利水平是非常高的，一般都有 10% ~ 15%。零售商的毛利水平也很高。虽然批发商可以决定分销价格，但是零售商对于不太知名、销售量又不大的小品牌要求的毛利率一般都很高，没有 10% 以上是很难接受的。制造商盈利水平较低。市场零售价格要有竞争力，批发商、零售商和消费者都要求获得利益。

区域总代理制是弱小的制造商和强大的经销商结合的产物，从一开始，双方的定位就很明确，制造商开发产品，总代理根据市场状况选择产品，经销商负责分销。志高公司在各地的营销人员很少，几乎所有的促销活动都交给经销商。每次总代理商进货时多发给其提货量的 10% 作为售后服务的“保证金”，所有的售后问题都由总代理商在当地解决。一般来说，国内制造商出品的空调在国家规定的“三包期”内出现的不良品率不会超过 3% ~5%，因此，有 10% 作为保证，经销商肯定乐于把售后服务承担下来。

优点：迅速扩大销售额。由于享有垄断利润，代理商会全力以赴进行销售，制造商利用代理商的网络可以迅速打开局面。志高一般对于代理商有全年销售额以及淡季投入资金等方面的要求，可以利用代理商进行渠道融资。由于可以省去一大笔用于建设分公司等的费用，大大降低了固定成本。

弊端：一是不利于品牌建设。由于促销和售后服务都由总代理商包办，制造商失去了主导地位；而总代理商会怀疑制造商是否会让自己长期垄断市场，因此对于品牌建设这种长期行为并不热心。二是影响市场发展。代理商的渠道总是有限的，很难覆盖全部市场。有的代理商为了独占高额利润，往往控制该品牌的销售额不发生大的增长，以避免制造商采取其他分销模式，使一些市场得不到应有的挖掘。三是销售不稳定。过分依赖单一的批发商，一旦合作出现问题，销售就会大受影响。由于失去了市场控制力，制造商不敢得罪代理商，代理商反而可能得寸进尺，使制造商的长期利益受损。

5. 苏宁模式——前店后厂

苏宁原是一家空调经销商，从 2000 年开始走连锁经营道路，在各地建立家电连锁销售企业，并参股上游企业——飞歌空调，为其定牌生产苏宁牌空调并在分销网络内销售。用输出管理制度将企业整合，开发销售管理系统，管理物流和资金流，准确了解网络内部运营情况。经销商承担完全的市场责任，包括产品和价格、分销和物流、促销和宣传、对消费者的售后服务，制造商只是单纯的制造行为，只是对售前出现的质量问题负责。

优点：制造商由于分工更明确，生产效率得以提高，在成本上更具竞争力，而把市场营销工作交给更长于此道的公司。双方明确的分工可以取得良好的效果；经销商（品牌拥有者）的利润水平大大提高。

弊端：制造商利润水平低；制造商的成本压力可能会越来越大；制造商风险可能增加；经销商的风险也可能增加。

表 9 –1 至表 9 –4 给出了不同渠道模式下价格、企业盈利水平、适应性和综合能力的

比较结果。表 9-1 显示，即使生产同一型号空调（KFR-25 GW/CF），由于生产成本不同，批发商、零售商获利不同，销售价格明显不同，其中格力最高，苏宁最低。表 9-2 显示，由于分销渠道不同，海尔模式分销渠道和制造商方面盈利水平最强，对于批发商与制造商，志高模式盈利水平较强。值得注意的是，苏宁模式中，制造商的盈利水平明显低于其他模式。在市场适应性方面，表 9-3 显示，海尔和苏宁模式比较成熟，美的和志高模式处于成长期，格力模式需要改进。综合比较各种模式，表 9-4 显示，志高模式与苏宁模式渠道融资能力较强，管理难度较小，而在盈利水平、品牌价值和长期发展能力方面略差一些；海尔模式融资能力略差一些，其他方面较强；美的模式与格力模式的融资能力和品牌价格较好一些，然而格力模式的长期发展能力存在问题。

表 9-1　　不同分销模式下价格比较　　单位：元

	型　号	成　本	出厂价	批发价	零售价
海　尔	KFR-25 GW/CF	1700	2200	2325	2610
美　的	KFR-26GW/GLY	1700	2240	2390	2530
格　力	KFR-26GW/103	1750	2250	2530	2616
志　高	KFR-25 GW	1450	1700	1950	2180
苏　宁	KFR-25 GW	1450	1600	1600	2000

表 9-2　　五种分销模式下企业盈利水平比较

	渠道总和	制造商	批发商	零售商
海　尔	59%	47%	4%	8%
美　的	36%	24%	6%	6%
格　力	36%	22%	11%	3%
志　高	39%	15%	13%	11%
苏　宁	29%	9%	0%	20%

表 9-3　　不同渠道模式的适应性

	资　本	管理能力	企业目标	品牌地位	渠道企业	市场阶段
海　尔	雄厚	强	多元化	强大	稳定	成熟期
美　的	无影响	较强	专业化	均可	较强	成长期
格　力	无影响	一般	专业化	均可	较强	整顿期
志　高	缺乏	弱	初创期	弱小	强大	成长期
苏　宁	少	无	较短	弱小	非常强	成熟期

表 9－4　　各种模式的综合比较

	渠道融资能力	管理难度	盈利水平	品牌价值	长期发展能力
海　尔	低	很大	高	高	强
美　的	较高	中等	一般	较高	较强
格　力	较高	较小	一般	较高	存在问题
志　高	较高	小	低	低	较弱
苏　宁	最高	很小	很低	无	很弱

【阅读资料 9－2】　　中外汽车营销模式比较

1. 美国模式

专业性：首先表现在汽车销售的主流模式仍然是汽车专卖店，大多数专卖店只做销售，少数具有一定规模的才建有售后服务体系；其次表现在美国的汽车售后服务逐渐趋向专业化经营。

低投入、低成本：汽车销售企业销售层次少，销售人员也不多，采用多品牌专卖销售集团的模式，规避单一品牌销售的风险，规模化效应有效地降低成本。

高产出：汽车经销商的利润率较高，税前净利润平均可达 29.3%。

高效率：平均 2 小时可办完全部手续。

高素质：对汽车从业人员有严格的招聘标准和培训安排，汽车销售人员一般有较高学历，接受过专业培训，是汽车销售各方面的专家。

美国是新旧车一体销售，二手车市场特别活跃。

美国汽车的互联网销售非常活跃，目前，消费者从互联网上订到汽车到汽车下线运到客户手中只要 3～5 天的时间，此外汽车售后服务的网络服务也十分活跃和有效。

优势：可以有效控制物流和终端，信息反馈快速有效，能较好地根据市场销量和需求进行生产调整，同时为车型改良等提供了丰富的数字依据。

劣势：厂商投入的资金成本较大，特别是企业的库存与运输成本，是美国汽车企业较大的负担。

2. 英国模式

英国汽车分销模式相对比较保守，大多采用的是较为传统的区域分销代理模式。由于区域分销企业相对比较稳定，汽车厂商相对较多，因此渠道利润也比较丰厚，很多分销商逐渐成长为世界级品牌代理商。但是，由于汽车经销采取“5S”终端模式，即“新车销售”“旧车回收式销售”“零配件供应”“维修服务”和“信息反馈”，终端压力很大，成为包袱。

优势：汽车生产厂商可以迅速地收回生产成本，获得再次开发和扩大生产的资金。由于分销商对渠道具有较大的控制权，可以及时根据市场情况进行有针对性、地域性的促销，来拉动汽车的销售。

劣势：经销商的压力和成本都较大，再加上激烈的市场竞争，使得汽车销售商的利润急剧缩水。因此，专卖店网络已显颓态。销售网点过于密集，利润空间逐年减少，合并或者破产的经销商越来越多。

因此，欧盟也积极调整策略，决定“开放汽车销售形式”，重新设计适应新环境的营销形式，将销售和维修完全分开，并且对汽车零售业进行改革，允许多品牌经营，减少中间环节，以达到降低成本，促进消费之目的。

3. 德法模式

德国汽车市场的特点：

大众公司在世界各地拥有44个制造厂、33万名员工，生产9个系列的品牌。

专卖店集群趋势明显。

专卖店特色简单、朴素、实用，新车、二手车同场销售。

专卖店基本是“4S”模式。

同一厂家多品牌同店销售已成为重要的发展模式。

二手车销售分专营店和高档车、混营中低档车两种模式，且二手车市场规模大。

两厢车拥有量占较大优势，也是一种重要的变化趋势。

专卖店销售员年龄都在中年以上，几乎看不到年轻的业务员。

法国汽车市场的特点：

专卖店为最基本的营销模式，单个专卖店规模较大，品牌标识统一、色彩明显。

汽车大道发展很快、规模大、设置在大城市郊外，在快速路两侧，林立着数十家品牌4S店。

专卖店建设档次不高，特点鲜明，新车和二手车同店交易。

倾向于同一厂家的多品牌同店销售，同时二手车销售店规模大、价格较低。

两厢车居多，占 80% 左右。

轿车发展偏重于技术性和舒适性。

4. 日本模式

日本汽车分销渠道大多还是采取独立经销商模式，而且，独立经销商与企业合作紧密，有些企业还会直接投资分销渠道建设。

在日本分销渠道中，没有所谓 4S 店的形式，而是采用遍布全国、安排有序的品牌汽车分销点，这些分销点除了销售汽车以外，也提供一定的基本汽车维修和配件服务。

日本汽车分销网络与生产厂商联系之紧密，令全世界咋舌。美国当年通过艰苦的贸易谈判，终于迫使日本开放了其汽车市场，但是，美系汽车厂商在进入日本市场后，却发现没有一个渠道愿意代理来自日本以外的汽车品牌。

优势：汽车生产厂家与独立经销商之间有着超越合约的紧密合作，数十年不变。厂商和经销商之间的利润也保持在一个高效、合理的范围内，有利于销售网络在全国的建设、布控，避免了恶意竞争，保证了市场对五大品牌产品的忠诚度。

劣势：日本本土汽车市场就如同安全的鱼塘，因为没有竞争者，很难为企业提供有力的发展动力。但由于日本外向型经济的特性，海外市场的激烈竞争弥补了国内竞争力的不足。事实证明，日本这种“精致”的分销渠道在海外的试验是失败的。

5. 中国的轿车市场

目前，我国汽车营销模式既包括传统的营销模式，如总代理制、与总代理建立联营公司、区域代理制、专卖店营销、特许连锁经营、汽车超市、4S 专卖店、汽车交易市场、汽车园区等，又包括新型的营销模式，如网上购车、汽车电子商务、买断销售等。

特许经营的专卖店是目前汽车厂家积极推行的主要营销模式，经营、销售和服务都较规范，新建的大多为 3S 或 4S 店，是集整车销售（Sale）、零配件（Spare part）、售后服务（Service）、信息反馈（Survey）四位一体的汽车销售模式。它一般需要上千万元的投资。销售队伍素质要求较高，接待礼仪很规范，服务项目在扩大，标识都醒目，讲究外在形象的塑造。

资料来源：“不同类型产品的分销渠道构建”，百度文库。

9.3　服务业分销渠道

服务业分销渠道是指服务产品从生产者移向消费者所涉及的一系列公司和中间商。一般而言，服务销售以直销最普遍，而且渠道最短。服务业不同于其他行业，服务本身具有无形性，服务质量的差异性，这也就决定了服务业渠道的高度定制化特点。

9.3.1　服务业分销渠道特点

1. 渠道较短

服务分销渠道多数采用从服务提供者直接提交给消费者的直接渠道形式。大部分由独立的服务提供者组成的服务业，如会计师事务所、美容美发店、汽车清洗店等几乎都是采用这种直接渠道形式。服务业采用直接销售的方式主要是由服务业本身所决定的。服务业渠道太长，可能导致提供的服务质量下降。例如，拥有多个代理商的快递公司，服务质量往往难以保证。然而，没有中间商也会面临一些问题，诸如，服务企业需要自己考虑服务产品的种类、服务设施和人员的来源等。

2. 定制化服务

随着经济的发展，特别是人们需求的多样化，定制化服务逐渐盛行。例如，法律诉讼、卫生保健、建筑设计、发型设计、家庭教育等都需要定制化服务。要满足顾客定制化服务的要求，首先需要了解消费者的需求，不同消费者间的细微差别及其变化。其次，为了提高定制化服务的效率，往往需要将程序规范化、模块化，以满足消费者独特需求的同时，高效完成服务质量。

【阅读资料9－3】　“动感地带”的渠道策略

“动感地带”的三大特色服务渠道。第一个特色是动感地带品牌店。在上海、广州、南京等地已建设了数家。这些品牌店的设立，旨在为动感地带客户提供一个探索移动新科技、享受乐趣、联络感情的空间，并在店内空间进行了细致的规划，如上海品牌店店内分为移动业务体验区、休闲学习区、互动交友区三部分，厦门品牌店分展示区、业务受理区、飞镖区、探索区和网络游戏区，已成为“动感地带”的形象化销售及服务渠道。第二个特色是校园代理渠道。“动感地带”为方便目标顾客购买，移动通信在各个大学校园设置了学生代理，这样大学生可以非常方便地购买到“动感地带”，为目标客户创造真正的便利。第三个特色是电子服务渠道。客户只需登录“动感地带”网站，就可以了解到各种服务，如果需要某种服务，只需按照提示发送短信就可以了。同时，在“动感地带”的网站上，中国移动还为客户开设了在线办理的功能，用户只要输入自己的手机号码，就可以实现查询话费、增加服务等功能，几乎实现了用户和移动通信之间的零距离接触。另外，通过网站，客户还可了解购物信息、享受进入服务特区等服务。

9.3.2　服务业常见分销渠道模式

1. 直销渠道

直销渠道是服务业最常使用的渠道形式，这与服务和服务提供者不可分割的原因有关。医疗机构、家政服务机构、律师事务所等服务机构通常采用这种渠道形式。当服务企业选择直销渠道时，经营者往往可以获得如下特殊的营销优势。

（1）对服务质量，可以保持较好的控制。若经由中介机构处理，容易造成失控问题。

（2）能够更好地提供个性化服务，产生有特色的服务产品。

（3）可以从与顾客直接接触交流中了解顾客目前的需要，了解竞争对手的产品等信息。

例如，有些投资顾问机构或会计师事务所可能都会有意地限制客户的数量，以便能提供个别服务。然而，因为服务和服务提供者之间的不可分割性（如法律服务或某些家务服务）而选择了直销渠道，也可能面临如下问题：一是针对某一特定专业个人的需求情况（如著名的辩护律师），公司业务的扩充便会遇到种种问题；二是采取直销有时便意味着局限于某个地区性市场，尤其是在人为因素所占比重很大的服务产品中，因为，此时不能使用任何科技手段作为服务机构与顾客之间的桥梁。

2. 经由中介机构的分销渠道

凡是想获得较大市场覆盖面的服务企业基本会利用中介机构来组建分销渠道。服务业市场的中介机构形态很多，常见的有下列五种。

（1）代理。一般是在观光、旅游、旅馆、运输、保险、信用、雇佣和工商业服务业市场出现。

（2）代销。专门执行或提供一项服务，然后以特许权的方式销售该服务。

（3）经纪。在某些市场，服务因传统惯例的要求必须经由中介机构提供才行，如股票市场和广告服务。

（4）批发商。在批发市场的中间商有“商人银行（merchant banks）”等。

（5）零售商。包括照相馆和提供干洗服务的商店等。

中介机构可能的形式还有很多，在进行某些服务交易时，可能会牵涉到好几家服务业公司。例如，某个人长期租用一栋房屋，可能牵涉到的服务业包括房地产代理、公证人、银行、建筑商等。另外在许多服务业市场，中介机构可能同时代表买主和卖主（如拍卖）。

随着产业经济的发展，最近几年来在服务分销渠道方面产生了许多新的方法。首先是租赁服务，许多个人和公司从拥有产品转向产品的租用或租赁。采购也正从制造业部门转移至服务业部门，许多销售产品的公司增添了租赁和租用业务。在产业市场，目前可以租赁的品种包括汽车、货车、厂房和设备、飞机、货柜、办公室装备、制服、工作服等。在消费品市场，则有公寓、房屋、家具、电视、运动用品、帐篷、工具、绘画、影片、录像等。

其次是特许经营，在标准化的服务业中，特许经营是一种持续增长的现象。在一般情形下，特许经营是指一个人（特许人，Franchiser）授权给另一个人（受许人，Franchisee），使其有权利利用授权者的知识产权（intellectual property right），包括商号（trade names）、产品、商标、设备分销（equipment distribution）等。在英国，特许经营过去基本上是以与制造业业务相关者为主，通常是以代理机构形态出现或是以经销方式（dealership，如汽车经销商），即垂直特许经营（vertical franchising）。最近兴起的所谓“水平特许经营（horizontal franchising）”，即产品或服务的零售商和其他在同一分销渠道的机构间有特许经营关系，在这方面增长比较快的行业有干洗服务、就业服务、工具和设备租用业以及清洁服务。

【阅读资料9-4】 迪士尼公司的特许经营管理

迪斯尼公司由授权使用动画形象的特许经营发展到依据动画形象制造玩偶的特许经营，并开设迪斯尼专卖店向市场营销与迪斯尼有关的产品。此外，他们还通过网上销售，实现24小时跨地域服务。

迪斯尼公司在世界范围内进行各式各样的知识产权交易，并出版图书和杂志，授权经营的产品包括与迪斯尼有关的玩具、礼品、家具、文具、体育用品等，出版类的授权包括连环画、艺术图画书和杂志等。特许经营活动的利润主要依靠从批发和零售产品的销售定价中提取固定比例的特许经营费。

到目前为止，迪斯尼与特定厂商进行的特许经营合作方式没有多大改变，但合作的项目和开发的产品种类则翻倍增加。过去迪斯尼的品牌产品主要是孩子的玩具、卧具、文具、服装和儿童出版物，现在不仅以迪斯尼卡通片故事情节和人物、动物为背景，发展了各种迪斯尼电子玩具、电脑软件，而且以迪斯尼的品牌与厂商合作，发展了手机等各种高科技产品。厂商用迪斯尼品牌生产手机，每销售一部手机就要付一定的费用给迪斯尼。现在，迪斯尼已经从经营日用品发展到儿童食品和饮料。另外，迪斯尼还与可口可乐公司合作，以迪斯尼品牌生产一种专门供孩子喝的、健康的纯果汁饮料，并与其他一些公司合作，开发了迪斯尼牌儿童健康早餐。

迪斯尼品牌的产品种类现在已达 2400 种，2002 年消费品的收入约 24.5 亿美元，约占迪斯尼集团总收入的 10%，其中，营业收入约 4 亿美元，约占迪斯尼集团总营业收入的 14%，成为迪斯尼公司价值链中不可忽视的一个组成部分。

资料来源：胡春，《市场营销渠道管理》，清华大学出版社，北京大学出版社，2012 年第 6 版。

最后是综合服务，伴随综合公司体系（integrated corporate systems）与综合性合同体系（integrated contractual systems）的发展，综合服务开始主宰某些服务业领域。例如，在观光旅游方面，许多服务系统正在结合两种或两种以上的服务业，譬如将航空公司、饭店、汽车租赁、餐厅、休闲娱乐区等组合，提供给旅游者和度假的人。

【阅读资料 9－5】　　我国保险公司分销渠道模式

从目前来看，我国保险公司大都采用以下三种主要营销渠道运营模式。

一是直销型，即通过公司在编外勤人员开展业务，主要销售团体保险和大项目保险，销售人员在享有底薪和福利之外根据销售业绩提取手续费。从总体上看，该类渠道业务大致占总业务的 20% 以上。

二是银邮兼代型，即通过与银行邮政等行业部门签订兼业代理协议，通过兼业代理网点开展保险业务，主要销售个人分红型保险产品（过去几年以5年趸缴业务为主，现在开始重视长期个人业务和风险保障类产品的销售）。银邮兼业代理根据业务量提取手续费，该类营销渠道业务占总业务的25%左右。

三是个人营销型，即通过保险个人代理人针对分散型个人客户销售个人保险产品，该类渠道业务占总业务的一半以上。

从三类渠道的业务规模和利润贡献度来看，直销型和银邮兼代型营销渠道的业务规模贡献度较大，个人营销型渠道的利润贡献度和创费能力较强。除了以上三类营销渠道模式外，保险公司还尝试了直复型营销渠道 thldl. org. cn（网络、电话、邮寄等）和专业经纪公司、代理公司等专业经代型渠道开展业务，但规模尚小。

资料来源："第三章不同类型产品的分销渠道构建"，百度文库。

9.4 高科技产品分销渠道

高科技产品一方面拥有一般产品所具有的共性，如市场的可分性、需求的波动性等特点，但同时有着其自身独有的一些特点，比如产品的技术含量高，生命周期短、更替速度快，遵循收益递增规律等。这也就决定了高科技产品的市场特性。

9.4.1 高科技产品的市场特点

1. 产品利润高，竞争激烈

高科技产品由于需要投入较大的研发费用，从而构建了较高的进入壁垒。当一家企业研发出新产品后，能利用对专利的拥有快速占领相关市场，企业也相应得到定价权，因而可以为企业带来较高的利润。面对高科技产品的高额利润，越来越多有实力的公司将进入这个行业，从而加剧了高科技产品市场的竞争。

2. 产品价值易逝

易逝性是指产品的价值随着时间的流逝快速递减，直至为零。激烈的市场竞争、缩短的生命周期使得高科技产品进入市场和退出市场的时间越来越短，随着新产品的推出，老产品价值快速递减，最终退出市场，从而具有易逝性。

3. 市场高度细分

随着消费者对于高科技产品的需求愈发多样化、个性化与专业化，市场细分成为高科技企业获取竞争优势的必备手段。目前高科技产品市场可按照行业、性别、功能、年龄等细分。成功的市场细分有助于企业发掘市场机会，提高市场竞争力。

4. 产品引导市场需求

对于一种新的高科技产品，带来的常常是产品技术上的进步或者革新，这些新技术的出现将改变人们的生活习惯，以致思维方式。

9.4.2　高科技产品的分销渠道模式

1. 企业直销渠道

高科技产品企业利用自己的销售代表，可对其产品分销进行控制。直销方式简单有效，实现按单生产，能够准确把握市场需求并迅速推出新品，加快资金周转速度。

2. 带批发商的分销渠道

批发商包括经销商和代理商，究竟是采用经销商还是代理商，要根据企业的实际情况而定。一般情况下，高科技企业更偏向于经销商，主要原因是：一是可以替企业分担风险。由于经销批发商持有产品库存、拥有其分销产品的所有权，所以就可以帮企业分担了一些经营风险。二是服务范围大。经销商提供的服务范围远大于代理商提供的服务范围。三是经销商销售能力较强。经销批发商通常拥有强大的外部销售队伍，这些业务代表在既定区域内工作，使企业不必维持一支同样的销售队伍。此外，经销批发商更具有规模优势和效率优势，其抗风险能力一般强于代理批发商。

3. 大型商店、仓储直销店等

对于产品不断更新、技术复杂先进、经营风险较大的高科技企业而言，零售商在帮助企业寻找目标顾客群、激发消费者兴趣和促进购买等方面发挥着巨大作用。高科技企业在零售领域对新兴业态给予了更多的重视。

4. 无店铺零售形式

这种零售形式不仅适用于有形产品的销售，也适用于服务性产品的销售。随着互联网快速普及，越来越多的消费者将通过网络形式购买商品，注重电子商务的企业将抢占先机，得到越来越多的实惠。这四种模式如图9－5所示。

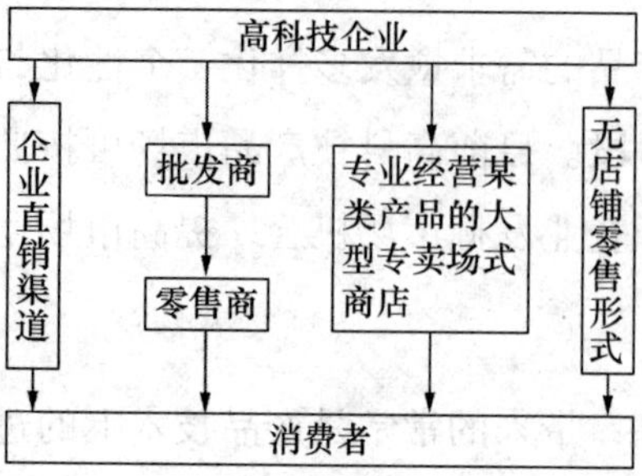

图9－5 高科技企业分销渠道形式

【阅读资料9－6】 惠普中国多渠道模式的由来

创建于1938年的惠普公司，从20世纪90年代进入中国至今，走过了一条稳健而又积极的渠道发展之路。20世纪90年代初，鉴于当时中国开放不久的市场背景，一个外国公司要在这个时候进入市场，并以最少的人力、最少的资金销售产品，利用传统的分销手段是最为简单而又最有效率的方法。在此阶段，中国的IT市场还不成熟，IT产品的用户集中在政府、军队、银行和电信等国有大企业，个人消费还未启动。利用中国的电脑贸易公司来建立营销渠道，并利用它们在这个领域的业务经验与特殊关系，可迅速打开市场。惠普公司借助其在国外长期拥有的品牌效应，从数千种产品中精心挑选了部分适合中国用户的产品，建立了一个较窄但专业业务能力强大的营销渠道。在这个阶段，惠普的客户目标是大企业，目标市场是一类城市，销售方式是分销与经销结合。

90年代后期，随着科技产品的大众化、普及化及产品价格的不断下降，中小企业及家庭用户对PC的需求增大，IT市场的容量越来越大。国外公司同类产品纷纷进入中国市场，国内企业同类产品也迅速崛起，市场竞争变得日益复杂和激烈。在这种情况下，惠普公司的营销渠道策略需要做新的调整。

首先，目标市场从一类城市拓展到二、三类城市，并提出“火车可以到达的地方都是惠普的市场”。在分销商没有增加的情况下，二级经销商迅速扩展到各个中小市场，并在全国建立了近1000家惠普专卖店。随着市场目标的扩大，渠道也进一步扩大。其次，惠普公司在其全国各分公司、办事处增设了直接面对客户的销售经理，它们每天直接向用户提供产品信息，提供应用的解决方案和技术培训。它们近距离与最终用户沟通，直接从客户手中得到大量订单。惠普客户销售经理把这些订单悉数交给分销商或经销商，并指导她们来执行和完成这些订单，而不是自己直接做。

惠普的营销渠道策略是随着市场的变化而变化的，即从产品逐步向客户服务方式转变，从多层次向短渠道发展，从窄渠道向多渠道方向扩展。然后，惠普并没有放弃传统渠道。因特网出现后，扁平营销、网络直销是一个非常热门的话题，每一家历史悠久的大型公司都为缩短销售过程绞尽脑汁。但改变传统并非一朝一夕可以完成。以传统渠道为主，依然是当今的渠道营销主流。惠普颇具先见性，其客户销售队伍的建立，是非常具有特色与创意的一种营销方式。它非常巧妙地应用了传统的强大营销网络，而又兼取扁平、直接和网络销售之长。惠普公司在中国的各分公司、办事处都有这样一支庞大的客户销售队伍，使得惠普与客户的距离缩短到面对面，可以按客户的需求确定订单，而执行、物流与结算依然通过分销商。这种传统渠道与直销的交叉应用，使得厂家和分销商的关系非常融洽。

资料来源：胡春，《市场营销渠道管理》，清华大学出版社，北京大学出版社，2012 年第 6 版。

9.5　工业品分销渠道

9.5.1　工业品市场的特点

工业品市场面对的都是产业客户，同消费品面对大众销售不一样的是其购买者数量少、目标客户群体相对明确、地理位置集中，同以亿计的个人消费者相比较，工业品的客户群只是其几十分之一。同消费品零散的消费需求不同的是，产业客户对工业品的需求大多是大批量的，购买量规模大。从消费弹性来看，工业品的市场需求更缺乏弹性，在短期内受价格变动的影响较消费品要小得多，但对于化工钢铁等战略性产品，其市场的需求受宏观经济等影响的波动性较大。

工业品种类繁多，在工业品分销市场中，工业品分销由于需求客户所购产品类别的不同而存在很大的差异。工业品大致可分为原材料和初加工的二级原料，易耗的辅助材料，零配件、生产专用设备和 OEM 产品等。对于原材料和二级原料，如钢材、皮革、化工原料等，这类产品多有规定的标准和等级，一般为买方企业作为生产原料购进，大多是大批量定时定量的购买，属于经营层面的决策行为，供货方的供货能力、及时性和价格是影响其购买决策的重要因素。对于易耗的辅助材料，如砂轮、锯条、润滑油等，其产品特点是单价低、消耗快，企业要经常购买，属于日常事务性购买决策行为，是最接近于消费品购买行为的工业品类别。对于生产专用设备，一般是企业在经营前期或特定时期的重大经营决策，这类产品一般价格昂贵，性能要求高，对于产业客户的生产经营有根本的影响，往往是企业的重大决策行为。对于零部件类工业品，如电子元器件等，是诸多制造企业的上游供货环节，产品的质量和价格是影响购买决策的重要因素。OEM 作为制造领域的新型生产组织方式，产品标准化定制是其本质特征，是工业品分销领域比较独特的一种方式。

9.5.2 工业品分销渠道模式

工业品渠道模式，主要有以下三种。

1. 经销代理模式

工业品企业通过发展经销商、代理商的模式，让产品实现区域市场分销的目的，这是工业品企业最为常用的渠道模式。在经销商代理模式下，还存在两种情况：一是厂家—分公司/办事处—经销商/代理商—最终客户；二是厂家—区域经理—经销商/代理商—最终客户。

2. 合作经营模式

工业品企业与经销商合资合作成立区域分公司，采取股份制的形式。当然，主要是工业品企业与区域市场上的强势经销商合作。这在行业中不多见，如格力中央空调就是采取这种渠道模式。

3. 渠道自营模式

工业品企业通过设立分公司或办事处，直接面向目标客户开展市场销售与推广。

上述三种模式如图 9－6 所示。

9.5.3 典型工业品分销渠道分析

钢铁企业是我国的典型工业品，宝钢营销渠道的发展可以代表我国钢铁企业营销渠道的演变过程，主要有三个阶段。

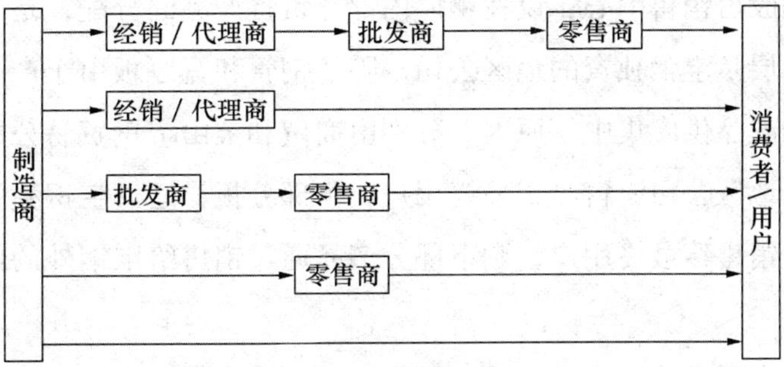

图 9－6　工业品分销渠道模式图

第一阶段：以代理经销商为主的代理销售。早期的宝钢因无力建设自己的贸易公司，只能依靠代理经销商推销产品。代理经销商没有宝钢的投资，纯粹为了经济利益而销售宝钢产品，宝钢无法对其实现控制。各个代理商之间没有协调一致，竞争大于合作，产品热销时各代理商互相激烈争夺钢厂产品资源，市场萧条时争相降价减少库存，减少采购数量。此类营销渠道比较混乱，现在大部分的中国钢铁企业还处于这个阶段。

第二阶段：以联营公司为主的区域代理。在本阶段，通过合资建设贸易公司销售宝钢的产品，宝钢对营销渠道实现一定的控制力，但是为了经济利益，经销商之间仍然不可避免地存在扰乱市场、不顾大局的违规行为。

第三阶段：以地区公司为主的营销服务。地区公司是宝钢独资的经销商，如图 9－7 所示。

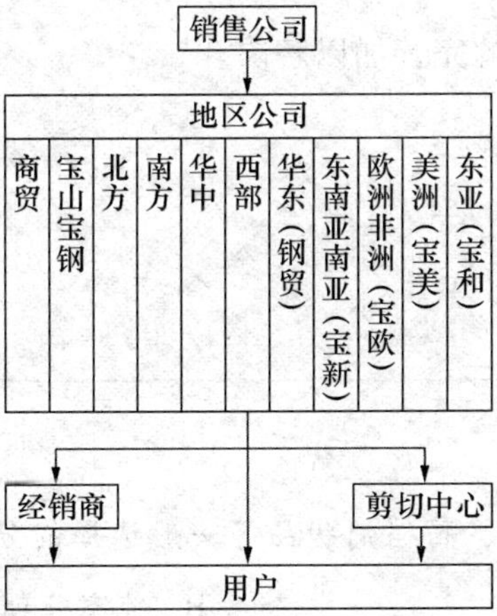

图 9－7　宝钢地区公司示意图

第一层是宝钢股份销售中心，设在钢厂内部，负责产品的分配，是营销环节与生产环节的结合点。第二层是宝钢独资的地区公司，除了钢管和宽厚板由于产品专业性较强，面对的最终用户少和产品供应集中等原因，分别由商贸和宝山宝钢贸易公司专营外，宝钢大多数的产品直接从地区公司销售给了最终用户，少部分板材通过宝钢独资或合资的剪切中心经过剪切加工后销售给最终用户，剩下部分产品通过销售给宝钢外的经销商间接销售给最终用户。

现在宝钢的销售渠道分工非常明确，具有以下几个优点。

第一，掌握了绝大多数产品的去向，减少了中间商扰乱市场的行为，使得自己制定的价格政策能够得以执行。

第二，保证了实物流、所有权流、谈判流、资金流、信息流的畅通。需要特别提到的是，在市场低迷、销售不旺的情况下，地区公司可以通过增加库存，吸收钢厂产品来保障生产的连续性，为钢厂调整生产计划赢得时间，减小整个钢铁企业的损失。

第三，提高计划性。地区公司的重要工作之一就是订货前提交各个用户的计划采购数量，汇总到销售中心协调分配，确定后统一安排生产，这提高了生产计划性，有利于提高产量和经济效益。

但是，它的缺点是：相对于第一阶段的代理经销商和第二阶段的联营公司，独资的地区公司也存在着竞争压力小、市场反应迟钝和缺乏活力等缺点。另外，由于宝钢股份销售中心长期脱离用户，其营销环节与生产环节的结合点的功能也会逐渐弱化，但是这些缺点都可以通过企业内部管理机制的完善加以解决。

本章习题

一、单选题

1. 消费者中的耐用消费品、高档消费品等一般选择的分销策略是（　　）。

A. 选择性分销　　B. 独家分销

C. 大量分销品　　D. 密集性分销

2. 向最终消费者直接销售产品和服务，产品用于个人及非商业性用途的活动属于（　　）。

A. 零售　　B. 批发

C. 代理　　D. 直销

3. 如果消费者规模巨大，但分布分散、购买量小、购买频率高、介入度不高的产品，一般采取（　　）。

A. 零渠道　　B. 一级渠道

C. 多级渠道　　D. 窄渠道

二、多选题

1. 在渠道设计中，产品体积大、单位价值高、技术性强、较为耐用的新产品，一般不采取（　　）。

A. 零渠道　　B. 一级渠道

C. 多级渠道　　D. 宽渠道

E. 窄渠道

2. 快速消费品常见分销渠道模式有（　　）。

A. 厂家直销式　　B. 网络式

C. 平台式　　D. 辅助式

E. 批发商主导式

3. 高科技产品的市场特点是（　　）。

A. 产品利润高，竞争激烈　　B. 产品价值易逝

C. 市场高度统一　　D. 市场高度细分

E. 产品引导市场需求

三、名词解释

1. 快速消费品　　2. 耐用消费品　　3. 服务业分销渠道

四、简答及论述题

1. 比较分析快速消费品不同渠道模式的利弊。

2. 分析服务业分销渠道的特点。

3. 分析工业品的分销渠道模式。

案例讨论

三星电子的渠道变革

在中国的IT市场，85%以上的产品通过间接渠道销售。从某种意义上说，“渠道就是供应商的生命线”。在产品同质化严重的今天，供应商不仅要重视对渠道的建设和维护，还必须根据市场环境、消费者需求及竞争情况，把握最恰当的时机，从内到外适时进行渠道变革。

2004年1月，三星发布数码打印产品2004年新渠道战略。与此同时，原三星打印机总代理——万海科技的总经理陆靖被正式任命为三星电子OA产品中国区部总经理。陆靖身份的转变具有一定的戏剧性，而这种转变中却蕴含着三星电子全新的渠道战略。

提升渠道门槛、走精细化管理对三星渠道战略的研究，需回溯到三年前三星进入中国市场之时。

2001年8月，三星进军中国市场后，在其独家总代理北京万海科技的配合下，迅速建立起了自己的渠道销售体系，并推出了按俱乐部方式运作的独特渠道模式，吸引了一大批合作伙伴，成为当时中国IT渠道领域的一大亮点。

2002年，三星一改以往的“经销商来一个就收一个，多铺开一条路是一条”的传统做法，开始由其总代理万海公司组建“三星万海经销商俱乐部”，对经销商开始进行“封闭式”管理。所有经营政策都自上而下地统一执行，通过万海对下游渠道的管理，各个层面的销售效率迅速提高。

这一模式对当时的三星销售起到了极大的促进作用。2002年底，三星的经销商渠道迅速壮大，销售业绩也开始呈现急剧攀升的态势。到2003年底，仅仅过了两年的时间，三星便在低端激光打印机市场上迅速迈进三甲，在多功能一体机的市场上更是名列前茅。

三星取得如此大的成绩只用了短短的两年时间。而在三星打印机进入中国市场时，惠普已进入了中国市场18年，佳能6年，爱普生5年。2004年伊始，正当三星在打印机市场春风得意之时，却掀起了一场自我渠道变革的风暴。

三星此次关于渠道策略的重大调整是基于进一步扩大市场份额的需求而提出的。随着市场形势的不断变化以及所运作产品线的持续深入，当时那种封闭的渠道模式已经跟不上三星产品快速增长的步伐，影响了三星产品市场份额的进一步拓展。同时，以往的渠道粗放式管理的弊端也开始显现出来：渠道布局不尽合理，对行业市场的覆盖能力不够全面，终端渠道建设较为混乱并难以控制等。如今，由于三星产品线的不断丰富，使新的渠道战略实施成为可能。

在此次渠道改革中，三星通过对原有资源的整合，在全国 10 个省市分设打印机和传真机各 10 家区域总代理，并以此为基础形成全新的渠道销售模式；采取“渠道扁平化”原则，将渠道细化为大批发商、零售联盟、区域联盟、行业大客户部、连锁大卖场五大类，并针对不同类型的渠道提供点对点的支持；细分后的新渠道体系横向设立行业大客户部——以政府、公安、教育、银行作为行业突破口，加大对政府集团的销售量；此外，针对五大细化的渠道下游建立了适合各自特点的行业俱乐部。

此次三星变革最大的改变就是推动原有渠道商进行角色转变，把原来的渠道代理商转变为渠道战略联盟伙伴，在保证渠道商最大利益的前提下，实现渠道商与三星的共同发展。

在产品层面上，三星一改以往“单点突破”的销售手法，开始整合其全线 OA（办公自动化）产品系列，使打印机、传真机、多功能一体机产品实现了市场的全面覆盖。

从 2004 年开始，三星根据每种产品的不同特点，对终端市场的渠道商按照销售产品的种类进行属性细分，不同的渠道商掌控 1 ~ 2 款最适合自己的渠道销售的产品，以求利润和市场销售覆盖的最大化。

在渠道支持方面，三星对下游经销商的支持也由以前较为单一的资金或返利支持转向从产品、市场以及技术支持等全方位的支持，尤其针对各渠道的自身情况、特点对其提供专门、对口的扶持方式，为实现三星 OA 产品的全线突破构架出了行之有效的立体模型。

新渠道模式的建立是三星“适时而动，适势而动”渠道策略的一个集中体现，不仅是三星应对未来 IT 市场发展的一种准备，同时也是三星数码打印产品在中国市场全面进入新的发展阶段的一种准备。新的渠道模式的核心是结合三星数码打印产品的特色，不断地进行产品细分和市场细分，针对不同的区域市场制定不同的产品策略，在充分发挥区域代理商主观能动性的基础上，实现三方优势资源的全面整合，谋求在中国市场更大的发展。

思考讨论题

1. 三星为什么要对其渠道模式进行改革？改革时考虑了哪些因素？
2. 三星打印机的渠道建设是否适用于三星集团其他类别的产品？为什么？

综合测试题一

一、单项选择题（每小题1分，15小题，共15分）

1. 企业所处的市场环境对分销渠道的设计与选择具有重要影响。企业需要在制定渠道战略时最大程度地满足（　　）的需求。

A. 供应商　　B. 中间商

C. 消费者　　D. 辅助商

2. 依据是否涉及（　　）的转移，营销渠道参与者可以分为成员性参与者和非成员性参与者两类。

A. 商品使用权　　B. 商品所有权

C. 商品处置权　　D. 商品经销权

3. 由一个或少数几个实力强大、具有良好品牌声望的大公司依靠自身影响，通过强有力的管理将众多经销商聚集在一起而形成的渠道关系是属于（　　）。

A. 公司型渠道关系　　B. 管理型渠道关系

C. 契约型渠道关系　　D. 复合渠道系统

4. 将分销商的预期总销售成本与该分销商能够实现的商品销售量之间进行比较，选择比值最低者作为销售渠道成员。这种评估渠道成员的方法是（　　）。

A. 销售量评估法　　B. 单位商品销售成本比较法

C. 总销售成本比较法　　D. 成本效率分析法

5. 5C 系统判别客户的公式是：品行 + 能力 + 资本 = （　　）。

A. 理想的信用　　B. 良好的信用

C. 较低的信用　　D. 有限的信用

6. 玩具制造商想越过批发商直接销售给玩具零售商，结果造成批发商不合作的现象叫（　　）。

A. 渠道竞争　　B. 垂直渠道冲突

C. 水平渠道冲突　　D. 水平渠道竞争

7. 在渠道面临外来威胁时，如出现了强有力的竞争渠道，渠道成员采取何种策略消除渠道冲突（　　）。

A. 激励　　B. 沟通

C. 密切合作　　D. 协商谈判

8. 解决渠道冲突的根本办法是（　　）。

A. 退出营销渠道　　B. 以共同的利益确立长期目标

C. 法律诉讼　　D. 建立营销渠道战略联盟

9. 下列不属于铁路运输的优点的选项是（　　）。

A. 运输速度快　　B. 运输能力大

C. 建设周期短　　D. 通用性较好

10. 按（　　）分类，配送中心可以分为供应配送中心和销售配送中心。

A. 流通职能　　B. 内部特征

C. 配送特征　　D. 配送时间

11. 与生产商在同一国内，进行国际营销但不具有商品所有权的中间商是（　　）。

A. 出口商业中间商　　B. 出口代理中间商

C. 进口商业中间商　　D. 进口代理中间商

12. 当生产商刚进入某个国外市场时，为迅速打开局面，往往很重视消费者购买的便利性，尽可能利用各种销售渠道并拓宽，提高市场覆盖率，使消费者接触到产品的机会增加，称为（　　）的营销方式。

A. 特许覆盖　　B. 密集性覆盖

C. 连锁经营　　D. 横向联合

13. 美国可口可乐公司对比较贫穷的国家和地区，对经销可口可乐的零售商赠送大型冷藏箱，属于对国际市场销售渠道的（　　）。

A. 绩效评估　　B. 激励

C. 监督　　D. 制约

14. 消费者中的耐用消费品、高档消费品等一般选择的分销策略是（　　）。

A. 选择性分销　　B. 独家分销

C. 大量分销品　　D. 密集性分销

15. 向最终消费者直接销售产品和服务，产品用于个人及非商业性用途的活动属于（　　）。

A. 零售　　B. 批发

C. 代理　　D. 直销

二、多项选择题（每小题 2 分，10 小题，共 20 分）

1. 特定厂家生产的品种与数量和特定消费者需求的产品种类与数量之间的矛盾使中间商的存在成为必然。中间商通过以下方式来解决两者的矛盾（　　）。

A. 归集　　B. 分级

C. 汇总　　D. 处置

E. 谈判

2. 下列属于营销渠道战略的特征的有（　　）。

A. 指导性　　B. 未来性

C. 复杂性　　D. 竞争性

E. 强制性

3. 从横向来看，营销渠道有宽窄之分。宽渠道是指产品流通通过尽可能多的渠道进行转移；窄渠道是指尽量使用少的渠道进行产品转移。渠道宽窄有以下几种模式可供选择（　　）。

A. 独家分销　　B. 密集分销

C. 选择分销　　D. 特许分销

E. 混合分销

4. 生产企业寻找渠道成员的主要途径有（　　）。

A. 销售组织　　B. 中间商咨询

C. 顾客　　D. 互联网

E. 广告

5. 企业信用流程管理模式强调全过程信用管理，将企业信用管理流程划分为(　　)。

A. 直接管理　　B. 间接管理

C. 事前管理　　D. 事中管理

E. 事后管理

6. 企业对渠道成员信用风险进行控制的正确措施有（　　）。

A. 当客户拖延付款时，企业信用部门对客户进行提示后，如客户仍拖欠不还，一旦超过规定的贸易暂停限期，就应停止发货

B. 对正在进行交易的客户进行适时的监控，密切注意其一切行动，尤其是付款行为，对于高风险客户或特别重要的客户还要予以多方面的监督

C. 信用管理人员在选择渠道成员时对其进行资信审核后，在后续合作过程中可以不再进行资信审核

D. 当发现客户有不良征兆时，首先考虑的措施就是贸易暂停，停止发货或者收回刚发出的货物

E. 如果客户处于危机中但仍有回旋余地时，客户可能会要求继续交易以维持运转，企业应当坚持额外担保

7. 产生渠道冲突的直接原因有（　　）。

A. 产品的价格或折扣　　B. 存货水平

C. 对大客户的争夺　　D. 观念上的差异

E. 争夺稀缺资源

8. 化解渠道冲突的方法（　　）。

A. 沟通　　B. 销售促进激励

C. 协商谈判　　D. 法律诉讼

E. 政府调解

9. 生产商对国际营销渠道的管理包括（　　）。

A. 选择中间商　　B. 评估中间商

C. 激励中间商　　D. 终止中间商

E. 控制中间商

10. 生产商对经销商采用的鼓励手段主要包括（　　）等多个方面。

A. 金钱激励　　B. 心理鼓励

C. 有效沟通　　D. 公司支持

E. 友善关系

三、名词解释（每小题 3 分，5 小题，共 15 分）

1. 营销渠道管理

2. 水平营销渠道系统

3. 营销渠道设计

4. 渠道效率

5. POS 系统

四、简答题（每小题 4 分，5 小题，共 20 分）

1. 营销渠道的参与者主要有哪些？各自发挥着什么样的功能？

2. 物流系统在运行过程中的主要目标是什么？

3. 公路运输的优缺点主要有哪些？

4. 配送中心选址主要考虑的因素有哪些？

5. 生产商激励中间商的主要措施有哪些？

五、论述题（每小题 10 分，3 小题，共 30 分）

1. 试论述生产者如何避免对渠道成员的激励过分与激励不足问题。

2. 试论述企业营销渠道设计的步骤。

3. 论述解决渠道冲突的方法。

综合测试题二

一、单项选择题（每小题1分，15小题，共15分）

1. 在企业产品大类或项目关联度比较高时，可采用（　　）模式。

A. 长渠道营销　　B. 短渠道营销

C. 单一渠道营销　　D. 多渠道营销模式

2. 企业在市场上选用同级别的两个或两个以上的中间商为其推销商品，则该企业采取了（　　）。

A. 宽渠道策略　　B. 窄渠道策略

C. 长渠道策略　　D. 短渠道策略

3. 特许经营属于（　　）渠道关系类型。

A. 公司型渠道关系　　B. 复合渠道系统

C. 管理型渠道关系　　D. 契约型渠道关系

4. 选择渠道成员，应当（　　）。

A. 中间商的实力越强越好

B. 中间商的数量越多越好

C. 零售覆盖面积越宽越好

D. 结合企业实际情况，综合考虑中间商资金、合作精神、经营能力等因素

5. 下面属于水平渠道冲突的是（　　）。

A. 连锁店总公司与各分店之间的冲突

B. 某产品的制造商与零售商之间的冲突

C. 玩具批发商与制造商之间的冲突

D. 同一地区麦当劳各连锁分店之间的冲突

6. 物流一词最早出现于（　　）。

A. 美国　　B. 日本

C. 德国　　D. 中国

7.（　　）市场经济体系比较完善，市场营销渠道有序，大规模营销系统中的渠道是一条由各司其职的若干中间商组成的链条，从上而下销售至最终消费者。

A. 发展中国家　　B. 欧美国家

C. 日本　　D. 中东国家

8. 刚进入一国市场且资金和生产规模不大的生产商，最好采取（　　）的营销方式。

A. 直销　　B. 代理

C. 横向联合　　D. 纵向联合

9. 快速消费品行业通常选择密集型渠道进行分销，这种销售渠道在进行渠道控制时需要注重（　　）。

A. 提高产品价格，降低周转次数　　B. 增加仓库数量，减少渠道冲突

C. 控制渠道长度，减少分销成本　　D. 减少中间商数量，提高库存水平

10. 同一层次的企业为了争夺同一目标的销售而进行的竞争称为（　　）。

A. 水平渠道冲突　　B. 水平渠道竞争

C. 垂直渠道冲突　　D. 渠道系统竞争

11. 认为营销渠道就是指某种货物或劳务从生产者（制造商）向消费者（用户）转移时取得这种货物或劳务的所有权的所有组织和/或个人的学者是（　　）。

A. 斯特恩和艾尔·安塞利　　B. 罗伯特·罗森布罗姆

C. 肯迪夫　　D. 菲利普·科特勒

12.（　　）分析法是一种内外部环境综合分析的方法。

A. SWOT　　B. PEST

C. 波士顿矩阵　　D. AD 利特尔

13. 把传统渠道和新兴渠道结合起来，充分利用两者各自的优势，创造全新的经营模式。这属于（　　）。

A. 渠道集成　　B. 渠道创新

C. 渠道扁平化　　D. 渠道一体化

14. 奥组委会将“奥运会”这个特殊的分销平台租借给有关商家使用，这种渠道战略是（　　）。

A. 特许渠道分销　　B. 单一渠道分销

C. 宽渠道网络分销　　D. 双重多重分销

15. 合作双方不仅是相互持有一定数量的股份，而且在董事会里也是相互安排董事。这种渠道战略联盟是（　　）。

A. 相互持股　　B. 渠道代理制

C. 联营公司　　D. 会员制

二、多项选择题（每小题2分，10小题，共20分）

1. 营销渠道的功能是通过各种流程（flow）来实现的，这些流程主要是（　　）。

A. 实体流程　　B. 所有权流程

C. 付款流程　　D. 信息流程

E. 沟通流程

2. 下面选项属于伙伴型渠道关系的特点的有（　　）。

A. 渠道成员关系稳定　　B. 渠道成员目标一致

C. 渠道成员关系灵活　　D. 渠道成员之间更容易起冲突

E. 渠道成本较高

3. 下列属于复合营销渠道的劣势的有（　　）。

A. 容易产生渠道冲突　　B. 对渠道的控制越来越不易

C. 缩小市场覆盖面　　D. 提高渠道成本

E. 降低商品的交易量

4. 营销渠道设计的宏观环境因素主要有（　　）。

A. 经济环境　　B. 人文社会环境

C. 法律政治环境　　D. 自然地理环境

E. 技术环境

5. 下列产品因素对渠道宽度设计的影响描述正确的是（　　）。

A. 消费者习惯于少量多次购买的产品可以选择宽渠道设计

B. 消费者购买数量比较少、频次也不高的产品可以选择选择性分销或独家分销

C. 耐用消费品通常选择广泛分销的方式

D. 企业要求对渠道具有较高的控制程度，一般分销密度不能过高，反之则可以采用广泛的密集分销

E. 中间商数量多，成本低，可以采用相对密集的分销

6. 企业在选择渠道成员时，应当遵循以下原则（　　）。

A. 目标实现原则　　B. 形象匹配选择

C. 提高效率原则　　D. 相互认同原则

E. 互惠互利原则

7. 企业在选择渠道成员时，应当遵循的标准有（　　）。

A. 渠道成员的能力标准　　B. 渠道成员的控制性标准

C. 渠道成员的规范性标准　　D. 渠道成员的规模性标准

E. 渠道成员的适应性标准

8. 产销战略联盟中联营公司形式有（　　）。

A. 合资经营　　B. 独立经营

C. 合作经营　　D. 相互持股

E. 收购与兼并

9. EOS 的类型包括（　　）。

A. 连锁体系内部的网络型　　B. 供应商对连锁门店的网络型

C. 标准网络型　　D. 硬件

E. 信息数据系统

10. 条形码技术主要应用的物流环节有（　　）。

A. 生产管理　　B. 入库管理

C. 出库管理　　D. 库存管理

E. 消费管理

三、名词解释（每小题 3 分，5 小题，共 15 分）

1. 密集分销

2. 营销渠道的结构

3. 良性窜货

4. 配送中心

5. 网络直销

四、简答题（每小题5分，4小题，共20分）

1. 伙伴型渠道关系的优势有哪些？

2. 如何对渠道成员资信进行调查？

3. 营销渠道冲突产生的直接原因是什么？

4. 何谓横向联合的水平营销渠道系统？

5. 快速消费品常见分销渠道模式主要有哪些？

五、论述题（每小题10分，2小题，共20分）

1. 试论述传统营销渠道的优劣势。

2. 试论述企业选择渠道成员的误区。

3. 试论述国际营销渠道的主要构成及发展趋势。

综合测试题三

一、单项选择题（每小题1分，15小题，共15分）

1. 渠道成员之间相互合作而获得的利益要比各自单独从事销售工作获得的利益要大得多，渠道的合作是（　　）观念的必然产物。

A. 市场营销　　B. 推销

C. 市场　　D. 产品

2. 快速消费品行业通常选择密集型渠道进行分销，这种销售渠道在进行渠道控制时需要注重（　　）。

A. 提高产品价格，降低周转次数　　B. 增加仓库数量，减少渠道冲突

C. 控制渠道长度，减少分销成本　　D. 减少中间商数量，提高库存水平

3. 加盟营销渠道属于（　　）。

A. 公司型渠道关系　　B. 管理型渠道关系

C. 契约型渠道关系　　D. 多渠道系统

4. 可口可乐公司和雀巢公司合作组建新的公司，雀巢公司负责开发咖啡及茶饮料，可口可乐公司负责销售的形式属于（　　）。

A. 水平渠道系统　　B. 垂直渠道系统

C. 复合渠道系统　　D. 渠道系统竞争

5. 当目标顾客人数众多时，生产者倾向于利用（　　）。

A. 长而宽的渠道　　B. 短渠道

C. 窄渠道　　D. 直接渠道

6. 在评估分销渠道的指标中，最重要的是（　　）。

A. 控制性标准　　B. 经济性标准

C. 适应性标准　　D. 灵活性标准

7. 在选择渠道成员时，（　　）是最关键的因素。

A. 市场覆盖范围　　B. 分销商声誉

C. 分销商财务状况　　D. 分销商促销能力

8. 对于那些刚进入某行业不久或刚进入某一区域市场的企业来说，由于其产品在该行业或该区域市场上有一个熟悉与适应的过程，比较适宜采用的渠道选择策略是（　　）。

A. 分两步走选择策略　　B. 竞争性选择策略

C. 逆向拉动选择策略　　D. 重点突破选择策略

9. 在美国的芝加哥，一些福特汽车经销商对该城市的另外一些福特汽车经销商感到不满，埋怨他们在价格和广告方面过于进取。这种冲突属于（　　）。

A. 水平渠道冲突　　B. 水平渠道竞争

C. 垂直渠道冲突　　D. 渠道系统竞争

10. （　　）是指在特定时间和环境下，与企业的分销渠道相关的各种事物的现状、发展趋势及其对企业作用的综合表现。

A. 渠道系统　　B. 分销渠道信息

C. 分销渠道成员　　D. 水平渠道系统

11. B2C 是指（　　）的电子商务。

A. 企业对企业　　B. 企业对消费者

C. 企业对政府　　D. 消费者对政府

12. 在具体建设网络营销渠道方面，下列说法错误的是（　　）。

A. 从消费者角度设计渠道　　B. 从系统设计角度

C. 结算方式的多样化　　D. 不需要建立完善的配送系统

13. （　　）的出口商通常限定在某些类别的产品业务范围，自身业务能力强。零售主体，如百货公司，大型超市，连锁商店等，规模都很大，常常直接从国外采购商品。

A. 发展中国家　　B. 日本

C. 中东国家　　D. 欧美国家

14. 制造商在某一地区通过最合适的几家中间商分销其产品，这种分销策略是（　　）。

A. 密集分销　　B. 选择分销

C. 独家分销　　D. 区域分销

15. 在评估分销渠道的指标中，最重要的是（　　）。

A. 控制性标准　　B. 经济性标准

C. 适应性标准　　D. 灵活性标准

二、多项选择题（每小题 2 分，10 小题，共 20 分）

1. 渠道控制的内容比较广泛，可以从不同的角度来进行划分。从控制的内容角度来划分，可分为（　　）。

A. 产品控制　　B. 价格控制

C. 促销控制　　D. 销售区域（含政策）控制

E. 绝对控制和相对控制

2. 渠道冲突的种类繁多，其中按冲突主体的不同，可分为（　　）三种。

A. 厂商冲突　　B. 水平渠道冲突

C. 垂直渠道冲突　　D. 多渠道冲突

E. 经销商冲突

3. 产生渠道冲突的根源有（　　）。

A. 渠道成员目标不一　　B. 期望上的差异

C. 角色不相称　　D. 观念上的差异

E. 争夺稀缺资源

4. 企业的分销渠道信息系统一般包括（　　）。

A. 硬件　　B. 信息数据系统

C. 网络　　D. 零售商

E. 批发商

5. 现代物流也是一个复合性产业，它融合了（　　）等多种产业。

A. 信息业　　B. 农业

C. 运输业　　D. 仓储业

E. 制造业

6. 下列活动属于物流系统的环节的有（　　）。

A. 运输　　B. 储存

C. 包装　　D. 装卸搬运

E. 流通加工

7. 营销渠道设计的宏观环境因素主要有（　　）。

A. 经济环境　　B. 人文社会环境

C. 法律政治环境　　D. 自然地理环境

E. 技术环境

8. 影响渠道宽度设计的因素主要有（　　）。

A. 顾客购买行为　　B. 企业对渠道的控制要求

C. 中间商可获性　　D. 产品特性

E. 产品的体积与重量

9. 购买行为对渠道设计产生影响，体现购买行为特征的主要因素有（　　）。

A. 顾客购买量　　B. 购买季节性

C. 市场规模大小　　D. 购买介入度

E. 购买重复度

10. 在渠道设计中，产品体积大、单位价值高、技术性强、较为耐用的新产品，一般不采取（　　）。

A. 零渠道　　B. 一级渠道

C. 多级渠道　　D. 宽渠道

E. 窄渠道

三、名词解释（每小题 3 分，5 小题，共 15 分）

1. 直接营销渠道
2. 渠道长度
3. 5C 信用评估法
4. 渠道冲突
5. 网络营销渠道

四、简答题（每小题5分，4小题，共20分）

1. 渠道控制的内容主要有哪些？
2. 影响渠道设计的因素主要有哪些？
3. 寻找营销渠道成员的主要途径有哪些？
4. 影响生产商选择国际营销渠道的主要因素有哪些？
5. 高科技产品的渠道特点是什么？

五、论述题（每小题10分，2小题，共20分）

1. 试论述分销渠道的发展趋势。
2. 试论述现代物流的特征。
3. 试论述国际营销渠道选择的6C原则。

参考文献

[1] 胡介埙主编．分销渠道管理（第2版）．大连：东北财经大学出版社，2012
[2] 李小红主编．分销渠道设计与管理．重庆：重庆大学出版社，2006
[3] 张广玲，邬金涛主编．分销渠道管理．武汉：武汉大学出版社，2012
[4] 吴宪和主编．分销渠道管理（第2版）．上海：上海财经大学出版社，2011
[5] 朱利安·丹特著．灵思泉，杨博译．渠道分销：建立适应新经济的分销盈利模式．北京：京华出版社，2012
[6] 李先国主编．分销渠道管理．北京：清华大学出版社，2007
[7] 李业．营销管理．广州：华南理工大学出版社，2005
[8] 卜妙金．分销渠道决策与管理．大连：东北财经大学出版社，2001
[9] 安尼·T·科兰等著．营销渠道．北京：电子工业出版社，2003
[10] 菲利普·科特勒．营销管理．北京：中国人民大学出版社，2001
[11] 王国才，王希凤．营销渠道．北京：清华大学出版社，2007
[12] 杨春富．营销渠道管理．南京：东南大学出版社，2006
[13] 朱玉童．渠道冲突．北京：企业管理出版社，2004
[14] 张传忠，雷鸣．分销管理．武汉：武汉大学出版社，2000
[15] 邹树彬．分销渠道管理．广州：广东经济出版社，2000
[16] 曾自信等．营销渠道管理．北京：电子工业出版社，2001
[17] 张继焦．价值链管理．北京：中国物价出版社，2001
[18] 陈涛．国外营销渠道冲突及其管理研究综述．外国经济与管理，2004（8）
[19] 陈涛，赵军．中国企业营销渠道冲突与管理战略研究．商业经济与管理，2004（6）
[20] 周朝琦．企业创新经营战略．北京：经济管理出版社，2001
[21] 刘鸿渊．论企业营销渠道管理．商业研究，2004（12）

[22] 迟少强．试论营销渠道管理．边疆经济与文化，2007（5）
[23] 叶全胜．浅论中小企业营销渠道管理．企业技术开发，2007（3）
[23] 庄贵军等．营销渠道管理．北京：北京大学出版社，2004
[24] 吕一林．营销渠道决策与管理．北京：首都经贸大学出版社，2002
[25] 李飞．分销通路设计．北京：中国时代经济出版社，2002
[26] 徐蔚琴等．营销渠道管理．北京：电子工业出版社，2001
[27] 伯特罗·森布洛姆等著．宋华等译．营销渠道：管理的视野（第8版）．北京：中国人民大学出版社，2014
[28] 张余华．现代物流管理（第2版）．北京：清华大学出版社，2010
[29] 马丁·克里斯托弗著．何明珂，卢丽雪，张屹然译．物流与供应链管理（第4版）．北京：电子工业出版社，2012
[30] 董千里，陈树公，王建华．物流运作管理．北京：北京大学出版社，2010
[31] 李永生，郑文岭．仓储与配送管理（第3版）．北京：机械工业出版社，2011
[32] 周凌云，赵钢．物流中心规划与设计．北京：清华大学出版社，北京交通大学出版社，2010
[33] 刘昌祺，王倪明，张俊霖．物流配送中心设计及其应用．北京：机械工业出版社，2013
[34] 吴健．电子商务物流管理．北京：清华大学出版社，2009
[35] 靳林．电子商务与物流配送．北京：机械工业出版社，2009
[36] 罗辉林．物流智联网：物流·电子商务·供应链的革命．北京：机械工业出版社，2011
[37] 方磊．电子商务物流管理．北京：清华大学出版社，2011
[38] 刘萍．电子商务物流（第2版）．北京：电子工业出版社，2010
[39] 贾争现，刘利军．物流配送中心规划与管理．北京：机械工业出版社，2011
[40] 陈贤浩．物流配送中心规划与运作管理．武汉：华中科技大学出版社，2008
[41] 万融．商品学概论（第4版）．北京：中国人民大学出版社，2010
[42] 胡东帆．商品学概论（第2版）．大连：东北财经大学出版社，2011
[43] 赵启兰．商品学概论．北京：机械工业出版社，2011
[44] 徐东云．商品学．北京：清华大学出版社，2011
[45] 张润彤，周建勤．电子商务物流管理．大连：东北财经大学出版社，2008
[41] 现代交通运输概论编委会．现代交通运输概论（第2版）．北京：中国铁道出版社，2012
[46] 杨浩主编．交通运输概论（第2版）．北京：中国铁道出版社，2009
[47] 孙国辉，崔新建，王生辉主编．国际市场营销（第2版）．北京：中国人民大学出版社，2013
[48] 王晓东．国际市场营销．北京：中国人民大学出版社，2011
[49] 菲利普·R·凯特奥拉等著．赵银德等译．国际市场营销学（第15版）．北京：机械工业出版社，2012
[50] 褚福灵主编．网络营销与渠道管理．北京：中国人民大学出版社，2012
[51] 程虹．网络营销．北京：北京大学出版社，2013
[52] 范云峰．管理营销渠道．北京：中国经济出版社，2002
[53] 胡春．市场营销渠道管理．北京：清华大学出版社，北京交通大学出版社，2012
[54] 李飞．分销渠道设计与管理．北京：清华大学出版社，2003
[55] 汤汇海．海尔集团营销渠道管理的分析．上海：复旦大学出版社，2005

参考答案

第1章　营销渠道与渠道管理习题答案

一、单选题

1. D　2. C　3. A　4. C　5. B　6. D　7. A　8. A　9. C　10. B

二、多选题

1. ABCD　2. ABC　3. ABCD　4. ABC　5. ABCD

三、名词解释

1. 营销渠道是指配合生产、分销和消费某些生产者的商品和服务的所有企业和个人，包括产品供产销过程中所有有关企业和个人，如供应商、生产商、中间商、代理商、辅助商以及最终消费者或者用户等。

2. 直接营销渠道是指制造商不通过任何中间商，直接将产品销售给消费者或者用户，即零层渠道。

3. 营销渠道战略是指企业为了将产品从生产领域转移到消费者手中而制定的一整套指导方针和政策。其主要内容包括渠道的拓展方向、分销网络建设和管理、区域市场的管理、营销渠道自控力和辐射力的要求等。

4. 密集分销又叫广泛分销，是指尽可能多地利用中间商销售商品或服务。其优点是市场覆盖面广，缺点是制造商需承担相当大的广告费用，否则难以调动中间商的积极性。该模式适合消费品中的便利品和产业用品中的供应品。

5. 营销渠道管理是指针对营销渠道中渠道成员之间存在的不同程度的合作、冲突和竞争，对渠道成员进行选择、激励、评估与调整的过程。营销渠道管理是营销渠道决策的另一重要组成部分，目的是使营销渠道更好地发挥营销职能。

四、简答及论述题

1. 营销渠道是营销组合中的一个重要组成部分，是实现商品从商家交换至消费者的通道。由于认识问题的角度不同，学术界对于营销渠道的定义存在一定的差异。营销渠道可理解为：营销渠道是一个系统，包括配合生产、分销和消费某些生产者的商品和服务的所有企业和个人，如供应商、生产商、中间商、代理商、辅助商以及最终消费者或者用户等。

2. 营销渠道的参与者包括制造商、批发商、零售商、消费者以及其他发挥某种重要功能的辅助商。它们在营销渠道中发挥的功能分别为：制造商是渠道的源头，是商品和服务的提供者；批发商作为制造商和零售终端的联结者而存在，在市场开发方面扮演着重要的角色；零售商主要负责将商品或服务直接销售给最终消费者；消费者是营销渠道的最后一个环节，商品只有交换到消费者手中，营销渠道的最终目的才能得以实现；辅助商包括媒体与广告代理机构、物流企业、咨询机构、银行及保险公司等，它们在营销过程中起到重要的配合与协作作用。

3. 当生产者给予中间商的优惠条件超过取得合作与努力水平所需条件时，就会出现激励过分的情况，其结果是销售量提高而利润下降。当生产者给予中间商的条件过于苛刻以致不能激励中间商努力工作时，则会出现激励不足的情况，其结果是销售量降低、利润减少。所以，生产者必须确定采用何种方式以及花费多少力量来鼓励中间商。

一般来讲，生产者对中间商的基本激励水平应以现有交易关系组合为基础，如果对中间商仍激励不足，则可以考虑采取相应的措施。一是提高中间商可得的毛利率，放宽条件或改变交易关系组合，使之更有利于中间商；二是采取人为的方法来刺激中间商，使之付出更大努力，如挑剔中间商迫使他们创造更有效的销售机制，举办中间商销售竞赛以提高其销售积极性，单独或与经销商联手开展广告与宣传活动调动中间商的积极性等。

4. 渠道竞争是指为同一目标市场服务的同一系统的不同企业之间或不同系统之间展开的竞争，包括两个层次。一是本企业的营销渠道中同一级别渠道成员之间的竞争。如百货公司、专营商店、超市同为某产品的零售商，它们为从同一目标市场抢占更高的市场份额、从而获得更多的利润收入而展开的激烈竞争；二是本企业与竞争企业同一级别渠道对象在相同目标市场销售同类产品的竞争。

5. 渠道控制的程序可分为渠道控制标准的设计、渠道运营情况的检测、评价及渠道修正三个过程。在此基础上展开论述。

案例讨论（略）

第2章　营销渠道模式习题答案

一、单选题

1. B　　2. C　　3. A　　4. A　　5. D

二、多选题

1. ABC　　2. AB　　3. ABC

三、名词解释

1. 水平营销渠道系统：由两个或两个以上成员相互联合在一起，共同开发新的营销机会。其特点是两家或两家以上的公司横向联合，共同形成新的机构，发挥各自优势，实现营销系统有效、快速的运行，实际上是一种横向的联合经营。

2. 特许经营是指特许授予人与特许被授予人之间通过协议授予受许人使用特许人已经开发出的品牌、商号、经营技术、经营规模的权利。

3. 复合营销渠道系统是指生产商不仅使用单一渠道进入市场，而是采用多渠道营销，进入更多的细分市场。

4. 伙伴型渠道关系是指营销渠道内的各成员之间在相互信任和共同发展目标的基础上，建立的稳定、长期、紧密的合作关系。

5. 所谓管理型渠道关系，是指由一个或少数几个实力强大、具有良好品牌声望的大公司依靠自身影响，通过强有力的管理将众多营销商聚集在一起而形成的渠道关系。

四、简答及论述题

1. 水平营销渠道模式的优劣势分别为：

在优势方面：（1）资源共享；（2）节省费用；（3）降低风险。

在劣势方面：（1）渠道过于复杂；（2）稳定性差。

2. 伙伴型渠道关系的优势有：

（1）渠道成员关系稳定。伙伴型渠道关系比较稳定，渠道成员之间拥有共同的愿景、共同的利益目标，这些都会使渠道伙伴之间的关系稳定化、长期化。

（2）渠道成员目标一致。渠道成员之间一致性的发展目标是营销渠道关系良好的基础。伙伴型营销渠道成员目标的一致性使渠道各方成员在行动上保持高度一致，谋求共同发展与长期利益最大化成为最优的选择。

（3）渠道成员关系灵活。伙伴型渠道成员之间的合作按照合作关系的紧密程度可分为多种不同的合作层次，生产企业可以按照市场环境、交易目标和交易对象灵活地进行选择。由于各方发展目标一致，各渠道成员在面对环境变化时，都会及时地调整策略，采用较为一致的反应模式。

3. 传统营销渠道的优势：

（1）较强的独立性。由于没有产权关系，也没有契约关系，传统营销渠道完全是一种偶然的、自发的交易渠道，所以，渠道商之间关系比较松散，具有较强的独立性。

（2）灵活性较强。传统营销渠道系统的松散型使渠道商具有较强的独立性，这就导致他们具有非常高的灵活性。这种灵活性使得商人们可以完全自由地选择进入或者退出一个行业，这也就加剧了市场的竞争，不致于某个商品因为独家垄断造成价格过高。

（3）压力感促使中间商努力销售。如零售商们是自负盈亏的，多赚取的利润是自己的，亏损也是自己的，而且他们还面临者众多诸如房租、水电费等花费，所以他们都努力的进行销售。

（4）有助于中小企业快速成长。

传统营销渠道的劣势：（1）不具有长期性，资源累积性不强；（2）缺乏有效的监控机制；（3）容易造成资源的浪费；（4）缺少投身渠道建设的积极性。

4. 伙伴型渠道关系的特点：

（1）渠道成员关系稳定。伙伴型渠道关系比较稳定，渠道成员之间拥有共同的愿景，共同的利益目标，这些都会使渠道伙伴之间的关系稳定化、长期化。

（2）渠道成员目标一致。渠道成员之间一致性的发展目标是营销渠道关系良好的基础。伙伴型营销渠道成员目标的一致性使渠道各方成员在行动上保持高度一致，谋求共同发展与长期利益最大化成为最优的选择。各方以共赢为核心理念，渠道成员在为其他成员提供资源、创造发展机会时，也填补了自己短缺的资源和劣势，较为容易地实现自己的目标。当渠道成员合作时，更能发挥作用，实现共赢。

（3）渠道成员关系灵活。伙伴型渠道成员之间的合作按照合作关系的紧密程度可分为多种不同的合作层次，生产企业可以按照市场环境、交易目标和交易对象灵活的进行选择。由于各方发展目标一致，各渠道成员在面对环境变化时，都会及时地调整策略，采用较为一致的反应模式。

5. 分销渠道的发展趋势为：

（1）伙伴型关系替代交易型关系；（2）渠道扁平化；（3）渠道下沉；（4）网络营销渠道兴起。

在此基础上展开论述。

案例讨论（略）

第3章　营销渠道设计习题答案

一、单选题

1. B　2. A　3. A　4. A　5. B

二、多选题

1. ABCDE　2. ABDE　3. ABCDE　4. ABD　5. ACD

三、名词解释

1. 营销渠道设计是指为实现分销目标，企业对各种备选渠道结构进行评估和选择，从而开发新型的营销渠道或改进现有营销渠道的过程。

2. 渠道长度是指为完成企业的营销目标而需要的渠道层次的数目。

3. 渠道宽度是指在渠道的每一个层次上所需分销商的数目，它反映了在任一渠道层次上的竞争程度以及在市场领域中的竞争密度。

4. 顾客因素也称市场因素，是指企业准备为其提供服务目标市场特性，包括市场规模、市场分布、市场密度以及市场行为等因素。

5. 营销渠道的结构是指参与完成商品所有权由生产制造者向消费者或用户转移的组织或个人的构成方式。

四、简答及论述题

1. 影响营销渠道设计的因素有：

（1）影响营销渠道设计的外部环境因素主要包括宏观环境和微观环境两个层面。宏观环境因素包括经济、政策、文化、技术、竞争等。企业的微观环境因素主要包括与企业交易的中间商、企业的顾客、在行业中直接与企业竞争的对手等。

（2）影响营销渠道设计的内部环境因素主要包括企业的长期发展目标、规模、财力、产品组合程度、过去的业务、经验及现行的营销策略等，这些都影响着生产者对营销渠道结构的选择。

2. 为了确保企业能借助于渠道资源在各区域市场上获利，在渠道设计与开发阶段，营销人员需遵循以下8条原则：（1）终端客户导向；（2）注重效益；（3）市场覆盖适度；（4）精耕细作；（5）利益均沾；（6）协调及合作原则；（7）争取做渠道领袖；（8）变通和创新。

3. 在分析与选择分销渠道长度时，企业需要考虑许多影响因素。这些因素主要有市场、购买行为、产品、中间商、企业及竞争者等。

4. 企业营销渠道设计的步骤是：（1）确认渠道设计决策的必要性；（2）设立并调整分销目标；（3）明确分销任务；（4）设立各类可行的渠道结构；（5）评估影响渠道结构的因素；（6）选出最佳的渠道结构；（7）挑选渠道成员。

5. 评价和选择最佳渠道的方法主要有三种：财务法、交易成本分析法、经验法。

在此基础上展开论述。

案例讨论（略）

第4章　营销渠道成员选择习题答案

一、单选题

1. A　　2. A　　3. B　　4. B　　5. D

二、多选题

1. ABCDE　　2. ABE　　3. ABCDE　　4. CDE　　5. ABDE

三、名词解释

1. 渠道效率是指一条营销渠道运行的投入产出比。渠道的运行效率主要体现在产品销量和市场覆盖两个方面，在很大程度上取决于渠道成员的管理水平、促销能力和“商圈大小”。

2. 逆向拉动选择策略是指生产企业通过消费者的感受，刺激消费者，由消费者拉动市场，进而拉动终端渠道与之合作，从而帮助其逐步建立其整套渠道体系。

3. 销售量评估法是指通过实地考察中间商近年来的顾客流量、销售额水平、销售额每年增长情况等相关指标，分析该中间商的实际分销能力，并判断其是否适合担当本企业渠道任务，然后选择最佳渠道成员。

4. 竞争性选择策略是指跟随竞争者选择渠道成员的一种策略，适用于实力较强、有竞争力的制造商。有很多企业都利用这一策略选择中间商，即竞争者的产品在哪出现，企业的产品就出现在哪。

5. 5C信用评估法是指考察客户信用和偿付能力的5个方面：品行（Character）、能力（Capacity）、资本（Capital）、抵押（Collateral）和经济环境（Condition）。由于5个方面的英文单词都是C，故称为5C评估法。

四、简答及论述题

1. 如何在有限的时间内找到合适的渠道成员，是企业面临的一个棘手问题。“没有规矩，不成方圆”，企业必须制定相应的原则来指导渠道成员的选择工作。一般情况下，由于企业的渠道目标和渠道设计不同，选择渠道成员的原则也会不同，但多数企业都应该遵循相互认同原则、目标实现原则、形象匹配原则、分工合作原则、提高效率原则和互惠互利原则。

2. 一般来说，企业寻找渠道成员的途径主要有以下几种方式：

（1）销售组织；（2）商业渠道；（3）中间商咨询；（4）顾客；（5）广告；（6）互联网；（7）销售现场或专业性批发市场；（8）其他方式。

3. 对渠道成员进行资信调查时，需做到：

（1）直接要求客户提供。企业可直接要求客户提供必要的信息，例如营业执照、税务登记证、公司简介、最近三年经审计的财务报表、股东名单、主要负责人名单、验资报告、公司章程等。

（2）通过网络、广播、电视、报纸、杂志等大众媒体来搜集。由于公共媒体常报道中间商的正面形象，从公共媒体得到的信息可能具有一定的偏见。

（3）通过税务、工商、统计等政府部门、行业协会、银行等官方信息渠道收集信息。

（4）由企业信用管理部门委托资信调查公司、资产评估公司、律师事务所等第三方进行调查或从资信管理公司购买相关资信调查报告。

（5）对客户进行实地调研。通过实地考察使考察者可能有机会与客户的经理、董事或其他管理人员进行交谈，以增强考察人员的感性认识和直觉判断力。

（6）从生产企业和渠道成员的交易记录中获取渠道成员对具体交易环节的态度和做法，尤其是对偿付货款的一般做法。

4. 在营销渠道运行中，要想有效地实施对客户的信用风险控制，必须根据渠道信用政策制定一套全面的风险控制方案和措施。有效的风险控制措施能够最大限度地减少客户可能给企业带来的损失。

（1）控制发货。信用部门应始终监控运输单据的制作与货物的发运过程，在下列两种情况下信用部门应命令有关人员停止发货。

①付款迟缓。当客户拖延付款时，信用部门可以通过信函、电话等方式提示客户。如客户仍拖欠不还，一旦超过规定的贸易暂停限期，就应停止发货。各企业对于贸易暂停期限应有明确规定，一般来讲，信用期越长，贸易暂停限期越短。

②交易金额突破信用限额。信用限额是依据客户的财务状况和信用等级综合评定出来的，交易金额超过信用限额会给企业自身带来坏账风险，尤其在信用限额是由于客户延期支付而被突破的情况下，控制发货措施就很必要。将客户按照不同的资信程度进行管理，不仅有利于信用风险防范，更有利于企业销售业绩的提升。

（2）监督和检查客户群。监督制度是规定对正在进行交易的客户进行适时的监控，密切注意其一切行动，尤其是付款行为，对于高风险客户或特别重要的客户还要予以多方面的监督。

（3）信用额度审核。信用管理人员应对授予信用额度的客户适时定期审核，一般情况下一年审核一次，对正在进行交易的客户和重要客户的信用额度最好能半年审核一次。每一次审核都要严格地按程序进行，信息收集工作尽量做到全面、及时、可靠，不能因为是老客户就放松警惕，或者习惯性地凭以往的认识分析其信用状况。

（4）贸易暂停。当发现客户有不良征兆时，首先考虑的措施就是贸易暂停，停止发货或者收回刚发出的货物，只有这样才能避免损失的进一步发生。

（5）巡访客户。在危机发生时销售部门与信用部门都应各自与客户进行会谈，以收集客户的信息。在可能的条件下，销售部门与信用部门应该联合巡访客户，以期达到评估客户的生存能力、就付款安排达成协议、确定以后的交易额度的目的。

（6）置留所有权。置留所有权是指企业在商品售出后保留它的所有权，直到客户偿付货款为止。理论上讲，这是一项无任何额外成本又能有效避免风险的措施，它使得企业在得不到偿付时可以恢复其对商品的所有权。

（7）坚待额外担保。如果客户处于危机中但仍有回旋余地时，客户可能会要求继续交易以维持运转，此时便应坚持额外担保。最低限度的担保是开立商业票据，一旦不能兑现时便可立即停止交易。最高程度的担保即是预付货款。

5. 企业选择渠道成员的误区主要有：（1）中间商的实力越强越好或越弱越好；（2）中间商越多越好或越少越好；（3）零售覆盖面积越宽越好；（4）选择好中间商，企业就可高枕无忧了；（5）急功近利。

案例讨论（略）

第5章　渠道冲突与合作

一、单选题

1. D　　2. A　　3. B　　4. C　　5. D

二、多选题

1. BCD　　2. ABCDE　　3. ABC　　4. ABCD　　5. ACD

三、名词解释

1. 渠道冲突是指渠道成员意识到另一个成员正在从事会损害、威胁其利益，或者以牺牲其利益为代价获取稀缺资源的活动，从而引发他们之间的争执、敌对和报复的行为。

2. 水平渠道冲突是指存在于渠道同一层次的成员公司之间的冲突。

3. 垂直渠道冲突是指同一渠道中不同层次之间的利害冲突，这类冲突较为常见。

4. 窜货又称倒货或冲货，是经销网络中的公司分支机构或中间商受到利益驱动，使所经销的产品跨地区销售，造成市场价格混乱，从而使其他经销商对产品失去信心、消费者对品牌失去信任的营销现象。

5. 良性窜货是指企业在市场开发初期，有意或无意地选中了流通性较强的市场中的经销商，使其产品流向非重要经营区域或空白市场的现象。

四、简答及论述题

1. 垂直渠道冲突是指同一渠道中不同层次之间的利害冲突，这类冲突较为常见。如某些汽车生产商与他们的经销商也产生了冲突，他们不满经销商把同样类型的汽车卖给汽车租赁商，结果使汽车进入了有利可图的旧车市场。

2. 导致渠道成员之间的冲突原因很多，最基本的可以归纳为以下几个方面：

（1）渠道成员目标不一；（2）观念上的差异（3）期望上的差异；（4）角色不相称；（5）争夺稀缺资源；（6）对决策权认识的误区；（7）沟通上的障碍。

3. “窜货”，即“越区销售”，之所以非常普遍且屡禁不止，很大程度上在于利益驱使。跨区销售行为与市场发育程度具有十分密切的联系。一般来说，越是市场行情看好、销售量不断扩大的产品领域，越是可能发生跨区销售行为；市场容量越大，发生跨区销售行为的可能性也越大。跨区销售行为与厂家建立销售网络的目的是背道而驰的，它不仅会扰乱销售网络内部正常的市场行为秩序，而且最终会使销售网络毁于一旦。“越区销售”是由管理失控及以下几方面的原因造成的：

（1）价差。价差如流水，产品也总是从价格低的地区流向价格高的地区。生产企业如果存在价格体系控制问题，就有可能导致差价太大，主要存在以下价格差别：

①地区价差太大，使产品从价格低的地区流向价格高的地区。

②季节价差太大，导致一些代理商乘淡季屯货。

③调价前后的价差，价格变动前信息控制不严，造成一些经销商或者个人囤积货物，等涨价后，他再低价出货牟利。

④大小客户价差。大客户销量大，因此可以拿到更低价格。促销政策导致的价差，有些企业看似公平，但对不同市场促销返利太大，导致实际上的价差，使得代理商有价格操作空间。

（2）销售管理政策失误。年销售目标任务过高，经销商和企业自己的区域销售经理和业务员都感到完不成任务，只有一起窜货，甚至贴现窜货。

年终为完成销售任务，为了个人业绩，区域经理要求经销商压货，并以其他促销支持（变相降价）为条件，第二年经销商无奈窜货。

商业单位奖励制度设置不合理：随任务成几何基数增加时，导致经销商为拿奖励而窜货。

或者年终返利太高，使商业单位为了年终的高额返利而铤而走险，大肆窜货。

奖励采取货物方式，如果代理上区域市场容量达到极限，要是想套现，必然低价窜货。

（3）代理商、经销商和业务员缺乏诚信，想不劳而获，抢夺他人的利益。商业单位和业务员不讲信誉，缺乏诚信，缺乏职业道德，为了不费力气就拿到利润，不惜降低出货价，销到异地。尤其是销量大、终端促销做得好的地区，当资金困难需要套现时，也会不惜低价倾销。

4. 为适应激烈竞争和谋求长期利益而建立的产销战略联盟，具有以下特征：

（1）产销战略联盟是一种关系营销；

（2）产销战略联盟具有长期性；

（3）产销战略联盟是一种约束力较强的契约行为。

在此基础上展开论述。

5. 当渠道成员发生冲突时，应当及时地分析形成的原因、类型，以适宜的方法来处理，消除不良的影响。解决渠道冲突的主要方法有：（1）以共同的利益确立长期目标；（2）沟通；（3）销售促进激励；（4）协商谈判；（5）法律诉讼；（6）退出营销渠道。

案例讨论（略）

第6章　营销渠道中的信息与物流管理

一、单选题

1. B　　2. A　　3. D　　4. C　　5. A

二、多选题

1. ABC　　2. ACD　　3. ABC　　4. ABCD　　5. ABCDE

三、名词解释

1. EDI：是通过电子方式，采用标准化的格式，利用计算机网络进行结构化数据的传输和交换。

2. EOS，即电子订货系统，是不同组织间利用通信网络和终端设备，以在线连接方式进行订货作业与订货信息交换的体系。

3. POS系统，即销售时点信息系统，是指通过自动读取设备在销售商品时直接读取商品销售信息（如商品名、单价、销售数量、销售时间、销售店铺、购买顾客等），并通过通讯网络和计算机系统传送至有关部门进行分析加工以提高经营效率的系统。

4. 配送中心是指从事配送业务的物流场所或组织。其应基本符合下列要求：主要为特定的用户服务，配送功能健全，完善的信息网络，辐射范围小，多品种、小批量，以配送为主、储存为辅。

5. 流通型配送中心是指以暂存或随进随出方式进行配货、送货的配送中心。

四、简答及论述题

1. 物流系统在运行过程中的主要目标是：为客户提供更高水平的物流服务、物流服务的快捷性、有效的利用资源、合理的生产规模及降低物流成本。

2. 在传统物流中，由于通讯及信息技术的落后，物流各环节间信息难以共享和沟通，物流运作只有一系列独立的功能性作业，比如运输、仓储、装卸搬运等，且主要应用于流通领域。随着市场需求的不断发展，物流业获得了质的飞跃，当今的物流业被称为现代物流业。现代物流业与传统的物流业相比通常具有如下特征：

（1）物流反应快速化；（2）物流功能集成化；（3）物流技术现代化；（4）物流活动国际化。

3. 公路运输的缺点有：运输能力、距离有限，不适合大宗、长途运输；受气候、环境影响较大；易造成货损货差；运输成本费用比水运和铁路高。

4. 配送中心选址时应考虑：

（1）产业布局。配送中心的选址首先要考虑产业布局，这是配送中心高效运转的保障。如制造业服务的配送中心选址应在制造企业集中的区域，农副产品配送中心应选在农副产品的生产及加工基地。

（2）货物分布和数量。货物是配送中心配送的对象，因此，配送中心应该尽可能地与生产地和配送区域形成短距离优化。配送中心选址合理，可以减少输送过程中不必要的浪费。

（3）运输条件。物流配送中心应接近交通运输枢纽，使配送中心形成物流过程中的一个恰当的节点。对于一般的物流配送中心，可选在高速公路、国道、快速道路及城市主干道路附近；对于综合型物流配送中心，应尽可能的选择在两种以上运输方式的交汇地。

（4）政策法规。包括产业政策、土地政策等，既要考虑到现在的发展情况，也要考虑今后的扩展空间。

（5）环保要求。配送中心在操作过程中可能会给周边居民的生活带来影响，对当地交通也会造成较大的干扰，所以还要考虑周边的人文环境和城市景观的协调程度，以免给社会带来负面影响。

案例讨论（略）

第7章 网络营销渠道习题答案

一、单选题

1. A　　2. B　　3. A　　4. B　　5. D

二、多选题

1. ADE　　2. AB　　3. ABCDE　　4. ABCDE　　5. ABCDE

三、名词解释

1. 网络渠道是利用互联网，将商品和服务从生产者向消费者转移的具体通道或路径。

2. 网络直销是指生产商通过网络直接把产品销售给客户和消费者的营销渠道。

3. 虚拟市场提供虚拟场所，任何符合条件的产品都可以在虚拟市场站点内进行展示和销售，消费者可以在站点中任意选择和购买，站点主持者收取一定的管理费用。

4. 所谓双道法，是指企业同时使用网络直接分销渠道和网络间接分销渠道，以达到销售量最大的目的。

5. 目录服务商是指利用互联网中存在的大量信息进行搜集、筛选和整理，以目录的形式体现在自己的网站上，使得用户能够方便地找到自己想要的信息。

四、讨论题（略）

案例讨论（略）

第8章 国际营销渠道习题答案

一、单选题

1. D　2. B　3. D　4. B　5. B

二、多选题

1. ABCD　2. ABCD　3. ACD　4. ABCD　5. ABCDE

三、名词解释

1. 国际营销渠道是指商品从一国的生产商到达国外最终消费者所经过的各种环节和途径，包括出口商、进口商、代理商、经销商等与国际营销有关的实体分配单位，它们担负着不同的职能，交互发生作用。

2. 出口中间商指与生产商在同一国，为生产商提供国际营销的本国企业。

3. 出口代理中间商指接受本国生产商的委托，以委托人名义代理委托人向国外销售商品，从中收取佣金。

4. 进口商业中间商，常称为进口商，它们从国外购买商品向所在国销售，拥有商品所有权并承担经营风险。

5. 进口代理中间商是指接受生产商委托进行商品的销售并收取佣金的中间商，一般不拥有产品所有权，也不承担信用、汇兑和市场风险。常见的进口代理中间商有厂商代理商、融资代理商和国外经纪人。

四、简答及论述题

1. 横向联合的水平营销渠道系统是指，在营销渠道中同级别的两个或两个以上的企业组成联合体，在资金上相互扶持，经营上彼此合作，共同开发新的市场，形成风险共担、利益共享的协同效应。

2. 生产商对中间商的激励主要表现在两个方面：日常激励和解决矛盾。

3. 影响生产商选择国际营销渠道的主要因素有：渠道建设成本和维护成本、建立营销渠道的资金要求、生产商对营销渠道的控制力、在国外销售产品的市场区域、企业产品和目标市场的特点、国际营销渠道的连续性以及目标客户需求、生产商的经营目标等。

4. 国际营销渠道的发展主要呈现出如下趋势：

（1）横向联合的水平营销渠道系统。

（2）纵向联合的垂直营销渠道系统。

（3）复式化的多渠道营销系统。

（4）零售商规模大。

（5）直销化方式普及。

在此基础上展开论述。

5. 国际营销渠道中对中间商的选择策略主要有：首先确定中间商候选名单，候选企业可以从东道国企业名录、搜索引擎网站、服务类公司等渠道获得。接下来设定评估中间商的标准，通常包括销售力量、财务状况、管理水平、企业声誉四个方面。然后根据中间商候选名单逐一发送企业信息调查表，根据信息表填写情况统计评估标准要求的相关信息，淘汰实力较弱的企业。再通过对其他客户及消费者的调查，考核中间商信用及影响力，再淘汰一批信用度差或影响力小的中间商。最后，最好对中间商进行实地考察，确定适合的中间商。合作伙伴确定后，生产商与中间商签订国外销售协议，包括销售区域、折扣和佣金、定价政策、限制规定等。如果双方是初次合作，一般只签一年的合同，合作满意再续签，并可以根据实际情况对协议做相应的调整。

案例讨论（略）

第9章 不同行业和产品分销渠道的构建习题答案

一、单选题

1. B　　2. D　　3. C

二、多选题

1. CD　　2. ABCD　　3. ABDE

三、名词解释

1. 快速消费品是指那些使用寿命短、消费速度快、消费者需要不断重复购买的产品，涉及食品、饮料、化妆品、电池、洗涤用品、卫生纸等多个行业，其中典型的快速消费品包括日化用品、食品饮料、烟草，部分非处方药也属于快速消费品。

2. 耐用消费品是指使用寿命长（一般在一年以上）、金额较大并可多次使用的消费品，如家用电器、家具、汽车等。

3. 服务业分销渠道是指服务产品从生产者移向消费者所涉及的一系列公司和中间商。

四、简答及论述题

1. （1）厂家直销模式的优劣势。该模式中生产企业直接面向终端消费市场和消费群体，这种模式的结构是：厂商—零售商—消费者。这种模式中企业对渠道终端控制力度强，要求促销活动的执行效果迅速到位，对产品价格监管严格，为此生产企业需要投入较多的人力、物力以及财力，管理难度大且费用相对较高。目前国内省级城市以上，特别是北京、上海等大城市，厂家直接组织车队和人员，对超市连锁店、特殊通路和大中型热点旺铺进行直销，这将有利于新品上市、产品铺货、价格控制、品牌的提升和维护。

（2）网络式渠道模式的优劣势。这种渠道模式的结构是：厂商—经销商—批发商—零售商—消费者。生产企业依靠渠道成员进行分销工作，可以节省大量的人力物力，但是由于渠道成员间存在利益冲突，可能将导致渠道混乱，造成生产企业对市场变化反应迟缓，渠道变得难以控制和监管。因此，需要在此基础上完善二级经销体系的建设，更重要的是要引导和培养本公司在各地方的经营大户逐步成长为当地渠道网络的领袖角色，逐步具备对所在区域的垄断能力，形成规模经营，具备对二级批发和销售终端的控制能力和配送能力，既可完整地执行厂家政策、做足市场，又可配合厂家在当地营造品牌、引导消费。

（3）平台式渠道模式的优劣势。这种渠道模式的结构是：厂家—经销商—零售商—消费者。该分销渠道模式中的各经销商市场责任区明确，渠道易于管理，产品价格稳定。部分渠道网络基础扎实的企业扶植1~2家资金雄厚、仓库吞吐量大、管理能力强的大型经销商，或厂家自设中转库，根据街区、门店细分区域，设置众多能够直接服务终端的经销商，形成一个物流平台，把原来的中级经销商的区域缩小到其完全能够直接服务配送通达终端的区域，把原来比较有实力的二级批发商提升为经销商。这样，细分了区域、增设了经销商数量，取消了二批环节，将原来较长、混乱的渠道网络变成扁平、垂直的渠道网络形态，加强了对终端的控制和服务，提高了经销商的单位效益。但是受区域市场的限制性较强，要求目标消费群体集中，这又需要较多的渠道管理人员来配合。

（4）辅助式的优劣势。生产企业给经销商、二批商配置业务员，在划定的区域内由业务员联系业务完成订单，经销商、二批商只需送货结款即可。也就是将策划、宣传、促销、推广等内容从经销商的功能中分离出来，减少经销商的功能。或建立一支小型的多功能的直销队伍，以弥补现有渠道网络的功能不足。这种模式无形中增加生产企业人力、物力、财力的投入，管理难度大。

2. 服务业分销渠道的特点是：

（1）渠道较短。服务分销渠道多数采用从服务提供者直接提交给消费者的直接渠道形式。大部分由独立的服务提供者组成的服务业，如会计师事务所、美容美发店、汽车清洗店等几乎都是采用这种直接渠道形式。服务业采用直接销售的方式主要是由服务业本身所决定的。服务业渠道太长，可能导致提供的服务质量下降。例如，拥有多个代理商的快递公司，服务质量往往难以保证。然而，没有中间商也会面临一些问题，诸如，服务企业需要自己考虑服务产品的种类、服务设施和人员的来源等。

（2）定制化服务。随着经济的发展，特别是人们需求的多样化，定制化服务逐渐盛行。例如，法律诉讼、卫生保健、建筑设计、发型设计、家庭教育等都需要定制化服务。要满足顾客定制化服务的要求，首先需要了解消费者的需求，不同消费者间的细微差别及其变化。其次，为了提高定制化服务的效率，往往需要将程序规范化、模块化，以满足消费者独特需求的同时，高效完成服务质量。

3. 工业品渠道模式主要有三种：

（1）经销代理模式。工业品企业通过发展经销商、代理商的模式，让产品实现区域市场分销的目的，这是工业品企业最为常用的渠道模式。在经销商代理模式下还存在两种情况：一是厂家—分公司/办事处—经销商/代理商—最终客户；二是厂家—区域经理—经销商/代理商—最终客户。

（2）合作经营模式。工业品企业与经销商合资合作成立区域分公司，采取股份制的形式。当然，主要是工业品企业与区域市场上的强势经销商合作。这在行业也有所尝试，但是不多见，如格力中央空调就是采取这种渠道模式。

（3）渠道自营模式。工业品企业通过设立分公司或办事处，直接面向目标客户开展市场销售与推广。

案例讨论（略）

高等院校经济管理“十二五”规划教材·营销系列

书名：现代营销学（第2版）
作者：李东进　秦　勇　主编
书号：978-7-80234-742-7
定价：35.00元
简介：本书以通俗易懂的方式叙述现代企业营销的基本原理和概念，并结合我国企业营销发展的新趋势，从企业产品的渠道、价格、市场环境、促销、消费者行为等方面对现代企业的营销活动进行了较为深入的探讨。

书名：现代广告学（第3版）
作者：李东进　秦　勇　著
书号：978-7-80234-709-0
定价：36.00元
简介：本书充分借鉴国内外广告学最新研究成果，讲述了广告学的基本原理、概念和实务，还结合我国广告业发展的新趋势，对新媒体广告、电影（电视）植入式广告以及名人广告等热点广告问题进行了较为深入的探讨。

书名：国际营销教程
作者：陈祝平　编著
书号：978-7-80234-452-5
定价：32.00元
简介：本书系统地比较了国际营销与国内营销、国际贸易的区别，讲述了国际环境、国际市场策划、国际产品策划、国际渠道策划、国际沟通和国际定价等内容。适合高校经济管理类本科和研究生（包括MBA）学习用书，也可供工商企业管理层阅读和参考。

书名：市场营销学教程
作者：吴　涛　编著
书号：978-7-80234-452-5
定价：32.00元
简介：为了更好地适应高等院校市场营销学课程的教学需要，这次修订对原书进行了大幅度的调整，重新撰写了一些章节，包括更换书名。本教程旨在提供一本以案例教学为导向，突出本土企业营销管理实践，侧重实践应用能力的市场营销学教科书。

书名：市场调研与预测
作者：胡祖光　王俊豪　吕筱萍　编著
书号：978-7-80087-829-5
定价：30.00元
简介：本书从市场调研、市场预测、数据处理与分析三大方面系统阐述了市场调研的基本概念、方式方法和技术、调研资料分析、数据统计软件的应用以及市场预测的方式方法等。

书名：品牌管理
作者：陈祝平　著
书号：978-7-80087-803-9
定价：28.00元
简介：本书通过大量的中国本土企业的品牌实战案例，从心理学和经济学两个角度全面分析了品牌管理的各种问题，包括品牌资产的概念和结构、品牌形象和定位、品牌设计、品牌渠道和品牌传播等内容，具有很强的实用性。

书名：营销渠道管理：理论、方法与实践
作者：秦　勇　李东进　主编
书号：ISBN 978-7-5177-0283-2
定价：36.00元
简介：本书结合当前的营销新环境，系统介绍营销渠道的模式与设计、渠道成员的选择、渠道冲突与合作管理、营销渠道中的信息与物流管理、国际营销渠道等内容，为读者呈现了一个较为完整的渠道管理知识体系。

高等院校经济管理“十二五”规划教材·人力资源管理系列

书名：绩效管理
作者：付维宁　编著
书号：978-7-80234-726-7
定价：38.00元
简介：本书主要讲述绩效评价、绩效执行、绩效反馈、绩效计划、公关部门的绩效管理。本书可作为人力资源管理专业本科学生、正在从事或有兴趣从事人力资源管理的企业及社会人员的学习用书，也可作为高等职业院校、大专院校、成人院校企业管理专业的培训教材。

书名：劳动关系管理
作者：尚　珂　左春玲　著
书号：978-7-80234-710-6
定价：35.00元
简介：本书从宏观和微观两个角度，不仅讲述了劳动关系与劳动关系管理、劳动关系主体与劳动力市场等宏观理论，还详细讲述了企业劳动合同管理、企业劳动标准实施管理、企业集体合同管理、企业劳动争议管理等内容。

书名：人才测评教程
作者：寇家伦　编著
书号：978-7-80234-453-2
定价：40.00元
简介：本教材的第1版《人才测评》于2006年出版。本书是原书的第2版。为了更好地适应高等院校人力资源专业课程的教学需要，本次修订对原书进行了大幅度的调整，并且重新撰写了一些章节。

书名：人力资源管理教程（第2版）
作者：伍争荣　主编　缪仁炳　副主编
书号：978-7-80234-462-4
定价：36.00元
简介：为了更好地适应人力资源管理环境发生很大变化后的教学研究工作，特别是新的《劳动合同法》颁布实施后劳动关系领域新的变化，并反映理论的前沿和实践的进步，本书对第1版进行了一定程度的调整、补充和完善。

书名：组织行为学
作者：肖余春　主编
书号：978-7-80087-882-4
定价：36.00元
简介：本书运用心理学、社会学、人类学、经济学等知识，分别从个体行为、群体行为和组织系统等方面探讨研究一定组织中人的心理和行为的规律性，从而提高管理者对人的行为的预测和引导能力。

书名：人才测评技术（修订版）
作者：宋　荣　谷向东　宇长春　主编
书号：978-7-80234-853-0
定价：38.00元
简介：本书不仅介绍了人才测评的基本概念和基本原理，还全面系统地介绍了心理测验、面试、笔迹分析、无领导小组讨论、公文筐、角色扮演、360度反馈技术等目前国内企业所采用的人才测评技术。全书用大量的人才测评案例，对实际人才测评工作具有很强的实用性。

高等院校经济管理“十二五”规划教材·管理与MBA系列

书名：管理经济学
作者：戴庚先等　编著
书号：7-80087-860-0
定价：39.00元
简介：本书创造性地将Excel运用到管理经济学的决策分析当中，全面阐述了管理经济学的理论、方法和应用，系统讲述了管理经济学的数学模型、供应与需求理论、生产理论与决策分析、成本理论与分析、企业利润、生产结构分析、博弈论与竞争策略等内容。

书名：管理学原理（第3版）
作者：李东进　秦　勇　主编
书号：978-7-5177-0193-4
定价：42.00元
简介：这是本教材第三次修订，在保持前两版总体风格、特色和体系架构的基础上，对全书内容作了一定的更新。除了着重强调管理策略的重点——决策、计划、预测、组织、领导、激励、控制等外，还增加了组织文化和管理创新两章内容，使整个教材的知识体系更趋完整和合理，更适应我国管理学教学的需要。

书名：公共关系学
作者：秦　勇　主编
书号：978-7-5177-0209-2
定价：45.00元
简介：本教材追求简明、实用的写作风格，讲述了公共关系的定义与特征、公共关系的工作流程、公共关系广告、公共关系专题活动、公共关系危机管理、公共关系的CIS战略，以及网络公共关系等内容，内容丰富，结构清晰，实用性很强。

高等院校经济管理“十二五”规划教材·财务管理系列

书名：高级财务会计
作者：蒋德启　主编　王铁林　副主编
书号：978-7-80234-575-1
定价：35.00元
简介：本教材重点安排能够提升学生实战能办的内容——合并财务报表和中期财务报告的编制，以及企业清算会计、衍生金融工具会计、外币会计、物价变动会计、租赁会计等相关知识。在介绍这些内容时，加入了很多真实企业的案例。

书名：小企业会计准则释义与运用
作者：蒋德启　刘　诚　主编
书号：978-7-80234-749-6
定价：32.00元
简介：本书是第一本系统阐释小企业会计准则的书。它从基本理论、流动资产、非流动资产、负债的核算、所有者权益、收入、费用、利润及其分配、外币业务、财务报告等方面对小企业会计准则进行释义，并且相应地列举了大量案例，以供学习者的吸收、消化。

书名：连锁企业信息系统与管理
书号：978-7-80234-573-7
作者：孙前进　杨　洋　编著
定价：32.00元
简介：本书在介绍连锁企业信息系统的概念与特点、类型与模式等知识的基础上，系统介绍了连锁企业营销与物流系统网络、信息系统关键技术与电子货币、连锁企业总部和门店信息系统与管理、供应链信息系统与管理、物流配送中心信息系统与管理、电子商务与客户信息管理以及连锁企业信息系统运营维护及发展研究，并且还介绍了典型连锁企业信息化案例。

书名：连锁企业采购与配送管理
书号：978-7-80234-574-4
作者：胡贵彦　编著
定价：34.00元
简介：本书是以连锁企业的采购和配送为主线，具体讲述了连锁企业采购和配送的流程、采购计划、供应商管理、招标采购、采购风险管理和绩效评估、配送中心与库存管理、进出货管理、配载及配送路线的优化等内容。力图使从事连锁企业的相关人员能够以最短的时间全面系统地掌握连锁企业采购和配送方面的知识和技能。

书名：连锁企业门店管理
书号：978-7-80234-572-0
作者：尚　珂　隆　意　顾丽萍　编著
定价：30.00元
简介：本书以门店管理实务为主，按照门店经营环节，从商品进货、陈列、销售、现场服务、收银、投诉、安全管理，以及员工、客户关系管理等方面全面阐述了连锁零售企业门店运营的流程、作业标准、管理规范等，在保持知识的完整性和系统性的同时，重点突出了对实践的指导和应用。

高职高专旅游管理类规划教材

书名：旅行社经营管理实务
作者：陈道山　主编
书号：978-7-80234-421-1
定价：35.00元
简介：本书将旅行社的经营管理分为四大模块，即基础模块、实务模块、支撑模块、发展趋势模块，每个模块下又分为若干项目，详细讲述了旅行社的基本知识、旅行社经营管理基础等内容。

书名：酒店经营与管理
作者：李辉作　于　涛　主编
书号：978-7-80234-421-1
定价：35.00元
简介：本书以酒店经营与管理的理论及管理内容为框架，通过模块的形式，讲述了酒店经营管理概述、酒店接待业务管理、酒店内部管理和酒店日常管理等内容，建立起了酒店经营与管理的完整体系。其内容上“宽”、“新”、“实”并举，注重内容的科学性、系统性、创新性和实用性。

书名：导游实务
作者：仪孝法　冯　静　主编
书号：978-7-80234-389-4
定价：32.00元
简介：本书系统地阐述了合格的导游员应具备的素质、知识和技能。全书理论与实践相结合，侧重对学生实践技能的培养，主要体现在导游服务各种操作规程的介绍上，有很强的实用性和操作性。

书名：旅游学概论
作者：苟胜东　主编
书号：978-7-80234-424-2
定价：26.00元
简介：本书讲述了旅游的产生与发展、旅游的概念与特点、旅游者、旅游资源、旅游业、旅游组织、旅游市场以及旅游的影响等八个模块。这八个模块以旅游的自身性质和特点为主线，既有纵向旅游发展历史的介绍，也有横向旅游业的组成部分、旅游组织的讲述，使大家对旅游业发展有一个清醒的认识。

书名：旅游市场营销
作者：樊雅琴　主编
书号：978-7-80234-423-5
定价：35.00元
简介：本书分别介绍了旅游市场营销导论、旅游市场营销环境分析与运筹、旅游购买行为分析、旅游市场调研与预测、旅游目标市场营销等内容。

书名：旅游资源学
作者：杨学峰　主编
书号：978-7-80234-426-6
定价：35.00元
简介：本书系统阐述了旅游资源的概念，旅游资源形成的基本条件、基本特征、分类等基本理论，分析了地理、水体、大气及太空等自然旅游资源的成因、特征、主要类型等。

书名： 人力资源战略与规划
书号： 978-7-80234-038-1
作者： 寒　武　编著
定价： 28.00元
简介： 本书介绍了人力资源战略与规划的产生、人力资源战略及其制定与实施、人力资源规划、人力资源供求分析、操作技巧和成功案例的学习，可使读者充分掌握人力资源战略设计及人力资源规划的模式与方法，从而构建起一个完整的人力资源战略与规划体系。

书名： 劳动关系管理（修订版）
书号： 978-7-80087-983-8
作者： 左祥琦　编著
定价： 32.00元
简介： 本书可以作为专业的培训和教学教材外，还适合人力资源管理者、企业高中级管理人员、劳动行政部门的官员、各级工会干部、劳动法的研究人员、劳动争议仲裁员、负责审理劳动争议案件的法官，以及其他与劳动领域有关的从业人员。

书名： 薪酬福利管理
书号： 978-7-80087-963-0
作者： 胡昌全　编著
定价： 35.00元
简介： 作为"中国注册人力资源管理职业资格认证"的指定培训教材之一，本书以什业薪酬管理为主线，对薪酬体系与结构、付薪策略与原则、福利与保险做了完整深入的分析。

书名： 人才测评
书号： 978-7-80087-969-2
作者： 寇家伦　编著
定价： 36.00元
简介： 本书向读者全面介绍了人才测评技术的发展历程、基础理论与实践方法，重点阐述了人才测评技术中信用效度最高的评价中心技术的实践操作，向读者完整地呈现了组织人才测评活动的各个环节及关键控制点。

书名： 人力资源信息化管理
书号： 978-7-80087-962-3
作者： 洪　玫　编著
定价： 28.00元
简介： 本书能够帮助读者更好地理解e-HR究竟是什么，它在企业人力资源管理工作中能做哪些事情，以及如何选择和实施这项技术来实现预期的收益。

书名： 员工任用
书号： 978-7-80087-954-8
作者： 闫凤芝　编著
定价： 28.00元
简介： 本书从员工任用的角度，讲述人力资源规划、职位分析、员工招聘甄选、员工入职和辞职管理等内容，在传播人力资源管理技术的同时，将人力资源管理的理念与读者进行分享，从而引导读者全面、系统、实际地看待和解决企业的问题。

书名： 职业生涯管理（第2版）
书号： 978-7-80234-653-6
作者： 杜映梅　编著
定价： 35.00元
简介： 本书系统地介绍了职业生涯管理的相关理论知识，并提供了丰富的案例和测试，以期为广大读者提供具有高度可操作性的指导。

书名： 绩效管理（第2版）
书号： 978-7-80234-654-3
作者： 杜映梅　编著
定价： 35.00元
简介： 本书是作者对近年来国内外关于绩效管理的方法和在企业管理实践中的经验进行总结、提升而形成的关于绩效管理的操作理念，主要可供企业的实际管理工作者和从事人力资源管理工作的人士作为工作的参考，也可作为企业管理类教学和科研的参考书，对人力资源管理感兴趣的人士亦可作为自学之用。

书名： 企业培训
书号： 978-7-80087-961-6
作者： 于　虹　编著
定价： 25.00元
简介： 本书内容由三部分组成。第一部分重点介绍培训的涵义、目的、形式和企业培训管理的内容及培训体制的完善等内容，第二部分围绕着企业培训体系构成的核心内容展开说明，第三部分从培训前的准备、课程的开发方法、培训师授课技巧及企业培训中的经典游戏等方面做了介绍。